古代歷史文化研究輯刊

二一編

王明蓀 主編

第**35**冊

李清《南北史合注》的史法與思想：以《南史》爲中心

徐鳳霞 著

國家圖書館出版品預行編目資料

李清《南北史合注》的史法與思想：以《南史》為中心／徐鳳
霞 著 — 初版 — 新北市：花木蘭文化事業有限公司，2019〔
民 108〕
目 4+186 面；19×26 公分
（古代歷史文化研究輯刊 二一編；第 35 冊）
ISBN 978-986-485-753-1（精裝）
1. 南北史合注 2. 研究考訂
618   108001552

ISBN-978-986-485-753-1

9 789864 857531

古代歷史文化研究輯刊
二一編 第三五冊   ISBN：978-986-485-753-1

李清《南北史合注》的史法與思想：以《南史》爲中心

作　　者　徐鳳霞
主　　編　王明蓀
總 編 輯　杜潔祥
副總編輯　楊嘉樂
編　　輯　許郁翎、王筑　美術編輯　陳逸婷
出　　版　花木蘭文化事業有限公司
發 行 人　高小娟
聯絡地址　235 新北市中和區中安街七二號十三樓
　　　　　電話：02-2923-1455／傳眞：02-2923-1452
網　　址　http://www.huamulan.tw 信箱 hml810518@gmail.com
印　　刷　普羅文化出版廣告事業
初　　版　2019 年 3 月
全書字數　160113 字
定　　價　二一編 49 冊（精裝）台幣 122,000 元

李清《南北史合注》的史法與思想：以《南史》爲中心

徐鳳霞　著

作者簡介

徐鳳霞，台灣大學中文系碩畢，三峽人。

提　　要

　　李清，字映碧，一字心水，明末清初人。明亡後歸隱山林，潛心作史。《南北史合注》為其精讀李延壽之《南史》、《北史》後，為補其敘事上的缺漏，重採北四史、南四史，以及當時可得相關史料而成。除純粹的補注外，李清也對《南史》、《北史》的部分內容進行刪改，並大量加入自己的意見與批評。歷來的評論者多以李清的改動不合注書習慣，且於改動原書內容時未作標注，造成原文與新作文字混雜，以及其所補入亦不符合所引原文，似憑己意擅改等情形大作批評，致使《南北史合注》的歷來評價並不高。然在對《南北史合注》的內容加以爬梳後，卻不得不注意到李清在書中表現出的史觀與價值判斷早已超出注本的範疇，若單單以一注本作為定位對此書進行評價，似略顯褊狹。

　　從《南北史合注》的內容以及改動形式中，可見得其在文史領域的貢獻與價值至少有四：首先，不泥於原文而能精簡之，既能使全書不因資料量而顯冗贅，也能藉修改聚焦於各段重點，使情節與人物刻劃更為立體、清晰；其次，以較中立的價值觀重述歷史，適時平衡李延壽以北為正統的觀念，並改進書中因成敗定論的情形，使歷史的記述不致因政治因素而偏斜；第三，藉由改動史書結構與意見書寫，呈現出李清注重正統及忠逆分判的個人價值觀；第四，多處針對歷史寫作手法與事實進行批評與考證，備存相異史料以供參照對照，同時也藉由辨析、比較，進一步釐清事件真偽。這些類型的改動，除呈現李清的史觀與價值判斷，也提醒讀者留意書寫者的立場對歷史記載的影響，更能起互見、參照與辨析之功。

　　因《南北史合注》篇幅較大，今僅就南史的部分進行研究，討論李清的史學貢獻與價值觀，進一步回應歷來對此書的評價，並討論其定位。

目

次

第一章 緒 論

一、研究動機與目的

　　李清（1601～1683）〔註1〕，字映碧，一字心水，明末清初興化縣人。曾為明臣，滿清入關後拒不出仕，歸隱作史。其《南北史合注》〔註2〕以唐代李延壽的《南史》、《北史》（以下簡稱為《南北史》）為基礎，針對其不足之處加以增補、刪改，並加入自己的意見及評點，使得南北朝歷史得以更為完整且易於閱讀。

　　歷來史家雖對《南北史》有諸多評論，亦見得二書問題，卻一直未能有人如李清般直接動手修補其缺漏，僅能從外圍討論問題點。因此，在探討《南北史合注》的價值之前，必得先從李延壽南北二史的內容及歷來的評價論起，再對照李清的改動，檢視其是否得宜、具必要性，進而討論歷來的批評是否妥當。

　　身處明末清初，李清應能見到唐以來諸人的評論，且或加以參考。從他的〈註南北史凡例〉中，可以發現他所著眼的部分問題，與前人所舉有相合之處。然異於歷代諸人止於評論的做法，李清選擇直接修補《南北史》，增益許多有價值的史料，改動整體的結構與部分用語；同時，也增加了他個人的

〔註1〕　〈李映碧先生墓誌銘〉云：「卒以康熙癸亥十二月朔日，年八十有二。」。見〔清〕徐元文：〈李映碧先生墓誌銘〉，《含經堂集・卷二十七》出自《續修四庫全書》第1413冊（上海：古籍出版社，1955），頁401。生年由此回推而得。

〔註2〕　又名《南北史合鈔》。究李清於其初序中稱此書為《南北二史注》，因此雖江藩《漢學師承記》稱之為《南北史合鈔》，而《四庫提要》則稱之為《南北史合注》，故以李清注中意見為主，以注稱，並從四庫提要名。

意見與評論，以史家的識見及後代人更寬廣的眼界，重述南北朝的歷史。

然而，縱使李清本著優化《南北史》的態度進行改動，仍招致許多評論家的非議。這些批評，正是針對李清的改動手法而來，評論家多認爲他的改動方式不合史例，以致原文與新作產生混淆。然就李清史學之素養及著史之繁多而言，如此行爲應不可視作其不諳史家習慣而造成的謬誤。因此，或可加以探討這些改動的類型，以了解此舉是否涵納李清之深意。參照〈註南北史凡例〉，便可知曉李清對於《南北史》的改動，實有某些原則與目標，並非恣意妄改；他所提出的清晰標準，也使得後人得以嘗試就李清的著作探討他對於歷史的意見及所認定的史書書寫原則。

若僅從〈註南北史凡例〉所舉諸條目進行考索，只能略知李清對《南北史》改動的方向。縱使〈凡例〉中已提出改動原則的清晰標準，然若要論及實際操作與成果，仍須從《南北史合注》中加以考察。況且，相較於前後代史家對《南北史》的評論，李清是唯一能夠隨條評注，甚至對史文直接加以更改的史家，因此或可以用更具體、細緻的處理方式來釐析其書，甚至值得逐條爬梳、討論。

然而因於《南北史合注》篇帙太大，本論文僅就《南北史合注》的南史部分加以考察。探討李清的改動手法在添補、刪削史料上的貢獻，進而分析李清的史觀及處世觀；其次，討論後人對《南北史合注》的評價是否恰當，探詢其隱而未現的價值，並嘗試討論其地位。

二、研究基礎與構設

（一）研究材料

本篇論文中心雖以《南北史合注》爲中心，然所用材料除極密切相關的《南北史》與南北八書外，基於李清考證多用《資治通鑑考異》、《史糾》作參佐之故，因此亦將涉及。《南北史》與南北八書的關係與評價將在第二章論述，本節僅就《南北史合注》與參考資料《資治通鑑考異》、《史糾》略作敘述。

李清的《南北史合注》由於曾遭禁燬，因此流傳不廣。所幸遭禁之時已在〈四庫全書提要〉完成之後，且亦已有抄本留存，因此今日仍可見得傳本。本篇論文所用的《南北史合注》版本有二，其一爲北京全國圖書館文獻縮微複製中心於 1993 年所出版，納於《中國文獻珍本叢書》的版本；其二爲故宮

博物院編，海南出版社於 2000 年出版，收於《故宮珍本叢刊》的版本。〔註3〕

　　兩種版本中，北京國圖本所錄較簡，並未重新進行排版印刷，而直接留存手抄的樣式。內容上，主要留存李清的注解，並附加各注解前的小部分段落，因此部分情形之下，較難以全盤得知文章脈絡，必須藉由《南北史》作對照，才能夠較清楚地理解李清所注重點與前文相合之處。又由於李清對於二史原文多所改動，且這類改動並不一定於注中說解，因此若只見其注，對於李清改動原文的情形便易有所忽略。雖然如此，北京國圖本仍有其佳處，包括收錄提要、李清原序外，還收錄了李清自寫的〈注南北史凡例〉及魏禧所作〈南北史合注序〉，皆提供了相當重要的參考資料。

　　而故宮本相對而言，內容上就全得多，對於《南北史合注》的內容全部收錄，並未另行刪減。然於南史部分缺少第三十三至三十五卷，於北史部分則缺少第一百七十一卷，共少了四卷的內容。而排版上，由於故宮本所用底本，乃四庫全書撤出本，因此較為整齊，字體亦較易辨讀。

　　基於兩個版本各有所長，今以故宮本作為主要材料，針對故宮本所缺損的四卷，則以北京國圖本作為參照。而兩書並收的李清原序，以及北京國圖本所收的〈註南北史凡例〉則均作為討論李清著作此書時的價值原則基準。在這樣的基礎之下，利用此兩類資料對李清於此書中顯示的價值觀再行細究，並與如〈四庫提要〉之類的評論進行對照，討論其地位。

　　李清所用以考證《南北史合注》的《資治通鑑考異》為宋代司馬光所作，運用各類史料，對史書記載進行比較、辨誤。處理的方式包括辨誤、存疑等，或將兩種不同資料並存，或對其真實性盡皆摒棄，於考證上多有見地。

　　《史糾》則為與李清同時期的朱明鎬所作。朱明鎬著作甚多，但因經濟問題多未付梓，今所能見僅《史糾》一書。朱明鎬於《史糾》對史事多所考核，也檢討了歷來史作的是非，同時呈現出個人的史觀。這樣的著作，可視作明中葉以後考據學影響的結果，亦可說是啓清代乾嘉考據之先。李清對此書的參酌，不限於事件的考證，於史書撰寫的史法、歷史的觀點亦多所引用。

（二）章節安排

　　本篇論文以探討李清的寫作方法與思想特徵作為主要目標，比較李清於《南北史合注》中顯示的改動意向與其〈註南北史凡例〉的差異。以南史的

〔註3〕以下簡稱為北京國圖本與故宮本。

部分爲中心，將諸條目加以比較，辨析李清的價值觀與寫作特徵，並與其時代背景作連結，進而討論此書的價值與地位。

由此，本章將先對李清的生平以及著作進行概略的介紹，藉由各類歷史資料了解李清所處的背景。官方史書及私人傳記中的李清形象、李清與友人之間的書信往來及詩文創作，都能呈現出他的性格、能力特質，與當世之人對他的評價。又由於李清著作繁多，於注史上有《南唐書合訂》，自作史書有《甲乙編年錄》等作品，可見李清對於史書的撰寫並非生手，《南北史合注》不僅不能視作一疏漏的注本，反而應多方考量李清對此書的改動與補入，重新討論其定位。

在進入《南北史合注》內容的主要討論以前，第二章先針對《南北史合注》所本的《南北史》及南北八書作一回顧討論，試圖釐清從最原始的南北八書史料到李清的《南北史合注》當中的差異以及改動，並簡述它們的歷史評價。對《南北史合注》的批評，前人雖莫衷一是，然就這些評論亦可加以檢討其是非，並從此書本身的定位與後人所認定的價值加以比較，再次進行商榷。

第三章與第四章則進入對《南北史合注》爬梳的核心。資料的添補、刪削與改動占了李清對南北二史改動的絕大部分，因此討論須從其增補資料的類型談起，進而涉及各類資料的功能，包括對歷史的澄清、以及李清個人價值觀的展現。

在前述兩章對文句更動的部分進行討論後，已經可以初步了解李清對此書的改動，每每顯現出他對史書的期盼與個人對歷史的看法。第五章在這樣的基礎上，針對三個部分進行擴展：其一，從文句改動擴展到結構上的差異，對《南北史合注》結構改動中顯現出的道德價值觀加以檢視；其二，就書中大量的考證作整理、並加以歸類討論，進而將不同的考證類型加以羅列，以知李清史法；其三，列舉李清於史書中加入的個人論述、批評與感嘆之語，討論此舉是否企圖將自己的史觀傳予讀者，並在有意識的介入中與讀者互動。這三個延伸方向，由於多數擁有李清自述作爲驗證的資料，較能直接的作爲李清個人意見的參酌。根於前兩章中所論李清於史料的實際操作的討論結果，也能再次作爲印證。

相較於第三、四、五章以《南北史合注》作爲討論主體，從內容的改動延伸至李清價值觀的做法，第六章則能夠在這些討論基礎上，進行李清思想

背景與核心價值觀的定調。從前述幾章綜合出李清的道德觀念、是非觀念以及對天道、神異思想的立場，皆具有值得討論的價值，足以與《南北史合注》相互參酌。

　　最後一章中，總括前述內容，先討論李清的修史特徵，爲《南北史合注》的改動作一總論，再說明李清的倫理思想，並與李清的時代背景可能造成的影響合併解讀。最後一節則綜合前述諸特質，檢視《南北史合注》存在的問題、價值，以及其定位是否僅能視作南北二史的注本加以討論。

三、李清生平〔註4〕與著作

　　李清，南直隸〔註5〕揚州府高郵州興化縣人，字心水，一字映碧，崇禎四年進士。約生於萬曆二十九年，卒於康熙二十二年十二月一日（1601～1683）〔註6〕，年八十二。

　　興化李家歷代爲文、從政者多。《興化縣志・李春芳傳》及〈李映碧先生墓誌銘〉中皆曾對李家先人歷官有所敘述：

> 　（李春芳）子孫曾玄五世，男女數十百人，官至尚書、卿寺以及知府、知縣者十數人，而布衣、諸生以詩文名於世者數人。

> 　文定公諱春芳，其高祖也。李氏之先世，居江南句容縣之朱瑭邨，後自寶應遷興化，再傳而文定公。起家甲第，積官至少師、中極殿大學士，輔政大績載在《明史》。曾祖諱茂材，太常寺少卿。祖諱思誠，太子太保、禮部尚書，贈太常公如其官。父文學，諱長祺，以公貴贈刑科給事中。〔註7〕

李春芳爲李清的第五代先祖，從其曾玄五世數下來，從政者或官至知府、知縣，在當時分別爲四品至七品官，一族內竟有十數人得以出任。李春芳自己所擔任的少師、中極殿大學士爲從一品、正五品的高官；而李清曾祖父李茂

〔註4〕　李清生平，關於其爲官任職所參資料的有《明史》、《清史稿》、《咸豐重修興化縣志》、《皇明遺民傳》四種。然此四種資料所紀錄的官職變化及升降原因略有不同，因此擇其詳者置於正文中，並將有出入者加註存異。而其餘生平細事，亦參照墓誌銘、書信往來等，隨文另註。

〔註5〕　即今日的江蘇、安徽、上海一帶。

〔註6〕　〈李映碧先生墓誌銘〉云：「卒以康熙癸亥十二月朔日，年八十有二。」見〔清〕徐元文：〈李映碧先生墓誌銘〉，《含經堂集・卷二十七》出自《續修四庫全書》第1413冊（上海：古籍出版社，1955），頁401。

〔註7〕　同上。

才身爲太常寺少卿，屬正四品官；至於祖父擔任太子太保及禮部尚書，則爲從一品及正二品官。李清初爲官時，其祖父猶存，不能排除他祖父帶來的政治影響力。

除了輩出高官，李家亦以詩文聞名於世，李清可說是出身詩禮之家。因此，雖李清早孤，然六歲以後也有伯父李長敷嚴加教育，不致因爲失怙而無人教養，並能在二十歲時與伯父同登舉人榜。然而，在進士考試時，李清一開始並不爲考官所重，因得倪元璐賞識才得錄取，故尊奉倪元璐爲師〔註8〕。

李清最初被派爲甯波司理，在平反案件上有所建樹，因此被升職爲刑科給事中。給事中在當時是可以直接向皇帝針對政事提出建言的官職，據《明史》謂：

> 六科，掌侍從、規諫、補闕、拾遺、稽察六部百司之事。凡制敕宣行，大事覆奏，小事署而頒之；有失，封還執奏。凡內外所上章疏下，分類抄出，參署付部，駁正其違誤。〔註9〕

在得到駁正權的同一天，李清就上書討論禦外敵、內寇的方法。從他就職當天馬上上奏的積極態度，可以知道他早就對於政治相當有自己的意見。其後，李清更針對刑獄、撫旱等問題屢次上書提案。然而因爲他上書的內容影響、指涉到當時掌權的尚書甄淑，被貶爲浙江按察司照磨〔註10〕。直到甄淑失勢，才被重新起用爲吏部給事中〔註11〕。其後輾轉爲工佐〔註12〕，並出封淮府。但因遇流寇入侵、明朝亂亡而未前往赴任。

福王即位後，李清被擢升爲工科給事中〔註13〕，後來轉任大理寺左丞。在擔任大理寺左丞期間，李清曾上書請福王改易明思宗諡號，並希望能夠追

〔註8〕 《域外所見中國古史研究資料彙編‧朝鮮漢籍篇‧皇明遺民傳》，第十三冊：「試卷初爲本房所乙，文正公倪元璐見而奇之，始得錄。遂拜元璐爲師。」（重慶市：西南師範大學出版社、北京市：人民出版社，2013），頁228。
〔註9〕 《明史‧卷七十四‧職官三》第六冊（臺北：中華書局，民55），頁1805。
〔註10〕 此據《咸豐重修興化縣志》。《明史》謂因忤旨遭貶，《清史稿》則謂遭貶爲浙江布政司照磨。
〔註11〕 此據《清史稿》。《明史》謂吏科給事中之升是在李清憂歸之後，未言淑敗之事。
〔註12〕 此據《咸豐重修興化縣志》，其餘各傳不存。
〔註13〕 此據《咸豐重修興化縣志》、《清史稿》，餘二者未錄此。

諡殉難忠臣〔註 14〕。這兩個提案很快就被接納並執行，而這也是李清在爲官生涯中，僅有幾項受到皇帝正視並同意執行的項目。然而，即使是這樣的提案，也遭到其餘官員譏刺，認爲李清「所言非急務」〔註 15〕，更不用說他所倡議的減省用度等提案。雖然他的提案都有其實際價值，但在當時官員的眼裡，這些枝微末節的小事，在南明風雨飄搖之際根本不值一提。南都失守之際，李清恰被遣往祀南鎮，未及前往，南明就已經覆滅。因此，李清便直接回歸家鄉，閉門著書。

　　李清的政績和政治主張主要在於審理案件以及對內對外的政策上。在審理刑案時因爲平反甚多而能夠被擢升，顯示出他在這方面的能力當時就已經被上位者肯定。雖然他的政治主張因爲當時的局勢或者勢力問題，多未能實行，但是從他奏章所表現的立場中，仍可以看出他對當世事頗有明識。除了就現實考量而提出的簡省數疏以外，他政治立場不偏不倚、不參與任何政治勢力團體的選擇，特別爲人所注意。在明末群臣各自結黨、角逐勢力的氛圍下，李清是保持中立的少數派。雖其祖父李思誠曾受到魏忠賢迫害而被奪官歸鄉，情理上他似乎應該要偏往東林一黨。但是他的觀點卻和老師倪元璐較爲接近——認爲無論何種形式的黨派分立，都不利於朝堂。倪元璐曾經力陳門戶之害，並也譴責以東林餘黨之名爲口實以迫害清流的現象〔註 16〕。李清同樣認爲無論是何種目標、形式的結黨，都是有害國家安全的，因此上疏力

〔註 14〕　然〔清〕溫睿臨《南疆逸史・卷二十八》與其他資料謂爲大理左寺丞時事不同，謂：「二月，進大理右寺丞，請更思宗廟號、修實錄。又請修惠宗實錄，並允之。」（上海：中華書局，1959），頁 99。

〔註 15〕　同上：「其間亦請追諡開國名臣及武、熹兩朝忠諫諸臣，加成祖朝奸諫大臣胡廣、陳瑛等惡諡。又請追封馮勝、傅友德爲王賜之諡，皆得議行。然人譏其所言非急務也。」。

〔註 16〕　倪元璐事蹟可見以下資料。〔明〕黃宗羲《弘光實錄鈔・卷二》：「時魏閹竊柄，朝臣多附之。元璐介然獨立，羣小忌正嫉賢。梓有《三朝要典》，混淆是非。崇禎改元，元璐奏請焚之。」（臺北：台灣銀行經濟研究室編，中華書局出版，民 57 年 3 月），頁 34～35。〔明〕計六奇《明季北略・卷二十一》：「璫雖誅，諸黨猶踞踞要地，欲終錮林下諸賢，乃借東林爲名，又立趙黨、孫黨、熊黨、鄭黨之目，以一網清流。公上疏力爭，別白貞邪，破除門戶，遂爲人側目。」、《明季北略・卷四》亦收有〈倪元璐論東林〉一節。可見倪元璐於黨派上的意見是在破除門戶之見的立基上，反對當時以黨派構陷他人、拓展己方勢力的做法。以上兩段《明紀北略》的資料出自《續修四庫全書》第 440 冊（上海：古籍出版社，1955），頁 304～305 與頁 61。

陳門戶派別的問題。疏謂：

> 今之門戶，始于正與邪角，既也邪與正亂，遇君子爲理學、爲氣節
> 者，此人也；遇小人而或情面、或賄賂者，亦即此人也。士君子行
> 已非獨，權姦當遠，即望塵于賢宰執之門，亦與奔附炎勢者何異？
> 〔註17〕
>
> 門戶之鬥，兩敗之道。宋洛蜀朔可見，宜量懲一二人，以靜論議。
> 〔註18〕
>
> 國家門戶有二：北門之鎖鑰，以三協爲門戶；陪京之扃鍵，以兩淮
> 爲門戶。置此不問，而闃堂斫穴，長此安底？〔註19〕

這樣的論點，顯現出李清認爲如果有了門戶之見，就無法不將自己一派與他
人一派看作正邪兩判的分派；一旦有了這樣的成見，並且自以爲正義一方、
將非我黨類者都打爲邪惡一派，必定會造成在朝堂議事時的意見偏頗；先入
爲主、壁壘分明的分別門戶，也只會使得正邪之辨更爲模糊，徒使政堂上各
爲自己利益而爭，而不再能以國家爲優先考量。在這樣的情形下，縱使一開
始的立意、遠景良好，在這種互相爭利、爭權的情勢下，即使君子也同小人
一般。

李清在這個論題上，並不特別批判魏忠賢一黨或東林黨，而只是先就門
戶之見於士君子本身的害處論述，進而討論到對國家的弊害，認爲外憂都難
以處理，還搞內鬥，根本就是無益且自損的選擇。但是，在當時已然壁壘分
明的朝堂上，即使想要破除門戶之見，也不是容易之事。畢竟各派都已經坐
擁勢力，總覷著另一派錯處欲糾而舉之。沒有任何一派願意先自斷手足，讓
另一派有機會壯大。因此李清也只能提出意見，不會，也無法被採用。

明亡以後，李清閉門不出，專心著作。《清史稿》中曾提及他「每遇三月
十九日，必設位以哭〔註20〕」，《皇明遺民傳》中亦提及：

〔註17〕〔清〕徐元文《含經堂集・卷二十七・李映碧先生墓誌銘》，出自《續修四庫
全書》第 1413 冊（上海：古籍出版社，1955），頁 668。

〔註18〕〔清〕鄭之僑、趙彥俞纂，梁園棣修《咸豐重修興化縣志》（南京市：鳳凰出
版社，2008 年），頁 212。

〔註19〕趙爾巽等《清史稿・卷五百・列傳二百八十七・遺逸一》（北京市：中華書局，
1998 年），頁 3535。

〔註20〕趙爾巽等《清史稿・卷五百・列傳二百八十七・遺逸一》（北京市：中華書局，
1998 年），頁 3536。

晚歲預作遺令，曰：「先帝罹禍，僅得柳木作梓宮，不獲御袞冕，吾
用紗帽錦衣以殮，取沙木櫬，於心安乎？今與汝曹約，貿一杉木棺，
副以幅巾深衣，他物悉當稱。」〔註21〕

從此二處，可知李清對明朝的覆滅感到深刻的傷痛。但是在這樣的傷痛之下，
他並未如同其師倪元璐一般選擇以身殉國〔註22〕，反而將滿心的悲痛挹注在
閉門著書上。而後，清廷數次想要招撫李清，李清皆稱病不往，僅在清廷欲
修《明史》時，使其子「以南渡三桓諸錄上之」〔註23〕。《三桓筆記》是就李
清親眼所見明末諸事，加以分類筆記而成。或許從這樣的作為中，也可以看
出李清心中的理想與期盼。

雖然李清並未隨明代覆滅而自戕，但其對明朝的忠心以及氣節仍受到肯
定。《清史》中，將李清推為〈遺逸傳〉中第一人：

太史公〈伯夷列傳〉，憂憤悲嘆，百世下猶想見其人。伯夷、叔齊扣
馬而諫，既不能行其志，不得已乃遁西山，歌采薇，痛心疾首，豈
果自甘餓死哉？……今為〈遺逸傳〉，凡明末遺臣如李清等，逸士如
李孔昭等，分著於篇，雖寥寥數十人，皆大節凜然，足風後世者也。

〔註24〕

不只以李清為明代遺臣的代表，更將之比為伯夷、叔齊，認為他有「凜然大
節」，足以為後世典範。而應為成海應所作的《皇明遺民傳》除了將李清收錄
在遺民傳中外，更進一步寫出李清在當時被明代遺民認定為代表的原因：「是
時，先朝賢公卿皆凋落，而清獨老且壽，海內以鉅人明德相推重。〔註25〕」
從此可知，即使李清僅只是閉門著書，並沒有任何反對清朝的行動，但由於
高壽有德，且不出仕，使他被視為明代遺民的精神代表。

除此以外，從他與朋友、親人之間的書信，也可以看出李清在「敢諫諍」、
「高壽」之外其他為人所尊敬的原因。李清學識豐富，且具有著書才華。李

〔註21〕《域外所見中國古史研究資料彙編‧朝鮮漢籍篇‧皇明遺民傳》，第十三冊（重
慶市：西南師範大學出版社、北京市：人民出版社，2013），頁229。
〔註22〕出自《明季北略‧卷二十一》「十九日縊」以小字注於倪元璐條下，頁304。
〔註23〕〔清〕鄭之僑、趙彥俞纂，梁園棟修《咸豐重修興化縣志》（南京市：鳳凰出
版社，2008年），頁212。
〔註24〕趙爾巽等《清史稿‧卷五百‧列傳二百八十七‧遺逸一》（北京市：中華書局，
1998年），頁3535。
〔註25〕《域外所見中國古史研究資料彙編‧朝鮮漢籍篇‧皇明遺民傳》，第十三冊（重
慶市：西南師範大學出版社、北京市：人民出版社，2013），頁229。

清的好友陳瑚在爲李清《澹寧齋集》所寫序文中曾提及：

> 先生美丰儀、善談論，每與瑚攤書燒燭，援据經史，抉摘同異，貫
> 穿錯互，舌如懸河。比年以來纘言日富，屬辭比事微顯闡幽，往往
> 出人意表。而其好惡是非一於正。今讀其集，有論古者、有述今者，
> 有奏之朝廷、有上之史館者，有書國家用人行政之大，有記山川草
> 木鳥獸蟲魚之細者。〔註26〕

從陳瑚的記述中，可以知道李清的容儀美好，言語便給，對於經史的熟悉度
極高，能夠信手拈來，隨意擷取、引用，甚至能夠針對時事引用古史舊例作
出批判、統整並加以討論。除此以外，他的文采豐富，著書範圍遍及政策、
論古、記史、寫景等，古往今來的大事、遊山玩水所見小景等等無所不包，
且亦能在具有思想性的作品中清楚表述出自己的立場與價值判斷。他的女婿
顧沔在爲李清八十歲生日時所寫的七言律詩，也同樣寫到李清長年著書寫史
的特質：

> 黑頭早已臥江濱，松石爲朋四十春。束帛屢頒嚴子瀨，故園終戴華
> 陽巾。聖朝有道容耆逸，良史多材擬素臣。同輩全非身健在，眼中
> 吾見一完人。〔註27〕

顧沔在稱頌李清爲隱逸遺臣以外，最重要的是提到了他的良史之才，誇譽其
才堪比左丘明。而以「素臣」稱道之，應該是針對他能夠將歷史做出詳實描
寫的稱美。除去親戚關係與社交賀詞的逢迎成分，應仍具對李清能力的眞心
讚賞。而作史能力的確也是李清著作中的一大特色。在徐乾學所寫墓表中記
載李清數種著作，評論他「尤潛心史學，爲史論若干卷，又刪注南北二史、
編次《南渡錄》、《諸忠紀略》等。書藏於家。〔註28〕」除此以外，根據徐旭
旦爲李清所寫的傳記，亦曾記錄他的著作以及著作的出版情形：

> 自居桑園，手不離帙，而於史學最爲專勤。纂述數十百種，其《史
> 論》、《女世說》、《史略正誤》已行世，惟南北史、南唐書合註，正

〔註26〕〔明〕陳瑚《確庵文稿・卷十二・澹寧齋全集序》，出自《汲古閣叢書》第三
　　　　冊，共七冊（北京：全國圖書館文獻縮微複製中心，2008），頁98。

〔註27〕〔清〕顧沔《鳳池園集・鳳池園詩集・卷四・壽李映碧先生八十》其三，出
　　　　自《近代中國史料叢刊》第457冊（臺北縣永和市：文海出版社，民77），頁
　　　　14。

〔註28〕〔清〕徐乾學《憺園文集・李映碧先生墓表・卷三十二》第四冊，共四冊（臺
　　　　北：漢華出版，民60年8月），頁1663。

史、外史摘奇,《廿一史同異》、《泊明謐法》、《歷代年號與不知姓名諸考錄》多未付梓。〔註29〕

從文中,可以知道當時李清著作多至數十百種,已經出版的有《史論》、《女世說》、《史略正誤》,而《南北史合註》、《南唐書合註》、《正史新奇》、《外史摘奇》、《廿一史同異》、《泊明謐法》〔註30〕、《歷代年號與不知姓名考錄》等其餘書籍,則屬於「藏於家」而未及出版的部分。到了現代,據王重民〈李清著述考〉〔註31〕中所考得的李清著作,則僅有二十種。記錄如下:

1. 《南北史合注》一百九十一卷
2. 《南唐書合訂》二十五卷
3. 《諸史同異》六十八卷,又稱《諸史同異錄》〔註32〕。
4. 《歷代不知姓名錄》十卷
5. 《明史雜著》分二冊,未分卷,又稱《明史論斷》〔註33〕。
6. 《南渡錄》五卷
7. 《三桓筆記》三卷,《附識》三卷
8. 《外史摘奇》
9. 《甲乙編年錄》
10. 《惠宗實錄》
11. 《思宗實錄》
12. 《袁督師斬毛文龍始末》一卷,又稱《都師袁崇煥計斬毛文龍始末》〔註34〕。
13. 《自序年譜》
14. 《史略正誤》二卷,又稱《史略詞話》、《史略詞話正誤》〔註35〕。

〔註29〕 〔清〕徐旭旦《世經堂初集・李映碧先生傳・卷十》,出自《清代詩文集彙編》第197冊(上海:上海古籍出版社,2010),頁611。
〔註30〕 諸書中,惟此書在今日的考索中未得見。
〔註31〕 王重民〈李清著述考〉,《圖書館學季刊》第二卷第三期(1928年),頁333~342。
〔註32〕 張曉芝〈李清著述補考〉:《清代禁燬書目〈補遺〉》中「應繳李清所著書目」錄有《諸史同異錄》一書。出自《西南交通大學學報》第十一卷第四期(2008年)。
〔註33〕 張曉芝〈李清著述補考〉:繆荃孫《藝風藏書記》記載「《明史論斷》二冊,舊鈔本,興化李清撰……。」
〔註34〕 出自張曉芝〈李清著述補考〉。
〔註35〕 別名為張曉芝〈李清著述補考〉考出。

15.《諸忠紀略》

16.《女世說》四卷，《補遺》一卷。〔註36〕

17.《諫桓疏草》

18.《賜環疏》

19.《史論》

20.《澹寧齋文集》二十卷，又稱《澹寧齋集》〔註37〕。

其中大多數都屬於紀實、史論等性質的著作，包括編年、實錄著作以及針對過去歷史的考誤，僅少數幾種爲文學創作。

其後，在王重民〈李清著述考〉的基礎上，張曉芝〔註38〕〈李清著述補考〉又額外考索出了十四種著作。包括：

1.《南渡紀事》二卷

2.《諸史異匯》二十四卷

3.《折獄新語》十卷

4.《李映碧公餘錄》二卷

5.《鶴齡錄》（卷數不可考）

6.《橋杌閒評》，一作《明珠緣》，共五十回。

7.《鬼母傳》（卷數不可考）

8.《外史新奇》五卷

9.《理寧錄》十卷

10.《甲申日記》八卷

11.《三桓奏疏》五卷

12.《汲古閣觀書記》

13.《得全堂夜宴記跋》

14.《正史新奇》二十六卷，又稱《廿一史新奇》。

這十四種著作中，大多亦屬歷史著作。綜觀前述三十四種著作中，可以見得關於明末的實錄、記述占了半數之多，對於其他時期的歷史記述，李清也頗有批評；除此之外，於各代史事亦有所考訂，可見其對歷史著述的體裁以及

〔註36〕《補遺》由張曉芝〈李清著述補考〉考自《販書偶記》。

〔註37〕張曉芝〈李清著述補考〉記載其別名。

〔註38〕張曉芝〈李清著述補考〉，《西南交通大學學報》第十一卷第四期（2008 年），頁 19～25。

方法應有一定的熟悉度，更具有相當豐富的寫作經驗。

　　比較起徐旭旦所說的「纂述數十百種」，今日所見的李清著作已經少了許多，且有數種著作都是未曾署名，全靠史料考證才得以知曉作者。然即使散佚甚多，今日能考出的仍有三十四種。當中，曾被收入《四庫全書》的有《南北史合注》、《南唐書合訂》、《諸史異同》、《歷代不知姓名錄》四種，而被用以修《明史》的則有《三垣筆記》。然因為在乾隆五十二年的審查中，發現《諸史異同》中含有將康熙與崇禎皇帝四事相提並論的言詞，視為大不韙，因此四本書均遭禁燬〔註39〕。幸而當時《四庫提要》已成，又被收於燬毀書目之中，故有副本留存，今日才得以見得這些史料。

　　在李清的眾多著作中，篇幅最大的莫過於共有一百九十一卷之多的《南北史合注》。這本著作是基於唐代李延壽共一百八十卷的《南北史》，並略加註解、補入李清當時所見史料而成。李延壽的南北二史，原是以宋、齊、梁、陳四書及魏、齊、周、隋四書為本，刪改合併而成。然其結構、刪改、增補之處在李清眼中多有不足之處，故改作《南北史合注》。今以《南史》為中心，從李延壽的著作與眾人評論中討論起，進而探察《南北史合注》的特色與價值。

〔註39〕　《乾隆帝起居注》第三十六冊：「乾隆五十二年三月十九日丁亥，內閣奉上諭：四庫全書處進呈續繕三分書，李清所撰諸史同異錄書內稱我朝世祖章皇帝與明崇禎四事相同。妄誕不經，閱之殊堪駭異。李清係明季職官，當明宗社淪亡，不能捐軀殉節；在本朝食毛踐土，已閱多年，乃敢妄逞臆說，任意比擬。設其人尚在，必當立正刑誅，用彰憲典。今其身幸逃顯戮，其所著書籍，悖妄之處，自應搜查銷燬，以杜邪說而正人心。」，共四十二冊（桂林：廣西師範大學出版社，2002），頁83～84。

第二章 《南北史合注》的形成及寫作意圖

一、從南四史、北四史到《南史》、《北史》

（一）《南史》、《北史》的成書與改動

李延壽的南北二史，乃是繼承其父李大師的著作而完成者。在《北史・序傳》中，提到李大師修作南北史的緣由：

> 以宋、齊、梁、陳、魏、齊、周、隋南北分隔，南書謂北為「索虜」，
> 北書指南為「島夷」。又各以其本國周悉，書別國並不能備，亦往往
> 失實。常欲改正，將擬《吳越春秋》，編年以備南北。〔註1〕

由於南北政治集團分立，修史時亦必然以自己所屬者為正朔，而對他國帶有偏見，修史之時又難免因為前後朝代政治利益問題而有所避諱。八書之間，多有同事而異語、交錯相雜的問題。李大師修史之時，即以此為主要的著眼點，並擬以《吳越春秋》作為體例範本，以編年形式寫作南北朝歷史，試圖將各朝事件較為清楚地依年代先後呈現出來。最重要的是，擁有南北朝分立以及統一時代的生活經驗後，李大師具備較為全面且具統合性的歷史觀點，並試圖將「南北」兩邊的政治勢力合併書寫，使得當世歷史不至因為政權分立而造成割裂。惜李大師真正著手著書的時間不過兩年便去世了，南北二史的主要的部分仍由其子李延壽續成。

李延壽在寫作南北二史時，雖然說是延續其父意志，但續書方向仍多少有所不同。按其於《北史・序傳》中所寫「凡八代，合為二書，一百八十卷

〔註1〕 《北史・卷一百・序傳》（臺北市，鼎文書局，民88），頁3343。

以擬司馬遷《史記》」「夙懷慕尚，又備得尋聞，私為抄錄一十六年，凡所獵略千有餘卷。」可知李延壽修撰南北二史的目的，雖仍試圖將八代之間的事情一手蒐整完成，但是他的仿效對象卻從《吳越春秋》換成了《史記》，因此「本紀依司馬遷體，以次連綴之〔註2〕」，而其餘部分，仍殘存了編年體的型式。

就資料的收集層面而言，李延壽之時，前代諸史已經大多修整完成，他本身也參與了《五代史志》、《隋書》的修撰，以及《晉書》的重修，可取得的資料比起李大師更多。取材上，李延壽也不拘泥於收錄正史，廣博的蒐羅各種資料並加以記錄，作出部分增補。但是，畢竟八書內容較繁瑣，且多少有所重複，因此必得有所刪削：「從此八代正史外，更勘雜史於正史所無者一千餘卷，皆以編入。其煩冗者，即削去之。〔註3〕」，即說明李延壽所刪除者是他認定繁冗的部分。

從南四史、北四史演變到了後來的《南北史》，李延壽有若干改動。此部分的研究在瞿林東先生《南史和北史》一書中曾對《南北史》的編撰特色，以及二史與八書的差異作出討論。

瞿先生將南北二史的編撰特色分作三項〔註4〕，其一為使用通史的體例寫作，雖然所寫時代經歷數個朝代，仍能不僅以時代作為分判，而「將若干皇朝的歷史視為一個整體〔註5〕」，以各類傳作為主體，將各朝同樣類型的人物放置其下，僅在本紀中較明確的繫年，統合了零碎的時代；其次，則是以家傳型式寫作，同樣也是在各朝代短暫歷時下的整合，避免因一人多事數朝而造成的支離現象；第三，則點明了南北二史較其它史書不同的互見手法，包含了兩書之間的互見手法，以及兩書各自內部的互見。相對而言，後者是各類史書中較常出現的做法，而前者則由於兩書被視作一整體，因此頻繁的相互對照、指引。這樣的互見，主要由於當世遷徙的情況，可能造成同一家人分屬南北兩朝，為避免重複立傳，便會於相關的傳中相互指引。另外也有一些互見的情形，是根於南北朝之間人物的交流，一事僅記於一處而不再贅述。此三個特色，可以說是在兩政權並立，並嬗代快速下的因應與特徵，也是耦

〔註2〕 《北史‧卷一百‧序傳》（臺北市，鼎文書局，民88），頁3344。
〔註3〕 同上，頁3344。
〔註4〕 瞿林東《南史和北史》（北京：人民出版社，1987），頁33～54。
〔註5〕 瞿林東《南史和北史》（北京：人民出版社，1987），頁34。

合八書時避免重出、繁冗的最佳方法。

　　針對二史與八書的比較，除了以上所及特色，亦另有三個相異處〔註6〕。首先爲史志的有無，雖《宋書》、《南齊書》、《魏書》與《隋書》已涵蓋八個朝代之志，然李延壽並未將這些能夠保存制度、具有歷史價值的內容收入《南北史》中。瞿先生認爲，既此四本史書已經能夠保存這類內容，則李延壽可能認爲根本不須再多此一舉將之收錄，然也不排除是因爲「史志」的寫作需要較多的心力，以李延壽一人難以達臻美，故二史中乾脆不收志。其次則在敘事的詳略上，雖二史志在刪削八書繁冗之處，然仍有補入之處，並非所有事情都較八書精省，亦有較八書精細的敘述、補入處；最後則是史論意趣上的差異，二史將八書史論中過譽、誇張的內容予以刪除，而對有自己見解的部分則加以改寫、添補。這樣的改動，使得二書史論能夠呈現出李延壽個人的歷史見解，並減少八史中迴護、奉承的論點。在以上諸特徵以外，瞿先生也作了二史與八書的類傳比較表，以供參照，亦抄附於此。

南史	北史	宋書	南齊書	梁書	陳書	魏書	北齊書	周書	隋書
	外戚					外戚	外戚		外戚
儒林	儒林			儒林	儒林	儒林	儒林	儒林	儒林
文學	文苑		文學	文學	文學	文苑	文苑		文學
孝義	孝行	孝義	孝義	孝行	孝行	孝感		孝義	孝義
	節義					節義			誠節
循吏	循吏	良吏	良政			良吏	循吏		循吏
	酷吏					酷吏	酷吏		酷吏
隱逸	隱逸	隱逸	高逸	處士		逸士			隱逸
	藝術					藝術	方伎	藝術	藝術
	列女					列女			列女
恩幸	恩幸	恩幸	幸臣			恩幸	恩幸		
賊臣	二兇								
				止足					
						閹官			

表格 1　二史、八書類傳表〔註7〕

〔註6〕瞿林東《南史和北史》（北京：人民出版社，1987），頁82～93。
〔註7〕瞿林東《南史和北史》（北京：人民出版社，1987），頁120。表末附記：「本表類傳排列以《北史》編次爲序。凡並立政權、少數民族、外國等傳，本表未收」。

從《南北史》與南四史、北四史的不同處，除了顯現出歷史的書寫觀點隨著時代演進而改變，也呈現了李延壽的個人作史觀念。於《南北史》完成後，李延壽上呈的表中，也同樣說明了寫作《南北史》的目標：

> 北朝自魏以還，南朝從宋以降，運行迭變，時俗汗隆，代有載筆，人多好事，考之篇目，史牒不少，互陳聞見，同異甚多。而小說短書，易爲湮落，脫或殘滅，求勘無所。一則王道得喪，朝市貿遷，日失其眞，晦明安取。二則至人高跡，達士弘規，因此無聞，可爲傷歎。三則敗俗巨蠹，滔天桀惡，書法不記，孰爲勸獎。〔註8〕

從李延壽上表自述的內容中，可以知道除了前述耦合八書、增加史料、削除繁蕪等寫作目的以外，他其實同時也相當注重自《春秋》以來的史學傳統——還原史實，懲惡揚善。因此，李延壽在寫作之時除了減少飾詞曲筆，也意圖標舉善行，達到勸獎之效。

南北二史經歷李延壽父子兩代完成，而李延壽顯然與其父的作史目標已經不同，因此或可以說《南北史》所呈現的是李延壽個人的歷史觀點。南北二朝歷史雖已經統合於二書中，然就李延壽的寫法，仍並未將兩朝並立、平等看待，仍以北朝爲正朔，也呈現了他的政治立場，至於其是與非，仍有許多不同的褒貶。

（二）《南史》、《北史》歷來評論舉要

李延壽的南北二史，在唐朝時已有流傳，歷代亦蒙受許多不同的批評。五代時所成《舊唐書》曾提到南北二史在當時已是「頗行於代〔註9〕」；而宋代完成的《新唐書》則在李延壽傳記中提到：「其書（《南北史》）頗有條理，刪落釀辭，過本書（南北八史）遠甚。時人見年少位下，不甚稱其書。〔註10〕」，也給了南北史相當不錯的評價。附帶一提的則是雖然南北二史書成，但在唐朝時並不是特別流行。與《舊唐書》所言略爲不同。而到後來作史諸家，如司馬光便曾給予南北二史相當詳細的評價：

> 今因修南北朝《通鑑》，方得細觀，乃知李延壽之書，亦近世佳史也。雖於機祥詼嘲小事無所不載，然序事簡徑，比於南北正史，無繁冗蕪穢之辭。竊謂陳壽之外，惟延壽可以亞之。渠亦當時見眾人所作

〔註8〕 《北史·卷一百·序傳》，頁3344～3345。
〔註9〕 《新校本舊唐書附索引三·卷73》（臺北市：鼎文書局，民89），頁2601。
〔註10〕 《新校本新唐書附索引五·卷102》（臺北市：鼎文書局，民87），頁3986。

五代事不快意，故別自私著此書也。但恨延壽不作志，使數代沿革
制度，皆沒不見。〔註11〕

他認爲南北二史的好處就在「簡淨」，從正史八書中擷取較適當的內容成書，
無雜蕪的問題。但同時也點出了南北史的缺點在於「詳詼嘲小事」，也就是補
入了一些不相關、不算正經嚴肅的小事。但總的來說，仍認爲南北二史可列
於佳史之中。唯一可惜之處，在於「不作志」，致使當時的制度沿革未能留存，
白白流失許多史料。

與之大約同時的朱熹，其批評則不那麼正面，他說：「《南北史》除了《通
鑑》所取者，其餘只是一部好笑底小說。〔註12〕」從他眼中看來，雖然《南
北史》有部分可取之處，但既有雜蕪的問題，更有憑私意寫作之處。

其餘宋代評價李延壽南北二史的以下列數條爲要：

李延壽作《南北史》，於北史多溢美，而書之亦甚詳。書北事則曰
「某皇帝」，書南事則曰「某帝」，蓋唐承隋祚，其來自北，而高
祖之前與延壽累葉皆仕北朝。其私意如此！〔註13〕

延壽著《南北史》，粗得作史體，故唐書本傳亦謂其過本書遠甚。
然好述妖異兆祥謠讖，特爲繁猥。此類甚多，可盡削去。〔註14〕

李延壽《南北史》成，惟《隋書》別行，餘七史幾廢。大抵紀載無
法，詳署失中，故宜行而不遠。且史傳紀事，出於一人之手，而自
爲同異者，亦有之矣。未有卷帙聯屬，首尾衡決，而不能自覺者也。

〔註15〕

綜合以上批評，大抵可以發現，宋人對南北二史的評價可以分爲數點：其一，
所修二書優於南北八史，並能刪去南北八史繁冗的部分，使得全書條理分明。
其二，對於其補入的內容頗有微詞，認爲「謠讖」的補入使全書變得「繁猥」，

〔註11〕 〔宋〕劉元高編《三劉家集》，司馬光〈貽秘丞書已刻〉，收錄於《四庫全書
珍本十二集》第一九七冊（臺北：臺灣商務印書館，民71），頁36。

〔註12〕 〔宋〕黎靖德編《朱子語類‧卷134》第八冊，（上海：上海世紀出版集團，
2014），頁3204～3205。

〔註13〕 〔宋〕吳稽《常談》，出自《四庫全書珍本別輯》第543冊（臺北：臺灣商務
印書館，民64），頁25。

〔註14〕 〔宋〕曾慥《類說‧卷四十七》，〈南北史〉條，出自《景印文淵閣四庫全書》
第873冊（臺北：台灣商務印書館，民75），頁820。

〔註15〕 〔宋〕趙與時《賓退錄‧卷九》，出自《全宋筆記》第六編，第十冊（鄭州市：
大象出版社，2003），頁124。

意指這些補入降低了全書格調;「恢嘲小事」的加入,則顯得多著墨於枝微末節處。其三,肯定李延壽所作的書符合史書體例,雖然只是「粗得」,但是比起另外南北八史,仍然具有較完整的結構、體例,並且能夠較爲均衡的記事。其四,寫作立場偏向北朝。評論者察覺出「皇帝」與「帝」在敬稱使用上的微妙差異,並且做出推論。總的來說,宋朝時候對於南北二史已經有了較多的研究。雖然各評論之間的差異並不算太大,但較前人所論已更進一步。

明朝時,各家評論《南北史》的程度又更爲詳細。其中,最全面性的評論莫過於黃鳳翔《田亭草》中的〈讀南北史說〉〔註16〕,兼言《南北史》的優缺兩面。褒讚的部分謂:

> 概自南北分,各自稱帝。南指北爲「索虜」,北指南爲「島夷」,詳畧迥異,毀譽失眞。李延壽獨創體裁,務從簡約,於詔冊表奏書牘詞賦之繁碎冗長者,概從刪削。卷帙既省,披閱易周。

認爲《南北史》最大的功能即在於將南北二朝書寫立場迥異的史料統合起來,加以平衡;而其刪削繁冗文章之舉也的確能達到簡淨的功能,使得後人閱讀較爲容易。同時點出了其歷史資料的處理手法及其意義,較爲全面。

第二部分的評論,則直白點出兩書的缺點〔註17〕。這些缺點大致可分爲三。其一,記史如同作家譜。黃鳳翔認爲作史者應該要能夠更明白地凸顯出忠奸之別,不能僅因爲血緣關係就將品格大相逕庭的人同置一傳。而當以家爲分類依據的記史模式,遇上朝代更迭時,問題就更大了。他舉出了隋朝數人,僅因爲父祖輩爲周臣,就被置於周傳記中,認爲這簡直是混淆史實,故有「史氏豈爲家傳設也!〔註18〕」的感嘆。

關於《南北史》爲傳如同家傳一般的情形,在宋代就已有人略作評論,

〔註16〕 〔明〕黃鳳翔《田亭草·卷十》,〈讀南北史說〉條,出自《續修四庫全書》第 1356 冊(上海市:上海古籍,2003),頁 204。

〔註17〕 實際上黃鳳翔的分類是將「史傳若家傳」作爲第一點,「因血緣關係作傳而不能辨忠奸」合爲第二點,「入傳問題」放入第三點。至於書寫妖異徵兆,並沒有列入分點中,僅作批評。此處因爲認爲第二點能夠承第一點,因此便把妖異徵祥之事當作第三點。

〔註18〕 〔明〕黃鳳翔《田亭草》卷十,〈讀南北史說〉條:「史書〈列傳〉專以紀載人物,而一代之政事寄焉,漢周氏、韋氏父子,竇氏祖孫,馮氏、耿氏兄弟,立傳相次,班、范之體則然。若革命更朝,則非所例論,第書曰某代某人之子或孫可矣。賀若弼、韓擒虎、楊素、蘇威爲隋朝將相,乃次之家傳,不特繫隋,直以其父故聯傳於周。夫其截定之畧,貞邪之品,實關隋家理亂。史氏豈爲家傳設也!」,頁 204。

但是能夠清楚的分析、討論此舉所造成不良結果的，黃鳳翔恐怕是第一人。
而除了因爲「家傳」問題導致忠奸不能突顯以外，他也批評李延壽所立的類
傳──如〈列女傳〉〔註 19〕有南北兩史不一致的情形。對照起有〈列女傳〉
的《北史》，他便深深爲南方這些被放入「孝義」而失去烈女稱號的女子感到
不平。這是他認爲《南北史》傳論存在的另一個問題。而最後一個缺點，依
然是喜愛收錄「將興之符瑞，將亡之妖孽〔註 20〕」並加以附會的問題，這樣
的批評在宋代就已經出現過，在此不多加重述。

　　明代其餘諸人的評論，較值得一提的有三條：

　　李延壽總八朝爲南北史，而言詞卑弱，義例煩雜，書無表志，沿革
　　不完。〔註 21〕

　　南北史紀事有體，網羅散逸，功在諸書之上。若夫父子相承，祖孫
　　並繫，詳列家乘，萼跗貫聯，以供觀覽，最爲簡直；而深戾史裁，
　　有乖體製。張湯在酷吏之科，安世不應同傳；祖約居叛逆之例，士
　　雅仍自孤行。黑白混登，不無遺恨。但推其源本，蓋亦有繇。晉世
　　貴弱，以氏族名家；唐代李素，因肉譜騰號。此學熾興，緣以修史，
　　終然罾奪，笑貽大方。〔註 22〕

　　李氏詳於紀，密於傳，疎於論。〔註 23〕

首條謂南北二史義例繁瑣問題，以及表志從缺以致無法見得南北朝制度、沿
革的實際狀況的問題等，前已有人提及；但「言詞卑弱」卻是首見，惜未言
明何爲「卑弱」。第二條、三條皆爲朱明鎬對《南北史》的評論。他對於南北
史人物傳形同家傳，以及對人物混入的問題的討論，則可以與黃鳳翔對於家

〔註 19〕同上：「《北史》有〈列女傳〉矣，《南史‧孝義傳》爲龔穎、公孫僧遠等，而
　　　　以蕭矯妻、羊氏等凡十人間於其中。夫此十人者，誠孝義也，獨不可標之列
　　　　女乎？」，頁 204。

〔註 20〕同上：「乃至言將興之符瑞，將亡之妖孽，荻洲之蛇，摯井之龍，嵩山墜石之
　　　　靈，殿庭畫字之鳥。語神語怪，曲爲傳會。諸如此類，有甚於本書者。」，頁
　　　　204。

〔註 21〕〔明〕賀復徵編《文章辨體彙選‧卷三百七十三》，〔北宋〕劉恕〈書資政通
　　　　鑑外紀後〉，收錄於《景印文淵閣四庫全書》第 1406 冊（臺北市：台灣商務
　　　　印書館，民 75）。

〔註 22〕〔明〕朱明鎬《史糾》卷三，出自《四庫全書珍本十一集》第 411 冊（臺北：
　　　　臺灣商務，民 70），頁 15～16。

〔註 23〕同上，卷三，頁 30。

傳的評價作出對照。黃鳳翔所認定的家傳問題，朱明鎬雖然也認同，然更能從歷史背景考量，認為李延壽的作法未必不符合六朝時期「家世」、「世族」重要性遠大於個人的情形。甚至認為扣除掉忠奸難分的問題，這些傳記甚至可稱「最為簡直」，便於查閱。對於這兩個問題的解釋與評價，在歷代諸評論中，朱明鎬所作可說是最為正面的。至於第三條則對李延壽的記、傳、論作出比較，也符合歷來的認知，堪稱中肯。

到了清朝，南北二史的官方評價，可以《四庫總目提要》為主：

> 蓋延壽當日專致力於《北史》，《南史》不過因其舊文，排纂刪潤。故其減字節句，每失本意。間有所增益，又緣飾為多。
>
> 自《宋略》、《齊春秋》、《梁典》諸書盡亡，其備宋、齊、梁、陳四史之參校者，獨賴此書〔註24〕之存。則亦何可盡廢也。……自宋以後，《魏書》、《北齊書》、《周書》皆殘闕不全，惟此書〔註25〕僅〈麥鐵杖傳〉有闕文，〈荀濟傳〉脫去數行，其餘皆卷帙整齊，始末完具。徵北朝之故實者，終以是書為依據。故雖八書具列，而二史仍並行焉。

從這些評價中，可以發現針對南北史「刪除雜蕪」的評價消失了，代之而起的對其保存舊史料功能的稱許，尤以《北史》為甚。但是針對南北二史的缺點的評論，則異於前代，並不在增補雜蕪之事上，而對兩書在編排、刪改上的問題作討論，認為李延壽的刪改造成了部分語意的改變與混淆。相對而言，《提要》與前代的評論重點已有所不同，更著重在其保留史料之功與混淆史實二事上，也顯示出不同朝代史學發展及傾向的差異。

（三）清代名家論《南史》、《北史》

與李清時代大致相同而略在其後的，包括《十七史商榷》的作者王鳴盛以及作《廿二史箚記》的趙翼。他們對於《南北史》的意見，與唐宋諸人亦有不同，近於《四庫總目提要》而更為細緻，此或由於當時考據風氣較勝，影響了他們的評論起點。此二書流傳甚廣，且意見也幾乎成為當時史學界的代表，故不憚繁瑣，加以論列，以作為討論李清《南北史合注》的基礎。

〔註24〕 此指《南史》。
〔註25〕 此指《北史》。

1.《十七史商榷》的評價

王鳴盛的《十七史商榷》針對李延壽的《南北史》提出了諸多意見，並以條列呈現。相較於前代諸人對於南北二史的讚譽，他對於此二書則有較多的批評。甚至對《新唐書》於南北二史的褒揚之詞，也以「南北八代合有鳩聚鈔撮之功，而延壽適承其乏。人情樂簡，故得傳世。〔註26〕」作為眾人所推舉的原因，對南北二史的價值貶抑甚多；而於《新唐書》所說「其書頗有條理，刪落釀辭，過本書遠甚。時人見年少位下，不甚稱其書。〔註27〕」，則一一反駁。他認為南北二史不僅毫無條理可言，刪修之處則「不當而欠妥者十之七八〔註28〕」，甚至對其「年少位下」一語，也以李延壽修書之時年已有三四十，壽命又達六七十歲，不能以年少當作「書不為所稱」的理由，故以「學淺識陋，才短位又甚卑〔註29〕」的批評做結，認為這才是書不行於世的真正原因。

王鳴盛將《南北史》得以流傳、成為不刊之作的原因完全歸結在時間因素以及後人讀史的惰性上，對李延壽的書幾乎不加以肯定，並且給予相當嚴苛甚至刻薄的評語。然在對南北二史大體上的貶抑評論以外，他亦能將對二書的意見列成細目，分項提要、敘說。由於內容略多，以下依類別分作五個要點概括敘述：

（1）以北為正統

王鳴盛注意到李延壽對南北二朝的記述方式有兩大不同，其一為用語差異，另一個則是在紀年上的差異。而這樣的書寫方式，也顯現出李延壽在作史時對南北政權有所偏倚：

> 《南史》於永初元年之末書「是歲，魏明元皇帝太常五年」，案《北史》帝紀不呼南朝諸帝為皇，亦不紀其改元，獨詳於此者，李延壽欲以北為正也。……北伐南，各書皆稱其姓名，《南史》則改稱廟號，皆抑南尊北之意。〔註30〕

〔註26〕〔清〕王鳴盛《十七史商榷・卷五十三》〈新唐書過譽南北史〉條（上海：上海書店出版社，2005），頁391。

〔註27〕《新校本新唐書附索引五・卷一〇二》（臺北市：鼎文書局，民87），頁3986。

〔註28〕《十七史商榷・卷五十三》〈新唐書過譽南北史〉條（上海：上海書店出版社，2005），頁391。

〔註29〕同上：「新書雖言其年少，但修書當貞觀時，計其年必以三四十歲，著述傳世，千餘年以來遂成不刊之作，一何多幸耶？」，頁391。

〔註30〕《十七史商榷・卷五十四》〈北為正〉條，頁399。

「天監七年冬十月丙子，詔大舉北侵」，愚謂梁與魏爲敵國，而《南
史》於「北伐」改爲「北侵」。……「庚申，以魏尚書左僕射范遵爲
司州牧，隨悦北侵。」此「侵」字，《梁書》紀作「討」，亦是《南
史》所改，李延壽之意以北爲正，南爲僞也。〔註31〕

李延壽在敘述南朝改元時，多並記北朝年分作對照，但在北朝改元紀年時則
否。顯然以北朝爲標準，將南朝看作「相對的」歷史；又將南四史中對於北
朝皇帝的稱呼皆由直接指名道姓修改爲稱呼廟號。若以南朝各以己朝爲正統
的狀況來看，斷不能稱北朝各主以廟號、或尊稱爲帝。而南四史數處與北朝
交兵時所稱「北伐」，是基於以己爲正統，故得以「伐敵」，經李延壽一修改，
則書寫的本位從南朝自身而轉爲北朝角度。其心中南北正朔何在，昭然若揭。

（2）以家爲限斷，不以代爲限斷

針對李延壽爲人作傳時不以朝代爲分隔，而以家族爲分隔的情形，前代
黃鳳翔、朱明鎬等人皆已論及，而王鳴盛亦做了更進一步的討論與分析。他
首先說出這樣作傳的問題，在於已經從「國史」的形式變成了「家傳」：

《南史》則總以一家爲斷，不以事類爲敍，……《宋書》類敍之法
被伊一齊打散，此國史也，豈家譜乎？不以事類爲敍，而必使以族
屬爲敍，則作史專爲欲明人家世次譜牒乎？大謬之尤者。〔註32〕

除了批判之外，王鳴盛分析出李延壽如此改動的三個可能原因。其一爲「總
因薄班固而欲上法馬遷，故致斯弊〔註33〕」，另一則因「六朝人皆重門閥〔註
34〕」，以世家爲超出於個人本身的代表，因此以「家」爲單位，而不以人爲單
位。他認爲，這樣的編排方法，除了使國史變成家傳以外，也造成了讀史者
在查找人物時的困難，如王融被收入王弘傳、謝朓被收入謝裕傳等皆是。在
個人意向與時代上以家爲主的兩個因素之外，政治的動盪也造成了不小的影
響：各朝更迭頻繁之故，單單一人可能就經歷數朝。如此，若是以朝代更迭
作爲斷限，那麼同一人可能就得分作數傳描寫，徒增冗贅。然而反面而言，
都從一個人初在朝代開始寫起，就造成了多數傳記都存於南朝宋，其後則寥
寥無幾的問題。而縱貫數朝的傳記，也使得讀者閱讀時往往無法一眼看出內

〔註31〕 《十七史商榷·卷五十五》〈大舉北侵〉條，頁422。
〔註32〕 《十七史商榷·卷六十》〈王華等傳分散非是〉，頁469。
〔註33〕 《十七史商榷·卷五十九》，頁453。
〔註34〕 《十七史商榷·卷五十九》，頁453。

文中所敘述的事情發生於哪一朝。

　　不過，雖然李延壽合一家眾人為一傳的情形產生了諸多問題，王鳴盛仍肯定他在某些傳記相合之處，有減少繁瑣之功，評論尚屬中肯。

（3）增刪內容

　　既然對史書的更改、增刪會由於創作、編修者的差異而有所不同，勢必在他人眼裡也會有合適與否的分判。對於李延壽增刪各書內容的情形，王鳴盛以條列的方式舉出其訛誤與善處，大致可以分作幾類，其中一類是不應刪而刪除者：

> 《宋書》以臧燾、徐廣、傅隆同傳，以三人皆儒者也。論一篇，窮究原委，尤覺卓然。……李延壽者與賈、孔同時，而學淺識陋，全不知經，以臧燾與趙倫之同傳，以傅隆入傅亮傳，皆非其類。惟一徐廣與范泰等同傳，而於卓然之論刪棄無存。予辨之，使後之考史者知南北朝事斷不可獨倚李延壽也。〔註35〕

> 蔚宗性輕躁不謹，與妄人孔熙先往還，是其罪耳。……想平日恃才傲物，憎嫉者多，共相傾陷。《宋書》全據當時鍛練之詞書之，而猶詳載其自辯語；《南史》并此刪之，則蔚宗冤竟不白矣。〔註36〕

《宋書》以類別分傳，因此三位儒者被放在同一傳中，並附有論述；而李延壽本其寫傳習慣，將這三人分開，是故專用於此三人的論也不能繼續沿用，只能選擇刪除。前者影響到了史書體例以及讀者閱讀時的便利性，那麼後者個別改動、刪除，就造成了後代對史實可能的誤解。王鳴盛顯然對未收錄論述感到可惜，但是批評李延壽「學淺識陋，全不知經」似乎也是有些嚴苛。

　　在王鳴盛的舉例中，可知他認為按照《宋書》原本的書寫方式，後人可以從所載〈獄中與姪書〉中，得知蔚宗背上謀反之罪而被判死刑的原因，僅僅是平日樹敵過多，又與錯誤的人結交之故。而這些文史資料，在要求精簡之下一一被刪除，歷史固然簡淨了，但是也失去了許多細節。或許這就是在增補刪削史料時，最難以確切掌握的部份。

　　對於重要且有價值資料的補入，也是王鳴盛相當在意的。也因此使他在觀看《南史》時發出了更多的批評與嘆惋：

〔註35〕《十七史商榷・卷五十九》，頁463～465，〈臧燾等傳論南史刪棄〉條。

〔註36〕《十七史商榷・卷六十一》，頁485～486，〈范蔚宗以謀反誅〉條。

> 文帝尊皇太后詔，徐陵所傳，詞云：「……」。吁，文帝之愧此詔甚
>
> 矣。此文正宜載入本紀，《陳書》既不采，《南史》又不能補。〔註37〕

究其原因，也正是因為王鳴盛期待一本良好的史書，能夠公允地納入各種重要資料，並且使得歷史不只能夠還原正確的過去，更希望史書能夠達到批判、諷刺，並且成為後人借鏡的功能。

但是這樣的期待畢竟就是王鳴盛一己的價值觀，因此當這樣的價值觀套用在李延壽的創作目標上時，就會因此產生許多歧異的批判。比如李延壽作史，往往加入許多神異、奇妙之事，或者就某些場面大書特書。在王鳴盛看來，這完全是不可取的補入：

> 《南史》意在以刪削見長，乃所刪者往往皆有關民生疾苦、國計利
>
> 害。偶有增添，多諧謔猥瑣或鬼佛誕蔓，李延壽胸中本不知有經國
>
> 養民遠圖，故去取如此。〔註38〕

> 《南史》忽添入蔣帝神助水挫敵事，縷縷約一百五十字，妄誕支贅，
>
> 全是小說，……李延壽意主刪削簡淨，乃其所刪者往往關係典章制
>
> 度、民生利病，而所添妄誕則又甚多，惟於振旅凱入、增封進爵下
>
> 添入賦詩叶競病韻，卻佳。〔註39〕

按王鳴盛所說，李延壽的編書目標固然以刪削為要，但是所刪內容卻往往是「民生疾苦、國計利害」，增補的則是「諧謔猥瑣」、「鬼佛誕蔓」之事。又如第二條資料所言蔣帝神助戰之事，應該也屬於神鬼之事。在王鳴盛看來，此舉絕不可取，而會造成這種揀擇的原因就是因為李延壽本身的素養。針對這樣的評論，或許我們可以退一步來看。若不是專門處理相關事務的人，恐怕的確很難不將所謂民生之事當作瑣碎的數字、文字紀錄來看。若作史時以刪掃雜蕪為目的，此類資料必然就是上選。而添入的神鬼之事，若說是一種奇聞軼事的補遺，那也正合了李延壽蒐羅各種文章加以添補的目的。

（4）改動稱謂以及用語

敘事時的用語，往往能夠表現出敘事者表面上的立場或較為隱晦的想法，李延壽在修訂南北二史時，也對許多用語、稱謂有所改動。其中或有些統一修改者，也有參差、不一致者，都被王鳴盛一一提出並作討論。

〔註37〕 《十七史商榷·卷五十五》，頁427，〈陳文帝尊皇太后〉條。
〔註38〕 《十七史商榷·卷六十》，頁476，〈宋書有關民事語多為南史刪去〉條。
〔註39〕 《十七史商榷·卷六十三》，〈蔣帝助水等事〉條，頁506～507。

　　稱謂改動上，如《宋書》中沈約對齊高帝之名加以避諱〔註40〕，李延壽
於《南史》中則直書不諱之例，在《南史》中屢屢出現〔註41〕。除方便後來
讀者對歷史的理解，亦可以看出歷史、政權改變之下敘述者使用字句的改變。
這個部分，是屬於較爲統一的改動。然稱謂、用語不統一者，則稍多，且容
易造成混亂。在這種忽彼忽此的寫作用語之下，比較難推斷作者是有心還是
無意爲之：

> 《宋書·武帝紀》始稱「高祖」，後乃稱「公」，後又稱「王」。即眞
> 後，乃稱「上」。髣髴似陳壽〈魏武帝紀〉之例。其書檄策等皆稱劉
> 諱，此沈約本文也，而其稱亦多有直稱裕者，則是後人校者所改，
> 改之未淨，故往往數行之中忽諱忽裕，牽率已甚。《南史》則概稱帝，
> 及眞稱上。〔註42〕

> 《南史》則於元年徐止書「司空」，傅止書「尚書令」。二年、三年
> 則徐「司徒」，而傅仍書「尚書令」。雖似簡淨，且覺一律不混目，
> 但屈人所處權要職任多失其實。使讀者不見其所處之地位矣。如徐
> 之錄尚書、揚州刺史乃其要也，三公虛名也，豈可但書司空、司徒
> 乎？愚謂《南史》與《宋書》皆非也。元修《宋史》，觀者每恨其官
> 銜繁重，然世間一切閑文浪費筆墨多矣，紀載實事何嫌太繁？鄙見
> 以爲宜概從全書爲是。〔註43〕

前者先陳述沈約對於宋武帝劉裕的稱謂主要因爲其地位的變化而有所改變，
且如此因爲地位差異而更改稱呼的情形亦有源流，但是當中也有些歧異，而
他將這些歧異歸結於「校對不良」，認爲《南史》對於劉裕的稱謂相對於《宋
書》較爲統一。

　　後者則針對「官職」問題加以討論，認爲傳主往往身負不只一職，如果
在敘述之時將所有官職都列出來，不僅造成閱讀上的困難，也容易混淆；但
若爲求清晰而只選擇其中一項官職來書寫，那麼就須訴諸寫史者對於官職的

〔註40〕　《十七史商榷·卷五十四》，〈宋書諱齊高帝名，南史不諱〉條，頁408～409。
　　　　　在此條中，王鳴盛亦解釋另一個諱齊高帝名的原因，是由於對齊高帝有所敬
　　　　　意故然。
〔註41〕　《十七史商榷·卷五十五》，〈各帝書諱〉條，頁422。
〔註42〕　《十七史商榷·卷五十四》，〈武帝文帝孝武帝明帝稱諱，順帝稱名〉條，頁
　　　　　394～395。
〔註43〕　《十七史商榷·卷五十四》，〈徐、傅兩人官名連書互異〉條，頁401～402。

認識以及在書寫上的意識。王鳴盛認爲，李延壽雖然達到了「簡淨」的目標，但是對於官職擇取則較爲不佳，沒有辦法眞正將官職於傳主的意義以及責任完全的傳達出來。在這種情形下，既然沒有辦法達到好的效果，不如就放棄對於行文簡單清楚的要求，至少做到讓史料不致落失，讓後世讀者自行判斷爲上。但是這樣的價值觀，就與李延壽合八書之旨相違背，也將使得重新敘說的歷史價值遭到貶低。

在改動用語的情形上，則大致可以歸納成兩種情形。其一爲也有因爲當時資料缺失，致使作史之時無法按照原文書寫，只能自行補字。其二則是究於李延壽自身的立場以及歷史觀點，只得將原本各書的內容加以改變。前者如《南史・謝靈運傳》中因爲缺字，李延壽就將「我乃生瑛，瑛哪得生靈運」寫成「我乃生瑛，瑛兒何爲不及我。」，造成謝玄驚異於駑鈍之子卻能有聰慧孫之嘆語，單純變爲家長對兒子不聰慧的抱怨。王鳴盛自然認爲這樣的更改全然失去了原先言語的韻味，使「妙語頓成鈍語〔註44〕」，但這也是可見史料不全下的一種無可奈何。

另一種情形，仍是依立場、傾向所作改動，如《宋書・順帝紀》內文中言數人「反」、「逆」、「伏誅」者，在《南史》中就被改成「不從執政」、「貳於執政」等較爲中立的言語。這類修改就受到王鳴盛的大加讚賞，認爲是「改舊而最得者」。可惜《南史》體例不是那麼統一，用語上仍顯參差不齊〔註45〕。

就後人批評討論的眼光看來，其實無論是怎麼樣的寫法，都可以代表寫作者的思維脈絡。換言之，就各史家對同一歷史的書寫方式，定因個人的觀點而有所不同與偏重。李延壽所改與王鳴盛所批評，以及之後李清的改作，都是他們個人史觀的體現。然王鳴盛一類的批評家，因爲條列出了自己的想法與意見，其觀點較易釐清，而如李延壽、李清等人的眞正意見，則是更爲隱晦，須從其實際的操作與改動中去進一步爬梳、理解，才可能略知其要。

〔註44〕 《十七史商榷・卷五十九》，〈謝玄語當從宋書〉條：「謝靈運傳：『祖玄，進車騎將軍。父瑛，生而不慧。靈運幼便穎悟，玄甚異之，謂親知曰：「我乃生瑛，瑛兒何爲不及我。」』案《宋書》作『瑛哪得生靈運』。考此語亦見晉謝玄傳，彼『生』字上有『不』字，《宋書》脫耳。疑唐本已如此，李延壽不解其意，故易之，但一經竄改使妙語頓成鈍語。」，頁 465～466。

〔註45〕 《十七史商榷・卷五十四》：「於〈齊高帝紀〉仍書諸人爲反，自相違則非，宜亦書舉兵不書反，書殺不書伏誅爲允。」，〈南史宋齊紀書法不同〉條，頁409。

（5）南史錯誤處

《南史》錯誤之處，據王鳴盛所舉出的類型，可以分為兩種——一種是史實上的錯誤，另一種是體例上的錯誤。史實上的錯誤，主要是王鳴盛看了前後的史料，認為《南史》所記述的與其他資料有所不符，並且根據資料進行辯證以及批駁。如對於梁元帝母阮太后的死亡年分、出生地的考證，並不以《梁書》和《南史》所記皆同為正，而以《金樓子》相對照：

> 「文宣阮太后本姓石，……天監六年八月，生元帝……大同六年六月，薨於江州正寢，年六十七。其年十一月，歸江寧……」，《梁書》同。按元帝所撰《金樓子》第二卷〈后妃〉篇敘述其母梁宣修容事甚詳，此書第一卷〈興王〉篇數梁高祖武皇帝甚詳……又生於宋順帝昇明元年丁巳六月十一日，大同九年癸亥六月二日薨於江州內寢，春秋六十七。自丁巳至癸亥正六十七年，則非大同六年，皆當以《金樓子》為是，《南史》、《梁書》皆誤。〔註46〕

阮太后為梁元帝生母，而《金樓子》又是梁元帝所作，顯然記述者與傳主關係接近，資料又較為詳盡，亦較具有參考價值。且就《金樓子》於太后前事無所隱諱的情形看來，應該也沒有特意隱瞞生卒年的必要。從生卒年紀錄較為詳盡的《金樓子》去作相對的計算，可以推斷出阮太后實際死亡的年分為大同九年，而非《梁書》和《南史》所說的大同六年。這種引用外部資料佐證與推斷，相對而言在辯證正確與否時，具有較大的說服力。然而，李延壽的某些記事並非如此翔實，也因此遭王鳴盛大加批判：

> 〈後廢帝紀〉於元徽五年帝被弒之下，數其無道之行，而曰：「孝武帝二十八子，明帝殺其十六，餘皆帝殺之。」……然則孝武帝之子，前廢帝殺其二，明帝殺其十六，其餘皆夭亡，至後廢帝之時已靡有子遺矣。後廢帝曾未殺一，何得云餘皆帝殺之乎？李延壽記事，信手妄載，毫不覈實如此。〔註47〕

此處的批評，比起前述阮太后事來得激烈許多。一或是因為事關重大，生卒年、出生地相對於殺人與否，則屬末節小事；二則可能因為阮太后的資料對照來自《金樓子》，而後廢帝是否殺人的問題，則可以在《宋書》就見得。相對而言，錯誤較為明顯。但是王鳴盛的批評，或也不能夠視作完全正確，畢

〔註46〕《十七史商榷》卷五十九，頁 457〜458，〈阮太后與金樓子互異〉條。
〔註47〕《十七史商榷》卷五十四，頁 408，〈後廢帝殺孝武帝子〉條。

竟《宋書》中所言「夭亡」，或亦有爲人隱諱的可能性。李延壽所紀，固然或
非史實，然或許亦有可採之處。

　　而體例的錯誤，主要是指缺句、脫文、文字訛誤或者同一件事重複出現
的情形。如《南史・宋本紀上》謂：「是月，寇南康、廬陵、豫章諸郡，郡守
皆奔走。時帝將鎮下邳，進兵河、洛，及徵使至，即日班師。」王鳴盛便認
爲應該在「郡守皆奔走」後面補入《宋書》中出現過的「即馳使徵帝」一句；
而同卷的「攻其柵，循單舸走，眾皆降。」則應於「單舸走」後補入「遣劉
藩、孟懷玉追之」一句〔註48〕。前者補入「馳使徵帝」一句，的確能夠使得
整段戰爭的情節更有接續性、合理性；但後者是否眞有其必要，或者說雖然
的確是史實，但是李延壽寫《南史》時，本來就已經對所參照的《宋書》多
有所改動，或者是因爲於戰事無太大影響〔註49〕而刻意刪除，也不無可能。

　　重出部分如《齊書・高帝紀》中兩次重複寫「褚淵爲司徒〔註50〕」之事，
顯然是校正未全；而如薛安都在南北二史中各有傳記，王鳴盛評謂：

　　　　若薛安都者，正當在《北史》，沈約以入《宋書》爲謬，乃李延壽則
　　　　一人作兩傳，但詳略不同，《南史》在四十卷，《北史》在三十九卷，
　　　　此眞一大笑端也。向來校史者皆未經指謫。〔註51〕

按照王鳴盛的意見，薛安都本來就是北朝人，沈約把他寫在《宋書》裡就已
經不妥當，而李延壽居然還跟隨沈約的筆法，繼續把薛安都放在《南史》中。
甚至造成南北二史都有此人傳記的情況。但是，就史實紀錄而言，薛安都的
確在南北都有生活紀錄，也因此在《魏書》、《宋書》中才都會有他的紀錄。
而李延壽因薛安都原爲北人，因此立傳之時以《北史》中的傳記詳述其家族、
經歷，而於《南史》則僅略述一二，既符合了李延壽一貫以「家」爲作傳單
位的習慣，亦使得薛安都在南北二朝都有紀錄的事實得以凸顯。似亦無太大
問題。

　　雖然王鳴盛針對《南史》提出了諸多錯誤以及批評，但也肯定了李延壽在改正前代史實上的努力。如針對陶弘景的年歲問題，《南史》能夠針對《梁書》前後矛盾的敘述加以改正〔註52〕。對照前述李延壽遵從《宋書》所寫阮太后生卒年，而未能從更貼近史實的《金樓子》來看，或許可以推測李延壽於南四史、北四史等考證較詳，而不一定能及旁及諸書。

　　其餘亦有因爲流傳錯誤、校正未果而造成的文字混淆、或者因爲各代避諱、尊稱或使用本名的選擇，以致幾經更改，造成後人閱讀的不便或疑惑等問題。然此類問題於史書較爲普遍，何況南北二史又幾乎是李延壽一人所成，若有所不周詳之處，也是可以理解的。

（6）合傳、附傳及作論的情形以及問題

　　除了對記史如寫家傳的批評外，王鳴盛對於李延壽爲人立傳、合傳的情形也相當有意見。以下略舉二例：

> 凡諸皇子，各書皆按其年代先後與諸臣相間廁，此法《漢書》也。而《南史》則提出聚於后妃下諸臣前，亦尚可，但如宋武帝七男，除少帝、文帝外，餘五人《南史》合爲一篇，《宋書》則抽出義康、義宣爲一篇，蓋七人中雖只有義季一人善終，餘俱不得其死，似可合傳，而義康、義宣以反逆誅，故抽出以示別異，《南史》則爲圖省淨，不用區別，甚至如文帝之子元兇劭、始興王濬亦不依《宋書》另列〈二兇傳〉。試觀《漢書》於每一帝之子作合傳一篇，而篇首先敘明某帝幾男，某后某妃生某，使觀者了然，如……，今李延壽於人臣尚一家併一傳，何況皇宗，然非史法。〔註53〕
>
> 徐爰本儒者，長於禮學，又修《宋書》，仕至顯位。考其生平，骹歷內外，無大過惡。沈約乃入之〈恩倖傳〉……約撰《宋書》，忌爰在前，有意汙貶，曲成其罪，正與魏收強以酈道元入〈酷吏〉相似。李延壽最喜改舊，乃於此種大乖謬處則仍而不改，惟於所載爰諸奏議痛加刊削而已。〔註54〕

此二條引文中，王鳴盛分別提出了《南史》在合傳、立傳上不應改而修改及

〔註52〕《十七史商榷》卷六十四，頁522～523，〈陶弘景年〉條。
〔註53〕《十七史商榷》卷五十九，頁459，〈皇子概作合傳爲非〉條。
〔註54〕《十七史商榷》卷六十四，頁523，〈徐爰不當入恩倖傳〉條。

應改而未改者。於前者王鳴盛提出了《漢書》以來寫作手法是將諸皇子的生平按照時間順序交錯在諸臣之間，並敘述多數史書仍然能夠前承《漢書》寫作。《南史》相對而言並不是按照如此規範，而是按照自己的想法將諸皇子傳合集，並附在后妃傳之後。然而按照王鳴盛的想法，即使一樣都是皇子，也不應該完全以家傳形式合併書寫，仍應將賢愚善惡分別開來。此外，也認為可按照《漢書》手法，將每一個皇子的母系資料編排清楚，以利讀者閱讀。然而，李延壽的想法恐怕就是想把「所有皇子」、「所有相似身分、特質」的人物都併排在同一傳中，且「家傳」本來就已經是他編排傳記的習慣了，因此若依王鳴盛所言另立二凶傳，恐怕也並不是十分妥當。而對於徐爰被寫入〈恩倖傳〉的評論，則顯現出了王鳴盛對於徐爰被冤枉的痛惜之情。認為徐爰之所以被收入不符合其特質的傳記中，主因是由於沈約的妒忌之情。身為與徐爰毫無過節的人，李延壽應該要能夠為徐爰平反，因此對於李延壽不只仍置徐爰於〈恩倖傳〉，還大加刪削徐爰奏議感到相當憤怒。

　　而其餘作傳問題，也大致不脫此二類，或認為李延壽將人收在錯誤的傳記中，或者應從家傳中分開而未能分開敘述者，亦有針對一人同時於南北二史皆有傳提出意見者。幸而亦有一兩處是王鳴盛所能認同的傳記合併，亦同意李延壽某些附傳行為能有補史之功，否則《南史》真將被批駁得體無完膚。

　　針對李延壽作論的情形，王鳴盛認為李延壽多承襲前人所作，直接移植到《南史》上，如謂「李延壽論贊全是剿襲，不以為恥，獨於《梁紀》末稱鄭文貞公論云云〔註55〕」、「《南史》各論皆剿襲各書，獨嶷論句句自撰，不用子顯原文，亦與他處不同〔註56〕」等。從以上兩段落，可以發現從「多剿襲各書」的前提來看，已經可以凸顯出「非剿襲」者的「論」與他人的差異，並且可以從中得知李延壽對此人應有特別的意見，否則不會自己另行作傳。

　　雖然王鳴盛似是對李延壽照用前人之論的行為相當不滿，但是由於李延壽也並非完全抄襲，而仍依自己的判斷、所見有所改動。王鳴盛亦對此事略有誇獎：

> 《南史》論於宋、齊兩書皆襲取之，至梁、陳書則襲者雖有而自造者亦多，然宋、齊極多名論，卻遭割棄，說已見前。《梁書》論少佳者，惟江淹、任昉，姚察論云：「二漢求賢率皆經術，近世取人多由

〔註55〕　《十七史商榷》卷五十五，頁424，〈梁紀論稱鄭文貞公〉條。
〔註56〕　《十七史商榷》六十二，頁494，〈豫章王嶷傳與齊書微異〉條。

文史。二子之作，詞藻壯麗，允值其時。」此段極精，《南史》采之。

〔註57〕

雖然開頭就先批判《南史》摒棄了《宋書》、《齊書》中的許多佳論，認爲此書襲取許多前人言語，卻把精當的部分刪除，較爲可惜；但後半部仍肯定《南史》在多數自造論的梁、陳史傳中，仍能夠收錄較佳的論。這應該算是王鳴盛對李延壽作論的情形最不苛刻的評論了。

綜合《十七史商榷》以上的意見，可以發現王鳴盛對於李延壽的批判算是相當嚴苛。的確，他針對南北二史作了相當細密的分析以及比較，也因爲如此才能夠詳細的分條寫出各段落的好壞。然而，王鳴盛針對事情，顯然習於用自己的標準作爲唯一的眞理，因此對李延壽的各種改動、想法，往往只因不合己意就大加撻伐，甚至作出人身攻擊。相對於此，李清《南北史合注》中雖也是偏向以隨條批注的方式表達自己的意見，但因爲涵納在史書之中，而非個人評論集，無法以長篇進行討論。但《南北史合注》勝在專言一書一事，隨書見聞，而不須史家再度掇拾例證，且李清的辯駁多較爲精簡，一語中的地提醒讀者問題梗概，與王鳴盛的批評重點顯然有所差異，更著墨在事件眞僞與史書紀錄要點，並不多及於人身攻擊。

2. 《廿二史劄記》的評價

廿二史劄記論及《南史》的章節爲第十卷到第十二卷，其中對《南史》的意見大致可以分爲四類：

（1）為傳若家傳

此條前人已多有討論，而趙翼則多加討論了這種作傳方法的起源，認爲在爲人作傳時，將值得記錄的子孫附入父祖傳中算是《史記》開始的傳統，到了魏收、沈約之時則變本加厲，無論子孫輩是否有值得紀錄之處，都收入父祖傳中，甚至造成「跨越朝代」〔註58〕的情形。但是這樣的傳記形式，造成傳主本身被聚焦的程度下降，同時造成閱讀上的困難，歷史情境則變得更加混亂難辨。

〔註57〕《十七史商榷》卷六十二，頁501，〈南史論宋齊多襲取梁陳多自造〉條。

〔註58〕〔清〕趙翼《廿二史劄記‧卷十》〈南史刪宋書最多〉：「南北史則並其子孫仕於列朝者，俱附此一人之後。遂使一傳之中，南朝則有仕於宋者，又有仕於齊、梁及陳者；北朝則有仕於魏者，又有仕於齊、周、隋者。每閱一傳，即當檢閱數朝之事，轉覺眉目不清。」（臺北：史學出版社，民63），頁201。

（2）增刪南四史，有利有弊，並有互歧之處

趙翼針對李延壽對南四史的增刪比例各有不同討論其原因及得失，認為他對《宋書》所刪能達「十之五六〔註59〕」的量，是由於《宋書》所收章表詔令太多，且敘事上有時近於小說〔註60〕，因此為求簡淨，不得不刪。然而剪裁太過，也使得某些史實不能夠在過於簡練的言語中讓讀者了解前因後果，甚至造成歷史原貌被扭曲〔註61〕。相對於對《宋書》的處理方式，李延壽於《齊書》則盡可能添補了文史資料，除了《豫章王嶷傳》和《竟陵王子良傳》因寫作者私情，鋪陳過當，因而有所刪改，其餘多是增益的。

但是除了針對以上兩傳的大幅刪改以外，李延壽也就一些較小的部分進行修改，例如針對兩傳中重複記錄的內容，將之改為一傳疏、一傳詳的方式記錄；而針對章表詔令，亦是有所裁奪。但既有裁剪，必然就有得當與不得當處，在刪減雜蕪之下，也出現了因為刪除過多，所以無法完整表現人物特質，或者造成敘事不清的結果。

就對南四史增益的情況而言，李延壽對《梁書》增益最多，趙翼究其緣由為：

> 李延壽專以博採見長，正史所有文詞，必刪汰之，事跡必醳括之，以歸簡淨。而於正史所無者，凡瑣言碎事新奇可喜之跡，無不補綴入卷。而《梁書》本據國史舊文，有關係則書，無關係則不書。即有關係而其中不無忌諱，亦即隱而不書，故行墨最簡，遂覺《南史》所增益多也。〔註62〕

主要原因，在於《梁書》屬國史舊聞，成書之時有所避諱，許多內容不敢寫上，因此雖然有資料，也不見得能夠寫在正史之內。而到了李延壽之時，早就沒有諸多忌諱，因此可以將這些資料都補入《南史》之中，甚至旁收一些有趣的瑣事。林林總總，便使得《南史》中梁代的部分被添補比例變得相當高。然而，在這些添補的作為中，也出現了若干問題，比如《南史》增添人物之事雖然有裨補之功，但是瑣言碎語則略顯冗蕪。趙翼曾經針對加入的內

〔註59〕 同上：「然《魏書》尚不過刪十之二三，宋書則刪十之五六。」，頁202。

〔註60〕 同上：「鄧琬傳，雖無書疏，而專敘濃湖赭圻之戰，至一、二萬字，竟似演義小說。」，頁204。

〔註61〕 同上：「未能明其本志之無他，此則但求簡淨而未免太略而沒其真也。」、「此正作史者用意所在，而《南史》盡刪之，未免徒求文字之淨，而沒其情事之實矣！」，頁205、206。

〔註62〕 《廿二史劄記・卷十》，〈南史增刪梁書處〉條，頁214～215。

容批評道：

> 延壽修史，專以博採異聞，資人談助爲能事。故凡稍涉新奇者，必
> 羅列不遺，即記載相同者，亦必稍異其詞，以駭觀聽。如〈羊侃傳〉，
> 謂「武帝新造兩刀槊，長丈四尺，令侃試之。」《南史》則謂「長二
> 丈四尺。」；《梁書》謂「侃挽弓至十餘石」，《南史》則云「二十石」。
> 皆欲以奇動人也。然有時採掇過多，轉覺行文蕪雜者。〔註63〕

他認爲李延壽加入的瑣言碎語中，問題之一在於與本傳、事件沒有太大關係，
另一問題則在於喜歡收錄怪異、新奇的內容，且對照其他史書之後，會發現
李延壽有將奇聞異事加油添醋的嫌疑。縱使收錄了這樣聳人聽聞的內容，在
正史中摻雜過多類似事件，還是會造成觀者的雜蕪冗贅感。換言之，雖然李
延壽刪去了他認爲重複、冗贅的東西，但是在他自己的價值觀下加入的內容，
於後人眼中也是另一種雜蕪。

　　相較於其他三書的多所修改，趙翼認爲李延壽於《陳書》則較無增刪之
處〔註64〕。相對而言，似乎僅能成刪減之功，資料的補入相對其他三史則少
之又少。對此，趙翼推論：

> 蓋李延壽修南北二史，閱十七年，至修《陳書》則已精力漸竭，故
> 不能多爲搜輯耳。〔註65〕

認爲《陳書》畢竟是李延壽《南史》中最後所修撰的部分，歷經十七年〔註66〕，
已經到了修撰之尾，不免精殫力竭而無法如前面幾書一樣蒐羅各種資料補入。
不過這也是相對其他三史而作出的結論，畢竟李延壽於《陳書》仍然有史料
補入傳記。

　　以上三點，是《廿二史劄記》中趙翼對李延壽《南史》的主要意見。也
是許多討論《南史》的評論中早已提出的觀點。而以下兩點則是在《廿二史
劄記》中僅各占一條的內容，但因爲有其重要性，仍分點論述。

（3）南史誤處

　　趙翼著意於將《南史》與南四史相比較，因此往往可見兩者不同之處。

〔註63〕　《廿二史劄記・卷十一》，〈南史增梁書瑣言碎事〉條，頁225～226。
〔註64〕　《廿二史劄記・卷十一》，〈南史於陳書無甚增刪〉條：「《南史》於他書多所
　　　　增刪，獨至《陳書》則甚少。今以兩書比對：……等傳，大概相同，但稍節
　　　　其字句耳。」，頁229。
〔註65〕　同上。
〔註66〕　李延壽自稱十六年，見《北史・序傳》。

但就所見不同，趙翼並不直接評斷誰是誰非，多數仍只將兩者互異之處羅列出來。僅針對其於《宋‧後廢帝紀》的內容直接撻伐：

> 《南史‧宋後廢帝紀》謂：「孝武二十八子，明帝殺其十六，餘皆帝殺之。」今案《宋書》前廢帝、明帝、後廢帝三本紀及孝武諸子傳：孝武子新安王子鸞、南海王子師，則前廢帝子業所殺也。……是孝武諸子，除前廢帝及明帝所殺共十八人外，餘十人皆夭死，並無為後廢帝所殺者。……然則《南史》所云「明帝殺十六，餘皆後廢帝所殺者」，實繆悠之詞。即以《南史》各紀傳核對，亦無後廢帝殺孝武子之事，此李延壽之誤也。〔註67〕

趙翼的討論脈絡，在於前述史料並未提及後廢帝殺孝武諸子事，認為最後將諸子之死皆歸結於後廢帝身上，是李延壽在書寫歷史時所犯下的錯誤。趙翼的推論，根於眼前所見實際，認為「夭亡」即是「夭亡」，不應該有超出史料所記的推論。但是修史之人，或多或少都有可能將自己的價值判斷和對歷史的理解放入史中，因此所謂李延壽《南史》之誤，究竟是有意為之，或者僅是推論之誤，仍有置疑的空間。

（4）南史不詳載交兵之事

除了針對各書內容、章表奏議的刪減以外，趙翼注意到李延壽對於南北朝征戰之事多有所簡化，往往各史之間大書特書之事，到了李延壽筆下僅是一語帶過：

> 蓋延壽敘事，專以簡括為主，固不能一一詳書。且南北交兵，各自誇勝諱敗（《三國志》書法亦同），國史固各記其所記，延壽則合南北皆出其一手，惟恐照本鈔謄，一經核對，則事跡多不相符故也。……兩國交涉處，一經校對，輒多蟬隙，宜乎延壽之不敢詳書也。〔註68〕

由於各國作史往往有所飾詞，為誇功而略去失敗之事。造成的結果，就是「兩國交涉處，一經校對，輒多蟬隙」，當同樣一場戰爭卻有完全不同的描寫，而身為寫史者的李延壽既不能掌握真實的情況，又不能直指任何一方為誇大或者隱晦者，因此也只剩下簡化書寫這個選擇。然而這樣的情形，卻也是面對敵對兩國史料時，較為保守的處理方式。因此，趙翼雖然注意到這樣略嫌簡略的處理，卻也不致多加批評。

〔註67〕《廿二史劄記‧卷十》，〈南史誤處〉條，頁206～207。
〔註68〕《十七史商榷‧卷六十》〈王華等傳分散非是〉，頁469。

　　相對於《十七史商榷》，《廿二史箚記》的評論顯然平和許多。雖然討論似不如《十七史商榷》般細密，但同樣也點出了《南史》的許多重要問題。將此二書相互參照，可以得知當時史家對李延壽南北二史的想法，是批評略多於肯定的。雖然肯定此二書有合併眾書的功能，卻又對他刪削、增補的部分多有意見，更不用說是爲傳作論等問題。

　　但是，從比較眾史家對《南北史》的意見，也可以發現他們對於刪削增補的問題、條目意見有所不合，或可以推論這是因爲各史家對於事件的注重程度不同，因此無論是誰作史，其他人恐怕都會有所不滿，都仍會提出批駁。李清，作爲時代略早於此二者的史家，在〈註南北史凡例〉中，也可以看出諸多承繼前人、而與後來史家相合的條目，然於此之外，仍有其獨立於歷來評論家之外的想法與特色值得加以探討。

二、從《南史》、《北史》到《南北史合注》

（一）〈注南北史凡例〉中呈示的成書藍圖

　　針對如何注補李延壽《南史》、《北史》，李清〔註69〕在其〈註南北史凡例〉〔註70〕，列出了二十二條要點。在這二十二條要點當中，李清首先點出他爲南北史作注時所依據的範本，以及在注《南北史》時所用的史料：

> （一）
> 　　註《南史》以宋、齊、梁、陳書爲主，註《北史》以魏、周、齊、隋書爲主，皆酌採入註，其他散見《資治通鑑》、《冊府元龜》、《太平御覽》與《洛陽伽藍記》、趙氏《金石錄》及《佛藏》諸書者，俱採入內。或參錯不一，則用己見駁正，皆仿裴松之註《三國志》例。
> 〔註71〕

按此凡例，可知李清注《南史》、《北史》主要的使用材料以及手法。其補入材料以南北八書爲主，而與李延壽作法相反，將可採者再度補入，同時也兼採眾家各代文史資料，並對歧異加以辯證。這種處理手法，是以裴松之對《三

〔註69〕 李清於其初序中稱之爲《南北二史注》，江藩《漢學師承記》稱之爲《南北史合鈔》，而〈四庫提要〉則稱之爲《南北史合注》，今從〈四庫提要〉名。

〔註70〕 出自〔明〕李清原著，徐靜波等整理《南北史合注》，（北京：全國圖書館文獻縮微複製中心，1993年），頁17～21。

〔註71〕 出處同上，〈註南北史凡例〉第一條，頁17。按李清的〈注南北史凡例〉中並未對諸凡例標號編排，此處爲方便閱讀及後續談論的方便性，按順序加上標號。

國志》集補的注解方法做爲仿效對象。

裴松之於《三國志》的注解方法，在其〈上三國志注表〉中謂：「其壽所不載，事宜存錄者，則罔不畢取以補其闕。或同說一事而辭有乖雜，或出事本異，疑不能判，並皆抄內以備異聞。若乃紕繆顯然，言不附理，則隨違矯正以懲其妄。其時事當否及壽之小失，頗以愚意有所論辯。〔註72〕」，即補闕、存異、改誤、論辨四者，〈四庫總目提要〉則更進一步將其補注方法分作六類，將「補闕」一類擴大爲對事、對傳主生平及相關人物補入三類的補充〔註73〕。對於裴松之補注手法的肯定，李清除在〈注南北史凡例〉中述及以，在《南唐書合訂》中也曾提及。可見其在注書時，的確是有意將裴注本作爲參考範例，也以此改動《南北史》的主要方向。

在制定全書處理方式的主要目標之外，〈凡例〉中又敘述了較爲細節的處理方式，計有二十一條，爲避免繁冗，將相似類型的並列、簡述，而無法分類的則獨立說明。這些處理方式可以分作更改原書體例、改易用語及對南北二史的刪削與補足三大類。大致也符合首條所概括，以裴注作爲主要範本，其餘亦有較爲特殊的條目，並不能置於三類之下，亦分附於節末。

1. 更改原書體例

（二）

諸書內，南唯宋、齊書有志，餘皆無之，猶幸梁、陳、北齊、周四書志皆存《隋書》志內。擇其要者，採入本紀列傳。〔註74〕

（五）

弑君大惡，宜明正厥辜。如晉恭帝本爲宋武所弑，《南史》猶書零陵王殂，諱之也。若爲馮、胡二后弑其君者，俱宜編爲逆后，與賊臣同書。此予創例也，餘仿此。〔註75〕

（十）

後梁本梁武嫡派，且宣帝戕元帝，爲父兄復仇，未可以戕叔重罪也。

〔註72〕 裴松之《三國志注·上三國志注表》。
〔註73〕 《四庫全書總目提要·卷四十五》：「綜其大致，約有六端：一曰引諸家之論以辨是非，一曰參諸書之說以核訛異，一曰傳所有之事詳其委曲，一曰傳所無之事補其闕佚，一曰傳所有之人詳其生平，一曰傳所無之人附以同類。」
〔註74〕 同注70，頁17。
〔註75〕 同上，頁18。

故後人有陳不當繼梁、隋不當繼陳之説，附梁，不宜附魏、周目錄
內。今正之。〔註76〕

（十一）

忠義，美名也。或正諫死，或殉國死，或不必盡死，散見各傳者，
俱彙入是類，以示崇重。〔註77〕

（十四）

《南史》有〈賊臣傳〉而《北史》無，如宗愛、爾朱兆之類非與，
今補之。〔註78〕

此五條所顯示的，是李清對南北二史體例的意見，以及修改的打算。究
因於南北二史爲李延壽承繼其父李大師的著作而成，又由於時間、體力等諸
多因素影響，二史體例並不完全一致，故南北二史類傳分別有所不同；又諸
代史中或有志、或無志，僅《隋書》中有較完整的歷代志。第二條中便明言
李清擷取《隋書》所錄諸志入各朝本紀，使之體例統一且完善。

其次是對類傳的改動，如對於忠義者，刻意聚而爲一傳。第十一條所言
「以示崇重」顯示了李清對於忠義之人的景仰。特意在凡例中單獨提出這一
點，或許就因爲李清本身經歷過政權交替的影響，因此對於此種特質的人懷
著特別的情感。

李清雖然注意到二史各類傳的分類不同，但亦非意欲將二史類傳改動到
完全一致的程度。因此如第十四條雖言爲北史補入〈賊臣〉，但第五條所述於
北史所增〈逆后〉，則爲南史中所無。畢竟北朝有皇后弒君之事，南朝則無，
因此從原先的〈后妃〉一類外另設置〈逆后〉一類，置於與〈賊臣〉相同地
位，也是跟據歷史實情作出的權宜改動。對照前述王鳴盛對於李延壽合傳的
批評，亦可知李清對此早有洞見，並已實際進行修正。由此，可見其類傳的
補足撮要爲之，並非呆板硬扣。從表二中南北史與《合注》中的類傳對照，
就可以見得李清對《南北史》的改動中，雖然使類傳的類別較爲相近，卻仍
有所不同。甚至如《南史・儒林》傳也直接被歸入它傳。在類傳的調整與改
動中，表現出自己的意見。

〔註76〕　同上，頁 19。
〔註77〕　同上，頁 19。
〔註78〕　同上，頁 20。

《南史》	《北史》	《合注》南史	《合注》北史
	外戚		外戚
儒林	儒林		儒林
文學	文苑	文學	文苑
孝義	孝行	孝行	孝行
	節義	節義	節義
循吏	循吏	循吏	循吏
	酷吏		酷吏
隱逸	隱逸	隱逸	隱逸
	藝術	藝術	藝術
	列女	烈女	烈后主妃（含烈女）
恩幸	恩幸	恩倖	恩倖
賊臣		賊臣	逆后賊臣
		姦惡	奸惡
			宦官
			僭偽

表格 2　《南北史》與《南北史合注》類傳對照表

　　除此，李延壽作本紀時，鑑於政權的依附關係，將後梁附於北史之下。然在第十條中凡例中顯示，雖然後梁是憑依北朝而存續的朝代，但李清認為其仍屬梁朝嫡系，不應附傳於《北史》內，故於此處亦加以改動，歸於梁本紀後。

　　從李清更改原書體例的方式及其自述之中，可以見得他對史書的體例要求。然此標準亦非一成不變，而會根據不同情形變動。除此之外，他也傾向對忠奸善惡人士明確分判，致力於將這些特質呈現、強調出來，因此特別將之撮而成傳。在這樣的兩大前提下，李清並非墨守成規，而會特意將所想要標舉或譴責的人提出來另外作傳，以達褒貶之功，且亦不強求南北二書類傳完全一致。在史義的闡述外，也有李清個人的色彩。

2. 改易用語

　　史家書寫時所選擇的用語，往往能夠看出史家對史事的偏向、想法。李延壽世為北朝臣子，因此繼承父志完成的南北二史，其用語亦有所偏，認為北朝才是正朔所在。但在李清的歷史認知中，並不特別認為南朝或北朝才具

正統地位，因此意圖將這樣的概念加以改正：

　　（三）

　　南朝承東晉後，宜爲正統。北朝承十六國後，宜爲僭國。然南之正

　　不絕於宋武篡晉之年，而絕於子業、蒼梧、東昏輩□□□□□□□。

　　北之僭，不洗於道武稱尊之年，而洗於孝文□□□□□□□，合依

　　朱文公《綱目》定爲無統之世，南北並書，仍爲《南北史》。〔註79〕

　　（八）

　　李延壽世爲北臣，故昂北抑南。如《南史》本紀內，必書北帝之初

　　立、嗣立者，曰「是歲某皇帝元年」，又書「某皇帝崩」，而《北史》

　　於南帝則或否、或抑，今一體補書之。〔註80〕

李清依循朱熹的說法，將南北朝時期定位於「無統之世」的觀念下。因此，他不能接受南北二史在史書體例、用語選擇上的偏頗。爲了使南北朝間的地位持平，他極力將南北二史的用語、互見之處加以統一。如在《南史》當中，李延壽往往標注同時間北朝皇帝登基、崩殂等事，或者將北朝年代置入《南史》中作爲互見。李清認爲，這樣的寫作手法某種程度上明示了南北政權主從之別，爲了表達出對南北兩朝並重的態度，同時也使閱讀者方便對照，他將南朝大事、紀年亦置入《北史》之中，作爲較平衡的參照。此外，他也修改了一些具有偏見、或者因爲由當世或後世所書而產生的迴護或不當之語，如第八條末述及於《北史》中貶抑南朝君主的行爲，即是一例。

　　在南北政權正統性之外，根於南北時期朝代更迭頻繁，後朝皇帝極有可能就是前朝臣子，在書寫時，若一併由其最後的地位稱之，則可能會出現若干混亂的狀況，因此，因應這類狀況，李清也立了一個條目作說明：

　　（四）

　　《三國志·魏武紀》當未封公王前，則書太祖，於既封公王後，則

　　書公、書王，不書帝，示不敢抗尊漢帝也。若高歡、與文泰俱未篡

　　而儼然書帝，與爲帝字面錯出、冠履並陳矣。今仿〈魏武紀〉一一

　　改正於註內，其劉裕等未稱帝前亦仿此。

在《合注》中的處理方式，以《三國志》作爲範本，藉由時間作稱謂的分判，

〔註79〕同上，頁17。按原文似有模糊不清處，以□表示者處可能是佚失的文字，因爲無從確定確切內容，因此在文中仍以□代表。

〔註80〕同上，頁19。

而不以後世對其稱呼作爲一貫的用法。在這樣的處理方式之下，可以盡可能的明確同一事件中人物間的關係，不致因爲尊稱、敬稱而造成混淆。

對於歷史的記錄方式，李清固然已經針對稱謂、用語做了若干規範，但在這些規則之外，仍偶有記述上的特例，李清也實際舉出了例子以資理解：

（六）

《南史》内書魏爾朱兆殺孝莊帝，《北史》内書宋太子劭殺文帝，弒君大逆，雖異國書法，亦不可輕貸。今改殺爲弒，他仿此。〔註81〕

（九）

胡致堂《讀史管見》有「魏孝文治行尤美」、「江左五朝皆莫及」等語。故《南史》本紀内仍舊書魏孝文皇帝崩，錄賢也，書周武帝崩仿此，餘皆去皇書殂，崇本朝則抑敵國，例應如此。〔註82〕

用語的選擇，往往都會顯現出寫作者的意念及批判性，因此李清認爲在選擇用語上必須更爲謹慎。第九條「崇本朝則抑敵國」一語，先清楚表達出寫史者在面對兩個同時間的政權時應有的記述態度。然而針對「賢者」，卻又藉由從「殂」提高到「崩」的用語，表現出尊崇之意。且這份尊重，是明顯超出國與國之間敵對關係的。又如第六條所言，強調位卑者篡逆時的用語，對照第九條異國君王之死用「殂」不用「崩」帶有的敵對意味，在此卻強調必須使用「弒」，顯然是一種將位階尊卑、忠誠關係放大的結果。這樣的例證，似乎再次呼應了李清在寫史原則之外，刻意加強、放大人物特質的意圖。

其次，李清也述及許多依循著「成王敗寇」概念所作的歷史紀錄及書寫，同樣著意於將之改爲較持平的語句：

（七）

凡權臣擅政時，其忠於本朝、謀討權臣者皆爲忠義。如耿紀、韋晃等。綱目大書謀討操不克死之是也，乃《南史‧宋武帝紀》内書西討司馬休之，又《北史‧周文紀》内書上書元烈謀作亂伏誅，皆悖也。今註内改討爲攻、作亂爲謀殺、伏誅爲遇害，他仿此。〔註83〕

諸如「殺」或「弒」、「伏誅」、「遇害」等，帶有偏向以及立場，因此李清在選擇上似也會多方考量。如歷史上的正邪分立或者「正統性」，往往都是由勝

〔註81〕 同上，頁18。
〔註82〕 同上，頁19。
〔註83〕 同上，頁18～19。

利者所決定,因此「成王敗寇」成了難免。爲了避免歷史僅成爲成功者的歷史,李清便試圖用較爲中立的言語,將原本具有批判性的語詞加以更動,使得歷史能夠更爲客觀。相隔千年重新修史的情形下,這樣的做法可以大爲避免許多誤解、誤判,是相當可取的。

李清對用語的改動,顯示出他對於用字遣詞的謹慎,理解敘述方式對閱讀者具有一定的影響,並有意識的想要以較爲中立的語言敘述歷史。與此並行的,則是對於忠臣賢君的推高,並凌駕了國家之別。兩種目的看似彼此略有相悖,但因爲能夠將各自的界線劃分清楚,因此尚屬明確,而不致矛盾。

3. 補足與刪削

《南北史》的成書,是李延壽對南北八書做增刪後的結果。歷來對李延壽的刪削、補增手法及內容已多有評論,但每一個史家、史評者所提出來的論點卻往往相異,顯見記述的必要與否受到各人著重點所影響而不同。而李清則或刪或補,憑己意再度加以更改。而更改的主要方向,亦已在〈凡例〉中有所說明:

> (十三)
> 南北史內如〈宋孝武討元凶劭檄〉、〈魏孝莊誅爾朱榮詔〉、〈尉遲迥討隋文諭〉,皆正大忠義之文,乃見於原書而削於本史,削者過。今補入註內,其他禪文哀冊之類,非名人巨筆及文章可供膾炙者弗錄

> (十六)
> 列傳內非有盛名殊績,如僅寥寥事者,恐姓名上不爲後人記憶,又書字贅,今刪之。

> (十七)
> 列傳內及其父足矣,其祖父以上,并子若孫,非名績昭著者,悉刪。以國史不同家乘也。

> (十八)
> 南朝輕五等爵,致文武諸臣封者累累,茲非功不錄。餘量刪,其奸貪濫竽者,則存以著戒。

> (十九)
> 諸臣所歷官職,有事績則錄之,無則節。但書由某官累某官。

> (二十)

二史紀傳有冗字冗句，悉量刪。其字句中有詳明本史，而一經南北史改削，反流晦澀者，今徑補入正文，不復入註，恐以復出取厭也。
〔註84〕

第十三條中顯示，李清所補入的資料，主要是二史為求精簡所的奏議、詔書，為補史並留存鴻文美作，李清又再度擇取收錄。這也是〈凡例〉中唯一一條針對補入內容做解說的條目。其餘五條所說明的刪削類型，主要可以分為兩種。其一是針對南北二史中的冗字冗句，其二是針對所收錄的人物姓名。前者在李延壽以「簡淨」為目標的作書下，理論上不應出現，但實際上仍有些許雜蕪，也或許由於李延壽與李清所著眼的重點不同，因此價值亦有差異；後者則主要針對較不重要的官職、人名——如無功績者、或事蹟寥寥者——作調整與刪改，或者在列傳中除傳主本身以外同時提及的祖輩、孫輩。歷來的批評，早已有《南北史》將國史寫為家傳的說法，李清這樣的刪除，顯示以傳主、事件作為寫作核心，而避免無必要枝節的寫作手法。

除了以上較易於分類的條目外，尚有五條較難以分類者，同樣也傳達出李清修史的想法，以下依序列出：

（十二）

南北二史多記讖緯佛門事，皆非正史體，今改入註內。

（十五）

諸臣中有一人事數姓者，如宋褚淵、王儉，魏楊愔、韋孝寬等，本宜仿五代史置雜傳內志愧，只因後周、北齊、南齊、南陳皆短祚，其臣不二天者無幾，恐正傳虛無人，故注內未及。

（二十一）

二史字涉魯魚，即取各國史校正，或本史亦訛，則姑存疑。

（二十二）

周宇文泰相魏，以夷姓賜華人甚眾，如楊忠之普六茹氏，其一也。井中《心史》指隋為夷狄，大誤。江右魏禧知名士，告我云：「嘉興俞汝言語與《心史》是近人偽作。」，禧亦常疑其文多鄙碎也，惜失記姓名云。

第十二條所言為針對李延壽收錄的讖緯、佛門事件以「改入註中」作為

史事類型的判斷，以及針對其輕重不同的處理手法。第十五條則著重在說明歷代「忠臣不事二君」的要求，在朝代快速變革的時代中並非如此適用，因此在寫作上作出了因應。

第二十一條與第二十二條所牽涉的內容，則是與史事的正誤。針對各段內容辯證、存疑的部分，起因於李清在查對南北二史與眾書之時，發現所見史料有所出入。針對其類型以及可信程度，或僅錄其異同之處，或直接改易，亦有僅註解為可存疑者。

從李清〈註南北史凡例〉中所述及的更動手法，可以大略知道他對於史書中朝代更替、孰為正朔與正邪忠逆之分有著明顯的立場，並且對於南北二史原先的寫作手法有相當多自己的意見。這些意見，或有一些承襲於歷代諸人的評論，也有一些可能出自於李清個人的價值觀。相對於《廿二史箚記》和《十七史商榷》，李清雖然並不似王、趙二人般，提出意見的同時就擷取南北二史的內容，並加以改正或討論；然而他在寫作大方向之後，卻選擇直接在《南北史合注》中顯示。因此或可以說，在如此貼近文本、隨文附註的情形下，《南北史合注》當中所顯現出來的材料、意見應該能夠達到比他所寫的〈註南北史凡例〉更深入的地步。換言之，這二十二條〈凡例〉僅僅粗示其注書的大方向，更精準的思考和作為，應該會展現在他的《南北史合注》當中。

（二）《南北史合注》歷來評論舉要

從李清的〈註南北史凡例〉中，大抵可以看出他在注南北二史時所抱持的心態。除了網羅尚可補入的文史資料外，他也投注了一些個人的歷史思維、情感在內，欲使《南北史合注》能夠彰顯其心目中的價值判斷、並成為幫助讀史者掌握南北史資料的工具。然而，《南北史合注》的辛勤工作在各書評、史家的口中優劣卻莫衷一是。如《四庫全書提要》對李清《南北史合注》的批評，即清楚表明此書「瑕瑜並見，則終不可相掩也。」就其優點部分，《四庫提要》認為南北史合注「參訂異同，考訂極為精審」、「持論亦為不苟。」且「八代之書，牴牾冗雜，清能會通參考，以歸一是，故特錄而存之。」認為《南北史合注》最大的貢獻在於會通八書，使得讀史者可以據一本而得各家史料。

其餘對李清《南北史合注》正向的批評內容，大抵不出這個範圍。如《二十五史述要》也評論《南北史合注》「觀此一書，可省翻檢八書之勞〔註85〕」。

─────────────────

〔註85〕徐浩《廿五史述要》（臺北：世界書局，2009 年 9 月），頁 155。

而張舜徽《中國歷史要籍介紹》中則作出較詳細的說明：

> 閱覽南北史時，仍需取八書仔細對勘，可以看出八書和南北史不同
> 之處。明末有揚州興化人李清，便做了這方面的細密工夫。他曾經
> 仿裴松之注《三國志》的體例，採取八書中不同於南北史的材料，
> 分注於南北史正文下，成《南北史合注》一百九十一卷。學者觀此
> 一書，可以節省翻檢八書的煩勞，自然是一部有用的書。〔註86〕

從以上評論看來，可見多數評論對於《南北史合注》增補《南北史》的功夫
給予一定肯定，尤在於融合八書處，使得比對南北二史與八書之異的工夫可
以有所省簡。

　　然而針對《南北史合注》的批評，相較於褒獎，則複雜且比例較大。綜
合各類批評，可分作兩種類型。一是認為李清擅改《南北史》內容、體例的
方式不合一般史家作注、作疏的規矩。故《四庫提要》針對李清在〈註南北
史凡例〉中所言仿裴松之注《三國志》事批評：

> 裴松之注《三國志》，雖多所糾彈，皆仍其本文，不加竄。即《世說
> 新語》不過小說家言，劉孝標所注，一一攻其謬妄，亦不更易其文。
> 蓋古來注書之體如是也。……清既不能如郝經之《三國志》改正重
> 編，又不肯如顏師古之注《漢書》循文綴解，遂使南北二史，不可
> 謂之清作，又不可謂之李延壽作。進退無據，未睹其安。

從此處可以看出《四庫提要》最在意的，就是李清對原書正文的改易。從《四
庫提要》所舉出的例子，可以知道一般而言，注者作為後來的闡釋者，雖然
可盡力將原書不足處說明清楚，但仍應尊重原作，不輕易改動。即使原文有
不當之處，也僅能在注中加以更易檢討，而不能直接改變原文。倘若認為正
文實在無一可取，不如就直接將正文重編以改正之。這類分界，清楚的分別
著者、注者以及重編者寫作目標上的差異。至於李清直接改動原書的行為，《四
庫提要》認為將會致使後人分不出原書及後改的差異，因此對這樣的行為表
示不敢苟同。其後諸人對《南北史合注》的批評意見，大抵也不脫《四庫提
要》所言的範圍。如姚瑩《東溟文集・與董石塘論著南北史書》中云李清
「相沿元明人習氣，妄以本書書法失當，輒憑己見，刪改原文，而自注其
下。〔註87〕」也是針對李清刪改原文一點作批評。

〔註86〕張舜徽《中國歷史要籍介紹》（武漢：湖北人民出版社，1955），頁112。
〔註87〕〔清〕姚瑩《東溟文集・文外集・與董石塘論著南北史書》卷一，收於《續

至於現代的評論，或可以牟潤孫在《海遺雜著》中引述陳援庵對《南北史合注》的說法爲準：

> （陳援庵）又說：……明末李映碧（清）撰《南北史合注》欲利用此等史料，合以八書，注《南北史》，實爲卓識。惜其採取未備，又不講著書體例，竄亂延壽原書，至不爲世人所重。然則此等史料之利用，尚有待於後人也。」援老講論佛教史籍，固欲爲治中國佛教史的開一條入門之路，實際上更是爲治中國史學的多增加一些史料來源，所以他很惋惜杭大宗未曾利用《出三藏記集》，更指出李映碧雖曾利用佛教的著作，所遺憾者，李氏未深通史書體例，以致《南北史合注》未能作好。〔註88〕

此處的批評，亦是對李清不講體例，自行改動的批評。但是在批評之外，也隱含對李清收錄各類史料之見識的讚賞。

昔人對於李清《南北史合注》批評的第二部分則著重於其「疏漏」。陳康祺《郎潛紀聞初筆》〔註89〕謂：

> 國初諸儒，稱梅文鼎《曆算全書》、顧祖禹《讀史方輿紀要》、李清《南北史合鈔》，爲三大奇書。康祺按：李氏之《南北史鈔》與後之沈炳震《新舊唐書合鈔》，皆博瞻過人，而疏略不免，尚不及彭元瑞、劉鳳誥合注《新五代史》體例之善；以擬梅、顧二書，經天緯地，專門名家，更瞠乎後已。

江藩〔註90〕的《漢學師承記》〔註91〕亦稱：

> 世所稱三大奇書，此（《讀史方輿紀要》）其一也；其二則梅文鼎《曆算全書》、李清《南北史合抄》。然《合抄》本人所易爲，李書尤嫌疏漏，豈能與顧氏梅氏二書稱鼎足哉！

兩條評論都提及李清的《南北史合注》在清初屬三大奇書之一，可以推測《南北史合注》在當時應已受到相當的重視；但另一方面也顯示出當時認爲此書

修四庫全書》第 1513 冊（上海：上海古籍出版社，2002），頁 623。

〔註88〕 牟潤孫《海遺雜著》〈陳援庵先生的目錄學——《中國佛教史籍概論》讀後〉（香港：中文大學出版，1990），頁 103～104。

〔註89〕 〔清〕陳康祺《郎潛紀聞初筆》卷三，〈三大奇書〉條，出自《筆記小說大觀》四十一編（上海：上海古籍出版社，2007），頁 59。

〔註90〕 江藩（1761 年～1831 年），字子屏，號鄭堂，江蘇甘泉（揚州）人，清代經學家。

〔註91〕 〔清〕江藩《漢學師承記》（上海：上海古籍出版社，2006），頁 114。

雖然內容豐富，在體例上卻不具備史書應有的完善度，也因此與其他兩書分出了高下。

在以上的評論中，顯見各家評論對於《南北史合注》的意見並不一致，但肯定者皆同意《南北史合注》對南北史事整理的貢獻，否定者則多於其改動原文部分加以批判。然而眾家的批評不免都在外圍上打轉，陳陳相因，似乎沒有更深入且具說服力的論證。《南北史合注》的價值，除了省去翻閱南四史、北四史之勞外，收錄了數量不少的眾家著作作為史料參考之外，是否仍有值得細論的佳處，似仍可以再作探討。

歷代對於李延壽《南史》〔註92〕的評價相當歧異。李延壽自身對南北二史的期許是能夠耦合八書內容，歸併為二，並且旁收其他資料為輔，增加史料的豐富性；而同時期人給予的評價也認為他所完成的書相當具有條理性。

到了宋朝，出現了兩派不同意見。其中一種肯定李延壽的書資料豐富，並且能夠大致達到其初衷；而另一種則認為此書有許多問題，參雜收錄了許多不必要的、近似小說之流的內容。到了明朝，則討論的內容和深度又有所加強，在主題式的意見討論下，出現了些許宋代未見的意見。

這樣的意見，到了清朝時期更被擴大討論。固然，《南北史》所收資料豐富，但是反面而言，其所收錄的內容恰當與否，往往是眾人批評討論的重點。又或者是因為在清代政權下，研究史學的人大為增加，因此能對史書作更為細密的討論。在這樣細密的討論下，也出現了許多以往未見的內容，並對《南北史》逐條評價。

從前述諸多批評中，可以發現李延壽的南北二史在歷代諸人的的批評中，有越發遭到詳細批評的趨勢。唐朝時期的批評，只是簡單說明此二書的功能以及略舉好壞與流行與否，宋朝時，則開始著重在李延壽多收妖異之事的情形上，而同時也也注意到南北二史無「志」所造成的問題，以及李延壽寫作時偏向北方的傾向。到了清朝，二史受到了極細密的分析與討論；但反過來說，或許也是因為南北二史受到了更多的重視，因此才更有研究、討論的價值。

在眾多評價《南北史》的史家中，李清在評論、整理意見上並不是特別突出的一個。但值得注意的是他卻是唯一一個把批評轉化為直接行動的人，並且成就了與原本作品有相當程度不同、資料收錄更豐，且能表現出個人史觀的《南北史合注》。

〔註92〕若沒有針對《南史》討論的評價，則以南北二史合談。

第三章 《南北史合注》的資料添補類型與功能

　　李清對《南北史》的改動中，「添補資料」最近於一般意義上的「注」應有的行為。就他對二書的資料添補中，可以發現他並非僅補回原八書資料或如〈注南北史凡例〉中所言，添入正大忠義、嘉文鉅作等。從他補入的資料中，時時可見他的意向性，今就其添補的資料概括成幾個類型，進而延伸討論這些資料放置在史書中所可以達到的功效。

一、資料的類型

　　李清所補入的資料，大抵以八書為本，另從各類書籍中擷取史料以補之。其中，文學資料與歷史性資料的補入，除了完備被刪略的不足之處以外，在李清有意無意的揀擇之下，也往往能起到補事、鮮明事件與明晰傳主人格的作用。

　　他對《南史》的增補，主要可分作三種類型：第一種類型屬於文學作品的補入，包括詔書、檄文與詩詞文章等等。這一類的補入，大致符合他在〈凡例〉中所提出的補入範疇，然似有超出於〈凡例〉中所述的功用；其次，則是對歷史事件的補充，進而明確因果關係的補入。這些補入包括還原八書內容，以及從外部資料達到佐證的功能；第三種是帶有李清個人意見的補入。這類型的補入可能以批語的型式表現，也常常藉著引用他人的評論表達自己的感想，此處以引入他人評論的類型作為討論重點。除了以上三種類型之外，也有一些較難以說明價值的補入，亦會略舉一二，以資參考。這些補充資料，

使得整本史書得以被完足，並從李清的角度再次詮釋歷史的輕重與立場。

（一）文學作品

李延壽集合並刪削南四史內容而成《南史》，為求精簡，因此削減許多文詞。然無論是選擇保留或刪削，都是自其價值觀下判斷而為，在史家不同的價值觀之下，也會有相應且相異的選擇。李清在其〈註南北史凡例〉中曾對李延壽的刪略行為作評論〔註1〕，認為在部分的刪削上略顯過度，「正大忠義之文」、「名人巨筆」不應精簡之求而刪除，因此在《南北史合注》中，又將部份內容擇取補入注中。然而何謂「正大忠義」，實際上也往往是根由於每個人不同的價值判斷而決定的，並沒有固定判準。但從這樣的意見，也可以見得李清選擇補入內容時的目標所在。但從他實際的收錄情況來看，他所收錄的資料類型其實包括了牽涉到各類政事的詔書、律令，以及各類書信、文章論述等等，並不僅止於收錄具前述兩特色的文章。因此或可以推論，李清在〈註南北史凡例〉中所說的標準，只是一個可以作為大方向的目標範圍，而非唯一的選取標準。以下，就李清對文學作品的補入分作三個類別敘述。

1. 詔書

李清從南北八書補回的詔書甚多，但是從《南北史合注》收錄的狀況來看，詔書與律令與其說是美文，不如說功在補史。在《南史》為求精省而往往將詔書撮其重點講述的情形下，李清的補入不僅只能夠將事件說明清楚，更可以將皇帝的意向、隱而未顯的脈絡藉由補入而提點、呈現出來。此外，遇到補入資料還無法將事情重點說明清楚者，李清還會加入自己的批語，將事件的曲折明顯的點出來，使得原本的委婉之處能夠昭顯。

將詔書再度補入的例子甚多，如第三卷曾補入《宋書》內容，詳記劉昱遭皇太后貶謫為蒼梧王之詔〔註2〕。在事實紀錄之外，也藉由詔書的資料留存

〔註1〕 〈註南北史凡例〉第十三條：「南北史內如宋孝武〈討元凶劭檄〉、魏孝莊〈誅爾朱榮詔〉、尉遲迥〈討隋文諭〉，皆正大忠義之文，乃見於原書而削於本史，削者過。今補入註內，其他禪文哀冊之類，非名人巨筆及文章可供膾炙者弗錄。」出自《南北史合注》〔明〕李清原著，徐靜波等整理（北京：全國圖書館文獻縮微複製中心，1993年），頁20。

〔註2〕 《南北史合注‧卷三》第一冊，頁69～70。李清所引內容與《宋書》原文略有不同，刪去部分細節以及句子，如「昱以塚嫡，嗣登皇統，庶其體識日弘，社稷有寄。豈意窮兇極悖，自幼而長，善無細而不違，惡有大而必蹈。前後訓誘，常加隱蔽，險戾難移，日月滋甚。」經刪改剩下「昱以塚嫡，嗣登皇統。窮兇極悖，日月滋甚。」一語，其餘多處亦有所刪減。

了劉昱種種劣跡；第四卷中，也補入《齊書》中所載宋禪國於齊時所下的詔書〔註3〕，凡此種種，可視作政權轉換的紀錄，也表現出後繼者與原先君主之間的關係。這類的詔書，在《南北史合注》中補入的比例相對較高。

　　除了重補八書詔書之外，李清也從各處蒐羅相關詔令。較具代表性的例子如第十卷中從《徐陵集》增補的詔書，說明陳文帝立太子的前後狀況。在《南史》正文中，對此僅述「秋七月丙辰，尊皇后爲皇太后〔註4〕」，接著敘述加封官員與乙丑日重雲殿有災之事，其後即接「八月庚戌，立皇子伯茂爲始興王，奉昭烈王，後徙封始興嗣王頊爲安成王。九月辛酉，立皇子伯宗爲皇太子，王公以下賜帛各有差。〔註5〕」之語。而李清則補入以下內容：

> 《徐陵集》載詔曰：朕以虛薄，竊守蕃維，常懼盈滿。豈意蒼昊不弔，國步艱難，皇嗣元良，艱在崤渭。二臣奉迎，川塗靡從；六傳還朝，淹留永日。今國圖無主，家業事隆，上奉父母嚴規，下逼群臣庭諍，遂以庸質，升纂帝基，對揚大化，彌增號懼。今式遵舊則，奉上皇太后尊號，御慈訓宮，一依前典。若中流靜晏，皇嗣歸來，輒當解綬箕山之陽，歸老瑯琊之國，復子明辟，還承寶圖，若問與夷，無媿園寢。〔註6〕

單看正文，似是毫無曲折，各作冊封，平鋪直敘。但是從李清加入的這封詔書中，卻可以發現文帝其時雖是議冊封皇太后，但徐陵替文帝陳蒨擬的詔中卻謂「若中流靜晏，皇嗣歸來，輒當解綬箕山之陽，歸老瑯琊之國」，即可推知當時的皇嗣——武帝嫡子陳昌，還被困在北周，因此陳蒨雖然暫時擁有皇位，卻說不準什麼時候武帝嫡子會回國，也不得說自己的皇位將會永爲正統，自然也不能提及立皇嗣的可能性，因此徐陵擬詔的時候，也必須用較爲謙退的言語爲皇帝表明心跡。

　　但是，僅十一天之後，文帝陳蒨便直接「立皇子伯宗爲皇太子」。此舉不

〔註3〕《南北史合注・卷四》第一冊，頁84。
〔註4〕《南北史合注・卷十》第一冊，頁223。
〔註5〕《南北史合注・卷十》第一冊，頁224。
〔註6〕《南北史合注・卷十》第一冊，共八冊（故宮博物院編，海南出版社出版發行，2000年6月，第一版），頁224。原文出自《徐陵集・卷二》〈陳文帝登祚尊皇太后詔〉。原文與《南北史合注》中所引者微異，列出相異之處以供對照：「朕以虛薄，才非弘濟，竊守蕃維，常懼盈滿，豈圖蒼昊不弔」、「淹留未日」、「上奉父母之嚴規，下逼群公之庭諍」、「今宜式遵舊則，奉上皇后尊號爲皇太后」、「輒當解綬於箕山之陽，歸老於瑯琊之國」。

菖表明已以自己爲正統，不打算放手皇位。對此，李清批語謂「既有前詔，何爲遽立太子？武帝子昌已死於此矣。〔註 7〕」，判斷陳昌即使回到本國，也難逃一死。果不其然，陳昌回國後先被封爲衡陽王，不久後便被沉江而死〔註 8〕。

對於徐陵此詔，李清的態度評價相當正面，謂「徐陵此詔委婉正大，若文帝能體斯言，則他年不沉衡陽於江矣。《陳史》、《南史》皆不載，予巫錄之。〔註 9〕」，顯然相當同意徐陵擬詔時爲文帝呈現的立場與態度。而在之後的王鳴盛《十七史商榷》中，也對此這部分有類似的意見：「吁，文帝之愧此詔甚矣。此文正宜載入本紀，《陳書》既不采，《南史》又不能補。〔註 10〕」兩人都認爲這份詔書沒有被《南史》補入是相當可惜的事，顯見李清將這篇詔書補入正文的行爲的確是值得肯定的。

此篇詔書，除了符合李清在〈註南北史凡例〉中所言的「正大忠義之文」的範圍，也間接的呈現了皇室立嗣、繼位時的各種考量與曲折。徐陵的詔書，一方面替文帝以較委婉的方式的說明自己繼承的理由，又包含了願意讓位於身在他國的武帝嫡子陳昌的謙退意涵，使得此詔書一方面宣告了自身的正統，一方面又能夠起到穩定的作用，使得挺陳昌的一派人不致大爲反對。在其後加注的批語，則將這些不明顯的內容凸顯出來，使人能夠更了解歷史事件的發生脈絡。

值得注意的是，李清補入詔書時，並非照本宣科補入書中，往往有將欲補入的內容組合編排、刪減之後收錄入注的情形。像貶蒼梧王之詔、從《徐陵集》補入的詔書等，皆有前述情形存在。但以上數例，多只是對原先的文章做出刪略，減少收錄份量。較明顯的改動與編排，則或可由《南史》第十五卷宋明帝劉彧所下詔書中看出。劉彧在詔令裡指稱其兄劉褘罪惡，《南史》原只載「帝暴其罪惡〔註 11〕」一句，李清則補入《宋書》中的詔書資料：

　　《宋書》載：褘使左右徐虎兒以金合一枚餉幼文，銅缽二枚餉祖珍、

〔註 7〕　《南北史合注‧卷十》第一冊，頁 224。
〔註 8〕　《南北史合注‧卷十》第一冊：「丙子，沉衡陽王昌於江。」，頁 225。《陳書》對此事有所隱晦，《南史》直陳其事。而李清除了按照《南史》直陳此事以外，還加上了詔書與相關批語，使得後面沉江之事有其脈絡可尋。
〔註 9〕　《南北史合注‧卷十》第一冊，頁 224。
〔註 10〕　《十七史商榷‧卷五十五》第二冊，頁 427，〈陳文帝尊皇太后〉條。
〔註 11〕　《南北史合注‧卷十五》第一冊，頁 305。

隆伯。皆欣慰同謀也。幼文并奏其事。又褘於明帝爲兄，故詔有云：
「公若德深望重，宜膺大統，朕初平暴亂，豈敢當璧，自然推符奉
璽。」忌之也。又詔內數褘罪狀有云：「公在江州，得一漢女能行厭
咒，朝夕拜伏，敬事如神；令其祝詛孝武。巫稱神旨，必得如願。」。
又「景和流毒，初誅太宰義恭等，曾於建章宮逼朕飲醉，公遂肆苦
言，云朕及休仁，與太宰親數，往必清閑，贈眂豐厚。朕當時惶駭，
五內崩墜。」遍又「謹事邪巫，常被髮跣足，稽首北極，圖畫朕躬，
勒以名字，或加之以鋒刃，或烹之鼎鑊。」云云。

看似完整且通順的一份補注，實由同一份詔書的數個段落重組、潤飾而成
[註12]。在這條注中，可以見得明帝對劉褘的不滿包括了「咒詛孝武帝」、「濫
用權力」、「詛殺明帝」三層。層層推進，似沿著時序進行，劉褘的不當行爲
越甚，同時也表現出明帝對其深刻的不滿以及往昔的驚懼。然而原始的詔書
其時與此大相逕庭，長度上自然是遠大於此，明帝所譴責的各個事件，次序
也與李清寫於注中的不同。如其末所云「或烹之鼎鑊」事實上應該在「公在
江州，得一漢女能行厭咒」一段之前，而爲了當作前述「使用巫咒」與「逼
醉」二事的統合，而置於最末。李清似乎在補入的同時，已經將原本的詔書
反芻出自己的理解，並且選擇將自己消化後的資料置於書中。雖然與原文差
異甚大，卻也能清楚傳達文帝想要表現的想法。

　　其次，李清的改動並不僅限重編與刪略，同時也在所擷取的內容之間加
了些許提示因果的連接、轉折詞。諸如「皆欣慰同謀也」、「忌之也」、「又詔
內數褘罪狀有云」、「又」、「遍又」、「云云」等語詞，足以使重新聚合的文意
清晰，不致顯得破碎。而「皆欣慰同謀也」、「忌之也」兩句，除了總結前文，
更帶有李清自己的意見以及批判色彩。

　　除此以外，李清於補注之後，也另立一條，直接提出自己的想法：「褘凡
劣素著，何險毒乃爾？無乃欲加之罪，何患無辭？[註13]」從他所提出的想
法來看，劉褘此人雖然品行不佳，但卻不致有詔書中所云的險毒心機。因此
他認爲明帝詔書中所示，顯然是爲了私人的目的，誇大了劉褘的罪刑。況且
詔書中諸如「當時」、「往昔」等種種追溯之詞，所重的都是明帝的個人內在

[註12]　〔梁〕沈約著，楊家駱主編《新校本宋書》（臺北市：鼎文書局，民64），第
　　　　三冊，共三冊。第七十九卷〈下廬江王褘詔〉，頁2039～2041。

[註13]　《南北史合注・卷十五》第一冊，頁305。

情懷與感受，旁人無法對此作出異議。可以說，在這樣的指控中，劉禕根本毫無辯解餘地。

對照李清最後的評斷、中間段落中的更改，以及故意將詔書次序更改以強調禕的罪狀事來看，可以明確知道知道，李清並不是單純想要收錄這份詔書，而是想要強調明帝「故意加罪」的重點。因此，或可以說，這部分的補入不僅僅是補充文史資料，且是李清在閱讀完各種資料之後所做的摘要文章，更傳達了李清面對一段歷史時所持的立場與傾向。

2. 書信與奏議

書信與奏議，相對起詔書，是較能夠表現個人想法的。雖然兩者一私一公，但是比起詔令明確是要「公開於天下」的性質，仍是屬於較私人的範疇，然而它們又不像純粹的文學作品，往往有明確的目的性。因此兩者歸於一個類別討論。

李清所收錄的這類文學資料，有許多偏向應答詞令的內容，但也有不少補事的功能。一般的應答詞令，大致上也能起到讓歷史敘述流暢的功用，但較為特別的則是一些可以補充歷史，甚至引發讀者注意歷史主線外事實的補入。

以奏議的收錄為例，如第二十卷的謝超宗傳中曾記錄對於拔擢人才的討論。當時的考試中有五道題類，駱姓官員認為考試成績應該要同時參照五題的答題狀況以排第次，傳主謝超宗則有不同的意見。在《南史》中僅記：

> 三年，都令史駱宰議策秀孝格，五問並得為上，四三為中，二為下，
> 一不第。超宗議不同，詔從宰議。〔註14〕

在《南史》的敘述裡，重在駱姓官員的意見，而沒有說明傳主的意見。較近於單一事件始末的敘述，並不讓人感到這段記載有太大的重要性，甚至使駱宰議在此段文字裡有反客為主的感覺。李清則將《齊書》中較詳細的記載補入，使此段兩方的意見顯得較為平衡：

> 《齊書》曰：超宗議以為「片辭折獄，寸言挫眾，魯史褒貶，孔論
> 興替，皆無俟繁而後秉裁。夫秉事之淵，析理之會，豈必委牘，方
> 悉治道，非患對不盡問，患以恆文弗奇。必使一通峻正，寧劣五通

〔註14〕引自〔唐〕李延壽著，楊家駱主編《新校本南史》全三冊（臺北：鼎文書局，民65年11月），第一冊，卷十九，頁542。

　　而常；與其俱奇，必使一亦宜採。」〔註15〕

若不加注謝超宗意見，僅以《南史》所收爲內容，會讓人感到謝超宗所言無足輕重，整段聚焦在駱姓官員的意見上，顯得此事與謝超宗本身的關連不大，甚致這樣的記載只是冗贅之語，並不具特殊意涵。在李清的補入之下，可以同時見得兩方意見，並能對此加以比較：謝超宗的意見相對於駱姓官員，較注重實政上特殊的解決能力，而不強求各部份的意見陳述都達到一定標準。

　　這樣的補入，除平衡傳主所占的篇幅以外，也可以看出當時論朝政時雙方所重的相異之處，更可以從之後「詔從宰議」的結果知道當時主政者更爲重視「文采」，從而顯示出當時的文化傾向以及潮流。顯見，在此處的補入不僅僅是對事件的補充，更反映了當世所重特質。

　　李清所收書信的內容，以敘事爲要。如第十五卷中，收錄休範在眞正舉兵謀反前給袁粲等人寫的信，就描述了他之所以感到不滿、進而「起義」的理由〔註16〕；第八十六卷中，則收錄了侯景對領地內居民的宣言與寫給東魏君主的兩封書信，表明了不從之心與願意投誠的兩種不同態度。對此，李清注解謂：「景南北兩啓，必皆王偉代草。予故備錄之，以著其譎云。」，顯然也注意到了侯景於兩處態度的差異，意欲藉由紀錄聚焦在此事上，「以著其譎」。

　　除此以外，由於書信較具有私人的性質，因此也能夠較直接的表現出個人的特質。以昭明太子被收錄的數篇書信爲例，〈與張緬弟纘書〉〔註17〕表達出對張緬過世的不捨及哀慟之意、〈與何胤書〉則因爲「昭明以太子稱叩頭，謙抑如此，故錄之，以昭其美。〔註18〕」而收錄。這兩篇文章無疑都屬美文，但從李清的評議中可以發現，他眞正重視的是文章本身能夠給予昭明太子個人更鮮明的、愛才下士的形象，而目的也是清晰的「以昭其美」。換言之，這樣的補入屬於有意爲之，而並非僅以文章的優美程度作判準，因此即使他認爲〈與何胤書〉「使人官爵姓名俱不相合，尚容別考」，眞實性有質疑的餘地，

〔註15〕　《南北史合注・卷二十》第一冊，《齊書》作「表事之淵」、「方切治道」，頁408。

〔註16〕　《南北史合注，卷十五》第一冊，頁312，此段內容大幅精簡《宋書》原文。

〔註17〕　《南北史合注・卷五十七》第三冊，頁23。

〔註18〕　《南北史合注・卷三十一》第二冊：「太守何遠以狀啓昭明太子，太子欽其德，遣舍人何思澄致手令襃美之。」李清注：「《昭明太子集載令》曰：『某叩頭叩頭。……遣典書陳顯宗申其蘊結。某扣頭。胤得書爲啓以謝。』愚按，昭明以太子稱叩頭，謙抑如此，故錄之，以昭其美。但使人官爵姓名俱不相合，尚容別考。」，由此可見其內容雖然存疑，但仍錄的緣由，頁121～122。

仍加以收錄。

部分書信的收錄，同樣著重於表現個人特質，而具有「翻案」般功能。例如第十五卷提到宋孝武之弟劉宏深得孝武信任，當劉宏死時，孝武帝「痛悼甚至，每朔望出臨靈，自爲墓誌銘並誄」，這樣的記載已經大致表現出孝武帝對其弟的重視。但是李清似乎認爲僅止於此仍有所不同，故又從《宋書》補入孝武帝的〈與顏竣書〉：

> 宏夙情業尚，素心令績，一旦永謝，平生未遠，舉目如昨，而賞對遊娛，緬同千載，哀酷纏綿，實增痛切。卿情均休戚，重以周旋，乖拆少時，奄成今古，聞問傷惋，當何可言。〔註19〕

從與第三方的私下書信中，脫去了表面文章的可能，尤可以看出劉駿對弟弟死去的眞實想法。針對此事，李清評道：「孝武猜薄同氣，不啻仇讎。僅此一札猶篤友于，故錄之。」。如同昭明太子身爲顯貴，卻能有謙抑的言論般，劉駿雖然弑父殺兄，對手足多所猜忌，卻也有眞情流露、不同於一般觀感的樣貌。李清從其他資料中得到的補足，特別能夠凸顯這些人格特質。

書信與奏議的收錄，由於時代背景的關係，相較於詔書而言較不能那麼明顯的表現出當代的大事，但是仍能夠在某些細節上給予補足，並且或多或少給予當時背景的線索。而相對於奏章，更爲私人的書信則能夠演示寫作者的實際心情，或者是超脫於一般刻板印象的人格特質，也足以使我們讀到的「人」並不僅止於一個平面的、單一性格的人物，而更像是活生生的人，擁有更多面向。

3. 詩詞論述

李清對於詩詞論述的收錄，多數符合他在〈凡例〉中所舉的類型。尤其以其所處時代較晚，各文章、論述的價值，其實在之前的朝代中多已經有所保存、討論，而價值也多已經定調，因此這樣的收錄較不具有爭議。

李清所收文章，如范縝〈神滅論〉〔註20〕及顏延之、張纘等人所寫哀策文〔註21〕等，既爲名家之筆，也是公認的美文。但是李清於此類文章，仍有揀擇收錄的情形，不一定會因爲被公認是名家巨筆而被完整收錄，如〈神滅論〉僅被補入了一小部份即是一例。兩篇哀策文雖然得到完整的補入，但理

〔註19〕　《南北史合注・卷十五》第一冊，頁301。
〔註20〕　《南北史合注・卷五十七》第三冊，頁33。
〔註21〕　分別於《南北史合注・卷十二》、《卷十三》，頁252與頁264～265。

由也可能僅止於「篇幅較短」。試看李清在其他摘要收錄的文章前後的注解，便可見一斑：「延之〈庭誥〉太冗，不能盡錄。摘其要言於後。〔註22〕」、「朗疏見長特甚，今節存之，餘不盡錄。〔註23〕」、「《宋書》載其辭曰：「天生之資……而神更暢。」此（定命論）則其可採者也，餘不盡錄。〔註24〕」。顏延之、周朗、范縝的這三篇文章特別長，而李清也從注解中明確表達出由於文章長度的關係，因此只摘要、節存。從這樣的情況中，再次顯現出李清針對補入時「擇要」、「精簡化」的特徵。

　　然而在這類特別標注有所刪略的文學資料外，有更多的資料遭到直接刪減，但李清卻未加標注。這樣的情形，或許亦能歸於篇幅要求所造成的必要選擇，但也可能造成讀者的誤解，或者使得閱讀此書時仍要再行參考其他資料，而造成諸多不便。但從另一個角度而言，若李清想要寫就的僅是一本補充、完足歷史的史書，而非蒐羅、廣納「所有資料」，那麼這些純粹的文學論著，雖然符合「名人巨筆」的範疇，但比較起前述諸多同時具有補事、鮮明個性的文學資料，功能與價值就低了許多。再者，如果真的是名文鉅作，多數早已廣為流傳或集結成冊，是否完整收錄在史書中，也不對史料的保存造成太大差異。甚至若只是存其要目，也並不會有過度的負面影響，遑論取其精要，並且以個人觀點加以剪裁。

　　除了以上本來就在收錄範圍內的文章以外，假如綜覽李清對於文學資料的補入，會發現他所補入的文學資料似乎並不僅僅侷限於名人巨筆之作、正大忠義正大忠義之文。事實上，即使並不是具有前述兩種特徵的民俗兒歌、詩作等內容也被納入了他的收錄範圍內。如以下三者：

　　　　《梁書》曰：時以溉、洽兄弟比之二陸，故世祖贈詩曰：「魏世重雙丁，晉朝稱二陸，何如今兩到，復似凌寒竹。〔註25〕」

　　　　《魏書・島夷傳》載時人語曰：「遙望建康城，小江逆流縈，前見子殺父，後見弟殺兄。〔註26〕」

〔註22〕因為原用的版本缺卷，因此改用其他版本。此出自〔明〕李清原著，徐靜波等整理《南北史合注》，（北京：全國圖書館文獻縮微複製中心，1993年），第一冊，共四冊。卷三十五，標號879，頁477～479。

〔註23〕《南北史合注・卷三十五》第一冊，標號893，頁482～487。

〔註24〕《南北史合注・卷三十六》第二冊，頁148。

〔註25〕《南北史合注・卷二十六》第二冊，頁60。

〔註26〕《南北史合注・卷八十五》第四冊，頁23。

《弘景內傳》載弘景嘗題桐葉作詩遺鏘曰：「願爲雙白羽，長拂輿前塵。」〔註27〕

前者所收錄的是梁世祖爲讚賞到溉、到洽兩兄弟的文采所作的詩，算是對於兩人文采之美的註腳；第二條的內容，則是針對劉浚及其子女在政治鬥爭後失敗後被殺之事，可見當時政治鬥爭的慘烈。雖然單純就文學價值而言並不高，也不是慷慨激昂正大中正的詩歌，但是卻能夠直白的將當時的事件作一歸結。這類的作品似乎在歷史上更具有補事、佐證，或者是收結事件、表示批評的功能。第三條補注記錄了陶弘景所作的詩，從詩作中表達了陶弘景對蕭鏘的情感，也預示了他個人的願望。這些補入的內容，與其說純粹是文學作品，有些更像是歷史的資料以及注解。而這些補入當中，在在也都顯示了李清個人的觀點以及意識，並非僅僅是客觀的、中立而不帶情緒的補入。

從李清收錄的資料中，可以發現即使是文學作品的收錄，多數仍達到補事、補史的作用，能將事件的過程或者前因後果、隱藏脈絡都顯現出來。同時也呈現出李清想要讓事情徵象更爲明顯的意圖。在有意識的補入之下，這些文學資料不再僅限於其文學性，而能在適當的位子以及批語下，起得更大的歷史作用。

（二）歷史事件

對於文學作品的補入中，已可見得許多部分能起補事的作用。而李清所補入的資料中，有一些則是直接針對歷史事件的細節及其前因後果作補述，完足被二史所刪除的事件細節。這一類的例子相當多，幾乎涵蓋了整部《南北史合注》，以下僅舉兩個較具特色的例子。至於其功能，則在本章第二節行進一步的討論。

歷史事件的書寫，其原委、因果往往因敘事詳略不同而有差異。第八十六卷侯景傳中便有一例。《南史》原文謂：「二年，謝答仁攻東陽，劉神茂降。」，李清於劉神茂降四字前，補入一段《資治通鑑》的內容，講述劉神茂投降的來龍去脈：

《資治通鑑》曰：謝答仁攻劉神茂，程靈洗、張彪將勒兵救之，神茂欲專其功，不許，營於下淮。或謂神茂曰：「賊長於野戰，下淮地平，四面受敵，不如據七里瀨，賊必不能進。」神茂不從。偏裨多

　　北人，不與同心，別將王暐等據外營，降於答仁，劉歸義、尹思合
　　等棄城走。神茂遂孤危。〔註28〕

此一補入，表現了劉神茂的自以爲是及好大喜功，同時也說明他之所以在戰爭中失利的原因之一即爲「上下不同心」，因此才有了諸將陣前倒戈、劉歸義等人拋城逃跑之舉。簡單數語，便將「神茂降」的事實敘述增爲聚焦鮮明的內容。神茂如何不許他人幫忙、如何不聽他人諫言，以及爲何勢單力孤，都一一做了呈現。對於單一事件補入情形，在《南北史合注》中屢屢可見，多都能如此例起到相當高的作用。

　　除了上述對單一事件的增補，李清偶爾也會針對一系列的活動進行較多方的收錄與採納。尤其是歷時久遠、影響範圍寬廣的內容，他往往不吝一再增補、敘說，使得事件能夠完整的呈現。如《南史》對宋文帝劉義隆的記載中，曾言及他「雅重文儒〔註29〕」，並曾記錄文帝於元嘉十二年四月「詔內外舉士〔註30〕」。然而在此之後，對文教相關的事情，僅有於元嘉十六年時的一段記載，謂：

　　是歲，武都、河南、林邑、高麗等國並遣使朝貢。上好儒雅，又命
　　丹陽尹何尚之立玄素學，著作佐郎何承天立史學，司徒參軍謝元立
　　文學，各聚門徒，多就業者。江左風俗，於斯爲美，後言政化，稱
　　元嘉焉。〔註31〕

文帝對何尚之、何承天、謝元三人的任命，奠定了當時學風的偏向，也使得江左文風大盛，進而使得民風有所改變。這樣的敘述，雖然已經作爲「好儒雅」的注腳，然而就此以往，整整十年對這類事情毫無記載，只在元嘉二十七年中因爲戰爭，記錄「罷國子學」一事，中間也未提及任何相關事件。

　　這些記載之間，間隔既久，又僅一件事敘述較詳，不免使整體證據較爲薄弱，文帝「重文」的特質顯得名不符實。而李清則在元嘉十九年與二十三年間，共加入了三條資料，使得此一系列的文教活動在數年之間不致顯得斷裂：

〔註28〕　《南北史合注‧卷八十六》第四冊，頁74～75。
〔註29〕　《南史‧卷二》第一冊。
〔註30〕　《南史‧卷二》第一冊。
〔註31〕　《南史‧卷二》第一冊。

十九年〔註32〕

《宋書》載:「正月乙巳,詔曰:『高祖受命,憲章弘遠,有詔典司,大興庠序,而頻遘屯夷,未及修建。永瞻前猷,思敷鴻烈。今方隅乂寧,戎夏慕嚮,廣訓胄子,實維時務。便可式遵成規,闡揚景業。』」〔註33〕

(十九年)冬十二月丙申,詔奉聖之胤,速議承襲;及令修廟,四時饗祀;並命蠲近墓五家俱灑掃,栽松柏六百株。〔註34〕

《宋書》載詔曰:「胄子始集,學業方興。自微言泯絕,逝將千祀,感事思人,意有慨然。奉聖之胤,可速議繼襲。於先廟地,特為營造,依舊給祠置令,四時饗祀。闕里往經寇亂,黌校殘毀,并下魯郡修復學舍,採召生徒。昔之賢哲及一介之善,猶或衛其丘隴,禁其芻牧,況尼父德表生民,功被百代,而墳塋荒蕪,荊棘勿剪。可蠲墓側數戶,以掌洒掃。」魯郡上民孔景等五戶居近孔子墓側,蠲其課役,供給洒掃,并種松栢六百株。」〔註35〕

二十三年夏四月丁未,大赦。六月癸未朔,日有蝕之。交州刺史檀和之伐林邑國,克之。〔註36〕

《宋書》載:九月己卯,車駕幸國子學,策試諸生,答問凡五十九人,賜教授官帛各有差。〔註37〕

〔註32〕 《南北史合注‧卷二》第一冊,頁37～38。
〔註33〕 此內容已經李清刪略不少,《宋書》原文作:「夫所因者本,聖哲之遠教;本立化成,斅學之為貴。故詔以三德,崇以四術,用能納諸義方,致之軌度。盛王聖世,咸必由之。永初受命,憲章弘遠,將陶鈞庶品,混一殊風,有詔典司,大啟庠序,而頻遘屯夷,未及修建。永瞻前猷,思敷鴻烈。今方隅乂寧,戎夏慕嚮,廣訓胄子,實維時務。便可式遵成規,闡揚景業。」。
〔註34〕 《南北史合注‧卷二》第一冊,頁38。《南史》原文微異,作「四時饗祀;並命蠲近墓五家供灑掃」。
〔註35〕 《宋書》原文微異,「孔景行等五戶居近墓側」一句作「魯郡上民孔景等五戶居近孔子墓側」。
〔註36〕 《南北史合注‧卷二》第一冊,頁39。
〔註37〕 《宋書》原文作:「九月己卯,車駕幸國子學,策試諸生,答問凡五十九人。冬十月戊子,詔曰:『庠序興立累載,胄子肄業有成。近親策試,觀濟濟之美,緬想洙、泗,永懷在昔。諸生答問,多可採覽。教授之官,並宜沾賚。』賜帛各有差。」

十九年所補兩條中，前者是興學之詔，「廣訓冑子」一語便可遙遙與前幾年要求內外舉士及之後立學聚徒諸事相呼應。不過，李清對這份詔書仍是多所簡省，按此份詔書前段有言「夫所因者本，聖哲之遠教；本立化成，教學之為貴。故詔以三德，崇以四術，用能納諸義方，致之軌度」，應也能夠表現文帝的立場及想法，可惜《合注》已將之刪去，僅保留並著重詔書後半教化後的功能性。同年冬天所錄另一條則是修學舍與尊孔之詔，從「冑子始集，學業方興」之語，當可看出與前相承之意，其後所言重修學舍、採召生徒與尊孔等，也再度顯現文帝對文教事業的重視。這樣的詔書，也同時標明了文帝於文教事業的實際行動。

　　若說前面數年的記載都屬於提高學風的策略，那麼元嘉二十三年所補入的內容，或許可以視作投入文教事業的結果與收穫。經過種種如標舉各科教授、開放收徒、興國子學、重修學舍，崇儒尊孔風氣大開，之後必然的就是策試，亦即成果的驗收，同時亦言及事後的獎賞。

　　這三條補充，使得文教活動從無到有、從建設到收成都能完整述及，諸般事件脈絡亦皆清晰可循。若按原本的記述，只見文帝於元嘉十六年有大幅動作，之後僅僅餘二十七年「罷國子學」以撙節用度，實在很難讓讀者同意文帝是重文之人。然就李清以上的補入，則已經將文帝的形象和實際作為清晰化。更遑論在《南史》末尾，對文帝的相關評價僅有「帝聰明仁厚，雅重文儒，躬勤政事，孜孜無怠〔註38〕」數句。而李清則補入《冊府元龜》、《宋略》二書內容，加以強調文帝的形象，分別謂「帝博涉經史，善隸書」「蘊藉文義，思弘儒府，建庠序於國都，開四學於家巷」等。比較《南史》原文與《合注》版本，或可推測李延壽與李清兩人所重略有不同，而李清更強調文帝於此方面的功績。然無論如何，李清得補入的確使事件首尾能夠更加完足，也呈現出他在面對、敘述歷史時的細心與專注。

　　李清這一類型的補入，針對的多是事件的補入，目標在於聚焦事件脈絡與前因後果，使得歷史不致成為片段，在單一事件中盡可能多方呈現，在長遠的施政政策中也不忘追索中間的實政行為，並能在時間進程中讓事件的進展合理呈現。這類型的補入，或可以說是史書的重點之一，亦是幫助後世讀者清楚了解歷史的重要材料。

〔註38〕《南史·卷二》第一冊。

（三）時令制度與民生經濟

由於《南史》、《北史》無志，因此對於許多制度的保留有所欠缺。而如王鳴盛等人，對此二書也有少錄民生經濟，好記神鬼異事的批評存在。李清對於此二書，顯然也早有類似的想法。雖然這樣的想法並未在〈凡例〉中呈現出來，但是從李清對經濟政策、對時令制度等補入中，仍可以看出他對此處有所留意。雖然終究李清並未自己作志，但如此的增補亦能給予讀者一些對當代制度、經濟狀況的印象。

大部分史書皆有《禮儀志》一門，記述各朝各代不同的規章制度以及禮儀規範。李清即針對《南史》此處的缺漏，補入如《隋書》、《晉書》、《宋書》等與禮儀相關的部分。李清對於禮儀相關之事的重視，或可以在第十九卷中臧燾議廟饗禮之事時的評論中了解：「燾所議廟饗禮乃晉事，于《南史》亦無涉。姑以《晉書・禮志》未載存之。〔註39〕」。對照同卷略前處一段討論配食標準時，李清則直接刪去並謂「中有議晉孝武生母配食一段，已列《晉書》，與《南史》無涉，今刪之。〔註40〕」或可見得李清所著意者雖然仍在禮儀規制與當朝之間的關係上，但是如果事涉儀制，基於對於資料加以保存的目的，那麼他還是會選擇在可能的情形下盡量保留更多的資料。

在《禮儀志》以外對制度的保存與增補，亦有一些例子。如於第九卷述說北周武帝滅北齊時，後梁君主至鄴道賀之事，李清於此補入了《後梁春秋》的內容，將行禮的細節歷歷描述〔註41〕。先述大冢宰預備佳餚美酒、大司空設九嬪等前置作業，再述說禮儀進行時的程序，最後亦詳細描述宴飲食席上的情形，補事相當詳細。又如第二十二卷曾提及「八關齋」一詞，便補入了執行程序「以十月二十二日，即是白衣同志二十四人，在吳縣土山墓下共三日。清晨為齋，始至四日散。〔註42〕」此二者，皆是針對禮儀記錄作保存、增補，使得後人在閱讀的時候不致感到抽象而僅流於認知名詞，而能更進一步了解當時各種活動具體的進行方式。

除了補入對於祭祀、禮儀之事，對於年月計算的方式，李清也略作了些說明與補注。如針對梁武帝更改藉田之禮時間的事，《南史》中並未特別講明，

〔註39〕《南北史合注・卷十九》第一冊：「時學者多從燾議，竟未施行。」，頁390。
〔註40〕《南北史合注・卷十九》第一冊，頁388。
〔註41〕《南北史合注・卷九》第一冊正文謂：「十六年春，正月，周滅齊。帝朝於鄴，禮畢歸。」，其後補入禮的實際內容與制度，頁198。
〔註42〕《南北史合注・卷二十二》第二冊：「於宅設八關齋。」，頁5。

僅僅以一般紀年形式記錄，李清於注中則引用《隋書》澄清「梁初藉田，依宋、齊，以正月用事。武帝以：『啓蟄而耕，則在二月節內。《書》云：「以殷仲春。」藉田理在建卯。』乃改用二月。〔註43〕」從這個注中，可以理解到在梁武帝時，藉田之禮舉行的時間與以往不同，從正月改到了二月，同時也說明此變動的理由。又如第八卷中，有兩處分別提到「改元大寶〔註44〕」、「（大寶）二年〔註45〕」，李清則引《梁書》，謂「猶稱太清四年」、「猶稱太清五年」，同時保存兩種不同年號的計數方法，以呼應「王以帝制於賊臣，卒不遵用。」之語，存留「不遵用」後的替代方法。這兩處的補入，都使得僅看《南史》原文可能忽略、或者必須另外翻書才能得解得部分有充足的解釋及說解，再次呈現李清作為一個閱讀者所下足的功夫，以及使後人在他作功夫的基礎上能夠更輕鬆閱讀的貢獻。

除加注制度以補足《南史》缺志的問題，李清亦針對當時的民生經濟作了部分補充。如卷一收錄了原《宋書》中所記宋高祖作南蠻校尉時所下文書，對南蠻一帶經濟狀況所作的政策因應，卷四十一則收錄了宋明帝時由於征戰頻繁，國用不足的處理方式：

> 《宋書》載書曰：「此州積弊，事故相仍，民疲田蕪，杼軸空匱。加以事役頻苦，童耄奪養，老稚服戎，永懷民瘼，宵分忘寢。荊、雍二州，軍人年十二以還，六十以上，及扶養孤幼，單丁大艱，悉仰遣之。窮獨不能存者，給其長賑，并今年租稅。」〔註46〕

> 《宋書》曰：時軍旅大起，國用不足，募民上米二百斛，錢五萬，

〔註43〕《南北史合注‧卷七》第一冊：「四年春正月辛卯，祀南郊，大赦。辛亥，祀明堂。二月乙亥，耕藉田」，頁149。

〔註44〕《南北史合注‧卷八》第一冊：「簡文帝即位，改元大寶。王以帝制於賊臣，卒不遵用。」李清注：《梁書》曰：『猶稱太清四年』。」，頁172。

〔註45〕《南北史合注‧卷八》第一冊：「二年」，李清注：「《梁書》曰：『猶稱太清五年。二月乙亥，魏遣使來聘。』」，頁173。

〔註46〕《南北史合注‧卷一》第一冊，《南史》正文為：「將拜南蠻，遇四廢日，佐史鄭鮮之等白遷日，不許。下書開寬大之恩。」，頁17。按《宋書》原文略有不同：「此州積弊，事故相仍，民疲田蕪，杼軸空匱。加以舊章乖昧，事役頻苦，童耄奪養，老稚服戎，空戶從役，或越絏應召，每永懷民瘼，宵分忘寢，誠宜蠲除苛政，弘茲簡惠。庶令凋風弊政，與事而新，寧一之化，成於期月。荊、雍二州，西局、蠻府吏及軍人年十二以還，六十以上，及扶養孤幼，單丁大艱，悉仰遣之。窮獨不能存者，給其長賑。府州久勤將吏，依勞銓序；并除今年租稅。」

雜穀五百斛，同賜荒縣除。上米三百斛，錢八萬，雜穀千斛，同賜
四品正令史；滿報，若欲署四品在家，亦聽。上米四百斛，錢十二
萬，雜穀一千三百斛，同賜四品正令史；滿報，若欲署三品在家，
亦聽。上米五百斛，錢十五萬，雜穀一千五百斛，同賜三品令史；
滿報，若欲署內監在家，亦聽。上米七百斛，錢二十萬，雜穀二千
斛，同賜荒郡除；若欲署諸王國三令在家，亦聽。〔註47〕

由於南蠻一區戰事較為頻仍，老幼居民皆頻繁被召集為軍卒，因此務農時間
自然也少。若在這種情形之下，仍要求高稅收，只是使人民的生活更加困苦
而已，此令便是針對居民多從軍導致的艱困生活作改進。然《宋書》原文實
際上略有不同，末尾作「窮獨不能存者，給其長賑。府州久勤將吏，依勞銓
序。并除今年租稅。」，可見當時的政策中，應該是將眾軍人分作幾個不同等
級，給予不同的待遇以及優惠，只是在李清此處省簡之下，語意變得模糊，
而似眾人待遇一同，因此略顯可惜。但無論如何，這樣的補入使得原本《南
史》簡單說明的「下書開寬大之恩」有了更實際、具體的意義。若無如此說
明，則不曉得為何需要施恩，或因為天災、或因為兵禍，僅僅只能猜測。而
第四十一卷中所提及的各種官位與錢糧的對應，首先便可使人知道當時開放
了捐官一途，且在特定條件下，給予官府足夠錢糧者是可以僅僅保留官位，
而不需要負實際行政責任的；其次，由於此段資料同時給予了米、錢、雜穀
三者的對應，因此也提供了在當時錢糧價位的關係，可以勾勒出當時大致的
物價水準。

又如第七卷補《梁書》記梁武帝對流民免除賦稅並還予田宅之事〔註48〕、
第二十七卷袁豹上書討論農事〔註49〕、第四十六卷竟陵王蕭子良上啟予皇帝
〔註50〕，述說天災之下人民生活的流離慘狀，並且進一步對賑濟、免除賦稅、
改革制度提出建議等，也都是針對民生經濟等的補入。在李清各式的補入、
說明以及注解之後，讀者面對特定地區的紀錄，便能夠更進一步了解在遇到

〔註47〕　《南北史合注・卷四十一》第二冊：「明帝遣員外散騎侍郎王道隆至赭圻督戰，
　　　　　眾軍奮擊，大破之。」，頁204。
〔註48〕　《南北史合注・卷七》第一冊：「七月，春正月辛巳，祀南郊，大赦。」李清
　　　　　注：「《梁書》載詔：『有流移失桑梓者，各還田宅、黜（原作蠲）課五年。』」，
　　　　　頁156。
〔註49〕　《南北史合注・卷二十七》第二冊，頁72～73。
〔註50〕　《南北史合注・卷四十六》第二冊，頁268～269。

各種不同事件時，當世朝廷或者從政之人通常的處理方式。而從這些收錄中，也可以知道當時的人對於經濟原型、及對因應災變的認知廣度以及深度。

（四）神異事件

李清曾在〈凡例〉中提及對佛教、讖緯諸事，認為它們「不合史體」，因此欲將之改動入注。然就《南北史合注》中卻可見，李清並不是以偏概全，將各種相關的內容盡皆刪入注中，對於多數的神異事件，似乎仍持較為中立的意見，在不影響史實的前提下，似乎仍會加以保存。從多數《南史》收錄的神異之事仍未被改為注解，甚至李清自己還從其他資料中加以補入，可以見得這樣的傾向，以下舉兩條為例：

> 帝舊塋在武進彭山，岡阜相屬，數百里不絕，其上常有五色雲，又有龍出焉。上時已貴矣，宋明帝甚惡之，遣善占墓者高靈文往墓所占相……。〔註51〕

> 初，弘景母郝氏夢兩天人手執香爐來至其所。李清注：「《梁書》曰：又夢青龍自懷出。」〔註52〕

前一條描寫墳墓上有五色雲、有龍出等吉兆，因此引發當權者的疑慮，進而使人前往占卜。像這類的「吉兆」，包括各個帝王出生前的異兆等事，李清往往都不加刪減，還進而從其他書本補入，如第二條所言「青龍自懷出」即為一例。而這種類型的內容之所以不被刪除，或許是因為與宗教並沒有太大的關聯性，而且有相當大的可能出自後人附會或當時之人為了營造聲勢、確立自己為天命所予的形象，而加以編造、傳播的。某種程度上，可能也可以當作一種間接的史料，因此李清才毫不避諱地收錄在書中。

除了與政治相關的內容，李清所收的神異事件還包括了夢境、鬼怪之說。同時，從部分批語中也顯示李清頗相信因果報應之事：

> 建武元年，封南平郡王，二年改封。中興二年謀反，宣德太后令賜死。李清注：「愚按：文惠太子諸子盡為明帝所殺。今明帝諸子又皆以宣德太后令誅。宣德，文惠妃也。雖蕭衍所假，亦見天道之巧。」
> 〔註53〕

〔註51〕　《南北史合注‧卷四》第一冊，頁89。
〔註52〕　《南北史合注‧卷七十八》第三冊，頁347。《梁書》原文作：「母夢青龍自懷而出。」
〔註53〕　《南北史合注‧卷四十五》第二冊，頁262。

興嗣兩手先患風疽，十二年，又染癩疾，左目盲。李清注：《獨異志》
曰：「興嗣有才思。武帝出千言，無章句者，令嗣次之，因成《千字
文》。歸而兩目俱盲。及卒，啟視之，心如掏燥泥。」〔註54〕

第一條強調的是「天道」觀的因果報應。因此針對屠戮宗室，而後自己改朝
換代時後代也遭屠戮殆盡者，也是以因果循環、報應不爽的態度評論。除此
以外，李清對其他事件的諸多批語中，也往往可以見得相似的概念。而第二
條所收錄的則是奇異之事，即使不討論為什麼如此受到重視的文人，死後會
被剖腹掏心，「心如掏燥泥」的說法，除了奇異之外，更多的似乎是想表達「嘔
心瀝血」的寫作狀態。

　　李清對於神異事件的態度，似乎與其於〈凡例〉中所持立場略有出入。
從他所補入的內容當中，呈現出其真正在乎的是對歷史事件更深刻的形容，
同時也不排斥歷來以祥徵作為統治者即位合理性的做法，因此也將這些或許
屬政治性宣傳的內容補入注中。

（五）其餘補入

　　在以上四類補入之外，也有一些因為數量不足以成為一類，且略為繁雜
的增補；亦有較為歧出一般補入思考外的增補，將於此處略舉一二。李清所
補入的記載包括對於反切開始的時間點〔註55〕、文章選錄的肇始〔註56〕等，
顯現他對於各類時間斷限的注意，而對於及風土文物〔註57〕及趣聞軼事〔註58〕

〔註54〕《南北史合注‧卷七十四》第三冊，頁 279。

〔註55〕《南北史合注‧卷六》第一冊：「是歲大旱，米斗五千，人多餓死。是歲，林
邑、千陀利國遣使朝貢。」李清注：「黃洪憲《紀政綱目》曰：『是年，天竺
梵學入中國。中國切字自此始。』」，頁 140。按《南史》原文無：「是歲，林
邑、千陀利國遣使朝貢」一句。

〔註56〕《南北史合注‧卷五十二》第二冊：「所著《文集》二十卷，又撰《古今典誥
文言為正序》十卷，五言詩之善者為《英華集》二十卷，《文選》三十卷。」
李清注：「後世選文，自昭明始。」，頁 354。

〔註57〕《南北史合注‧卷八十四》第四冊：「武興國本仇池」李清注：「《南齊書》曰：
『仇池四方壁立，自然有樓櫓却敵狀，高並數丈。有二十二道可攀緣而升，
東西二門，盤道可七里。上有岡阜泉源。氐於上平地立宮室果園倉庫，無貴
賤皆為板屋土牆。』」，頁 7。

〔註58〕《南北史合注‧卷八十六》第四冊：「邵陵王綸、柳仲禮甚於讎敵，臨城公大
連、永安侯確逾於水火，咸無戰心。賊黨有欲自拔者，聞之咸止。」李清注：
「《魏書‧島夷傳》曰：『衍每募人出戰，素無號令，初或暫勝，後必奔敗。
景宣言曰：「城中非無菜，但無醬耳」，以戲侮之。』」《南史》原文略有不同，
作「無有鬥心」，頁 63。

的補入，則也堪作某種型式的參考之用。

　　又由於李清在寫作各傳時，根於他個人的史觀以及刪略、增補目標，也有補入個人傳略的情形。雖然在〈凡例〉中曾言爲求精簡而欲刪略「家傳」般累贅得記載，但實際上他仍有所補入。第三十一卷中，李清就從《冊府元龜》補充《南史》沒有收錄到的何裔事蹟〔註59〕，並表示：「裔既求點輩同族，《南史》何以不收？故附於後。〔註60〕」可以見得李清想要完整史書的意念。

　　但偶爾，也會出現意義不明的補入情形。同樣舉補入人物傳略爲例，如第三十三卷末曾提及張邵族人張嗣伯善醫術，《南史》原書便已在其後提及另一個善治癲疽者——薛伯宗。薛伯宗之事，附於張嗣伯之傳後，畢竟爲同時代的人，猶可以說是同類而聚。不過針對此事，《南史》也只是簡短補記而已。李清則不同，又從《新唐書》的〈方技〉傳略中另外補入一唐人，並對其事蹟長篇大論，摘略如下：

　　　《唐書》〔註61〕曰：許胤宗，常州義興人。……醫者，意也，在人
　　　思慮。又脈候幽微，苦其難別，意之所解，口莫能宣。且古之名手，
　　　唯是別脈；脈既精別，然後識病。夫病之於藥，有正相當者，唯須
　　　單用一味，直攻彼病，藥力既純，病即立愈。今人不能別脈，莫識
　　　病源，以情臆度，多安藥味。譬之於獵，未知兔所，多發人馬，空
　　　地遮圍，或冀一人偶然逢也。如此療法，不亦疏乎！偶令一藥偶然
　　　當病，復共他味相和，君臣相制，氣勢不行，所以難差，諒由於此。
　　　脈之深趣，既不可言，虛設經方，豈加於舊。……歷唐年九十餘卒。

光是此處的補入，就將近四百字，內容包括了許胤宗爲太后治病成功、擅長

〔註59〕　《南北史合注・卷三十一》第二冊，頁122～123。李清注：「《冊府元龜》曰：
　　　　　『梁武帝開館，命學生如會稽雲門山，受業於盧江何裔。裔退居東山，帝以
　　　　　右光祿大夫徵之，不就。乃詔之曰：「頃者學業淪廢，吾每思弘獎其風。本欲
　　　　　屈卿，暫出開導後生，延佇之勞，載盈夢想，理舟虛席，須俟來秋。所望藹
　　　　　然，申其宿抱。卿門徒中經明行，修厥數有幾。且今瞻彼堂室，置此周行，
　　　　　便可以具名以聞。又曰：比議學寡少，由無復聚徒。故明經斯廢，念之慨然。
　　　　　卿既儒宗，加以德素，當敕後進有意向者就卿受業，想深思誨誘，使斯文載
　　　　　興」，於是遣郎孔壽等六人於東山受學。』」
〔註60〕　《南北史合注・卷三十一》第二冊，頁123。
〔註61〕　實出自《新唐書・列傳一二九・方技》，李清所補入的內容已經是刪減後的版
　　　　　本。

的醫藥領域，以及對於「爲何不著醫書」問題的回應。然而，與薛伯宗之間的關聯，只在於兩人皆善醫術。既非難以見得的資料，又以時代不同，關聯也並不甚強，似不免讓人質疑補入的意義。然若與張嗣伯的事跡比對，卻還是可以發現兩人之間有所關聯，即在張嗣伯面對他人質疑時，以同一種藥之所以可以適用不同病症所做出的回應〔註 62〕——也就是身爲醫者的經驗能夠使得人對於病症、適用方法有更多的理解。如果從這個角度來看，張嗣伯與許胤宗所說的事情，雖然一個較接近神異的解釋，一個聽來較爲科學，但概念都是一樣的，而李清的補入也就是有所緣由，並能與傳主相扣合的了。但畢竟在補注的類型中，這樣的補入仍是較爲特殊、歧出的。

　　從李清補入南北史的資料類型中，可以發現他除了完足歷史外，也傾向於加入自己的理解以及整理，一方面使資料的閱讀與取得更爲容易，另一方面也使得他想要突顯的焦點能夠更清晰地被呈現出來。在李清有意識的選材及補入下，《南北史合注》並不只是一本對史書補足的資料集，而更是一本以史家之眼看見的歷史。從他所擇取的資料類型中，可以見得他的個人的意念，因此，這些補入或不能單純看作補充史料，而更應注意其於《合注》中所起的功能。以下兩章，則將針對李清所攝入資料的兩大功能作舉例及討論，以期勾勒在《南北史合注》中李清的意向及寫作目標。

二、明晰歷史事件

　　李清所補入的資料類型眾多，然自前一節的例子中，也可以看出李清對於歷史相當具有一番見解，同時也有不少將自己的理解藉由補入、評論置入史書的情形。此節將進一步討論李清補注的諸多資料對歷史書寫起的功能。雖泛以「歷史要點」爲總名，實亦可概略分作三種：其一，補充戰爭形勢，究因《南史》針對戰爭場景，往往有所省簡，使得戰爭中各方形勢、勝敗原因常常被省略不寫，李清的補入則有明晰情勢、環境之功；其二，補充事件前因後果及轉折。《南史》爲求精簡，往往於事直書結果，並不說明理由。李清則將前因後果補入，偶爾亦同時加入自己的意見做解說。最後一種，則是加強人物印象，藉由補入言語、敘述等史料，使得場景以及人物特質能夠更清晰的表現出來。

〔註 62〕　《南北史合注・卷三十三》（北京：全國圖書館文獻縮微複製中心，1993 年），
　　　　　編號 841。

（一）補充戰爭形勢

對於戰爭事件的補充，李清主要從各書中補充《南史》省略的部分，使得戰爭的轉折、內容以及情勢能夠敘述得更為完整。以下舉三條較具代表性的例子：

> 是夜帝多設奇兵，兼置旗鼓，明日戰，伏發，賊退。〔註63〕
>
> 《宋書》曰：「諸伏舉旗鳴鼓，賊疑四面有軍，乃退。」
>
> 康祖回軍，未至壽陽數十里，會魏永昌王以長安八萬騎，與康祖相及於尉武。康祖有八千人。〔註64〕
>
> 《宋書》曰：「軍副胡盛之欲附山依險，間行取至。康祖怒曰：『吾受命本朝，清蕩河洛。寇今自送，不復遠勞王師，犬羊雖多，實易摧滅。吾兵精器練，去壽陽裁數十里，援軍尋至，何患乎！』」
>
> 乃開樊城受降，因命司馬朱思遠、甯蠻長史曹義宗、中兵參軍孟惠雋擊志於潺溝，大破之。〔註65〕
>
> 《梁書》曰：「生擒志長史杜景。斬首萬餘，流屍覆漢水。」

首條資料在《南史》原文中只提及因為「伏發」，賊兵退卻，但是從《宋書》所表達出來的情感則較為豐富。賊兵不只是因為遭到伏擊而退，而是因為在四面發動聲勢的狀況下，受到疑心驅使而退卻。李清在此處改動《宋書》原文一字：原本是「謂四面有軍」，被改成了「疑四面有軍」，雖然不能肯定李清的改動是否有意為之，但是從「謂」到「疑」的改變，的確讓整篇內文的情感更加生動豐富。第二條所補充的則是在八千人對上八萬人，實力極度懸殊的情勢之下，劉康祖之所以會以如此難以取勝的形式中，仍堅持前往交戰的理由：因受國命，不負所託兒願為國盡忠。因此雖然軍副提出了比較安全的避退方式，還是被劉康祖所否決。從補注中劉康祖對敵軍的情勢分析可知，他並不僅僅因愚忠便決定要為國捐軀，而是對戰爭情勢有一定的認知，認定敵軍兵雖多卻不精，且己方又將有援軍到來，在這兩項考量的分析與加成下，才下了直接結陣迎戰的決定，並不是徒具勇氣的莽夫。至於第三段資料，則

〔註63〕　《南北史合注・卷一》第一冊，頁5。《宋書》原文作「明日，賊率眾萬餘迎戰。前驅既交，諸伏皆出，舉旗鳴鼓。賊謂四面有軍，乃退。」李清所引略有刪改。

〔註64〕　《南北史合注・卷十八》第一冊，頁375。

〔註65〕　《南北史合注・卷五十二》第二冊，頁355。《梁書》原文：「生擒志長史杜景。斬首萬餘級，流屍蓋漢水。」略有不同。

是對於戰爭結果的補充。在「斬首萬餘，流屍覆漢水」的場景描寫下，原本簡單一筆帶過的戰況，便能描繪出戰爭的慘烈景況。

由於南北朝時代動盪，戰爭頻仍，因此《南史》在對戰爭紀錄多所剪裁，李清所補入者，則是他認爲較具有意義的部分。而從上面的補入可以確認李清是有意識的想要戰爭的情勢優劣與結果凸顯出來，因此或收錄人物對話、或加以改字以強調特定內容，大幅的生動了歷史映像。

（二）補充事件轉折與前因後果

就較爲精簡的歷史記載而言，事件的結果與事實的陳述，往往會重於中間較細微的轉折，但刪略的同時，也容易使歷史的原貌流失。李清針對特定事情，有如前一節王神茂事件般的補入、點明脈絡，也有一些例子，藉由對話的增補表達轉折緣由。如《南北史合注》卷六十中曾經提及陳伯之在眞正順服於梁武帝前之前心思反覆之事，謂：

> 伯之雖受命，猶懷兩端。帝及其猶豫逼之。

> 伯之退保南湖，然後歸附，與眾軍俱下。建康城未平，每降人出，伯之輒喚與耳語。帝疑其復懷反覆。〔註66〕

在這兩段之後，李清各補入《梁書》內容：

> 《梁書》曰：伯之雖受命，猶懷兩端，僞云「大軍未可東下」。武帝曰：「伯之此答，其心未足，及其猶豫，逼之。」

> 《梁書》載武帝密語伯之曰：「聞城中甚忿卿降，欲遣刺客中卿，宜以爲慮。」伯之猶未信。〔註67〕

比起直接陳述，先言陳伯之故意拖延戰事，再補武帝所言的「伯之此答，其心未足，及其猶豫，逼之。」。從陳伯之言語構成推斷首鼠兩端的理由，並且帶出武帝之後要逼迫陳伯之確定立場的打算。其後又補入武帝針對陳伯之猶懷兩端的心思，恐嚇他既已投降，建康城不僅已經回不去，他的投降更也激起了不投降的人對他的反感，意味著要他把心思收回，好好爲自己效力。這種補充手法，並不直接說明想要補充、強調的部分，而僅將事件轉折加入，但陳伯之如何的首鼠兩端、心存懷疑，武帝如何的分析陳伯之心態，並用計

〔註66〕 《南北史合注‧卷六十》第三冊，頁66。
〔註67〕 《南北史合注‧卷六十》第三冊，頁66。《梁書》原文與李清所收微異：「未須便下」作「未可東下」、「高祖謂諸將」作「武帝曰」、「未定」作「未足」、「宜逼之」作「逼之」、「舉江州降」省爲「降」、「未之信」作「猶未信」。

想讓他死心塌地的臣服於己。諸般的補充，藉由較詳細的描述，便躍然紙上。

　　前述陳伯之懷著牆頭草的心思，還可以從《南史》本文中見得，但在許多時候，在原始的文章裡並不能看到任何一點蛛絲馬跡。這時候，李清所補入的資料價值就更高了。如《南史》第一卷講劉裕征討事，提到他殺了一人，名皇甫敷。在《南史》的陳述下，謂「進至羅落橋，遇皇甫敷，逆戰。檀憑之戰敗，死之。眾退，帝進戰彌厲，又斬敷首。〔註68〕」，皇甫敷僅僅是個甫出場就戰死的腳色，唯一的作用大概就只是襯托劉裕的勇猛善戰而已。但是李清卻補入了一段《資治通鑑》的內容，表現兩人戰鬥中的交集、以及皇甫敷死前的不甘與請託：

> 司馬光《資治通鑑》曰：「敷圍裕數重，裕倚大樹挺戰。敷曰：『汝作何死！』拔戟將刺之，裕瞋目叱之，敷辟易。裕眾至，射敷中額而踣，裕援刀直進。敷曰：『君有天命，以子孫為托。』裕斬之，厚撫其孤。」〔註69〕

多出了這段文字，就把單調的「斬敷首」三字變得活靈活現。值得留意的是《南史》記載劉裕於「眾退」之時，一夫當關勇往直前斬殺皇甫敷，但是在《資治通鑑》中，劉裕遠高於眾人的勇猛就變成了以眾欺寡，身後眾人已先射中皇甫敷額頭，才使得皇甫敷承認劉裕有「天命」，並以子孫請託。這樣的內容與《南史》已經出入甚大。補充事情的細節之後，連整段戰鬥的強勢方、弱勢方也有所不同了，同時也顯示了《南史》所根據的《宋書》對劉裕的事蹟有誇大不實處，提供了觀看歷史的另一個角度。

　　對話的補入，除使得事件原委清楚，更能讓史事變得鮮活、躍然紙上，而另一種補充的方式，則藉直接解釋，使讀者感到疑惑或不確定的內容能夠得到解答：

> 回率軍來應，彥節、候伯等並赴石頭。事泄。
>
> 《宋書》曰：「其日秉悁擾不知所為，晡後便束裝，未闇，載婦女席捲就粲，由此事泄。」〔註70〕

〔註68〕《南北史合注・卷一》第一冊，頁9。

〔註69〕《南北史合注・卷一》第一冊，頁9。《資治通鑑》原文略有不同，作「汝欲作何死」、「裕黨俄至」。

〔註70〕《南北史合注・卷七十一》第三冊，頁212。

《南史》於此處只簡要的說「事泄」，但是究竟原因是內部有人告密或者任何理由，則未能多加著墨。而李清則收錄《宋書》內容，謂之所以「事泄」，實是由於劉秉等人離開時間太早，未能夠潛心等待時機所致。這樣的補入，使得真正的原因昭然若揭，某種程度上，或許也可以說就李清作為一個閱讀者，於曾經產生疑惑或感到不足處，以自己的博學能力加以採入，使得後人能夠在閱讀時，不致有同樣的困惑。

從以上兩種補入方式，再參照前一節李清於補入資料的例子，可以發現李清對《南史》的增補，不僅要「補史」，更要進一步傳達出自己的意見。諸如將自己的閱讀疑惑替後人解答、把委屈轉折之處放大描寫，並藉由加入轉折詞使得聚焦明顯等等皆屬此類。

某些時候，李清並不另外補入史料，而選擇直接現身說法，將事件脈絡分析、爬梳清楚，並加上自己的意見以及評論。比如第四十三卷本收錄梁武帝曾經對齊宗室成員子恪、子範二人說的一段話，表示自己比起江左以來屠戮前代宗室的君王，對前代宗室的態度寬容許多，因此希望子恪、子範兩兄弟能夠盡節相報。但是針對這段冠冕堂皇的話，李清毫不客氣的批評道：

> 愚按：梁武既云「有天命者，害不能得」；又云「江左以來代謝必相誅戮，國祚例不靈長」。何以先殺齊明諸子，又再弒巴陵王？蓋原高武諸兒既盡為明帝所害，則子恪等皆仇於明帝者，故不殺。觀取天下於明帝家，非取之卿家二語，可見餘皆飾詞也。〔註71〕

根據梁武帝實際上對前代諸宗室子的誅殺，以及子恪、子範兩人與前代王事之間的關係，李清認為梁武帝並不是像他自己所說的那般仁厚，也並不是因為要對兩人施恩，因此才代為誅殺他們所怨恨的人。一切只是為了自己以及政治考量，並非真心為了他倆而操作各種手腕。因此這段冠冕堂皇的話根本就只是漂亮話，算不得準。

李清這樣的批判，將梁武帝之前所作所為做了收束，並且將整段歷史的脈絡綜合起來陳述，再加以討論、批評。一方面可以使讀者注意到梁武帝的言不由衷，一方面也呈現出李清對於歷史的清楚理解，以及能夠連貫前後、理性討論的思維模式。他在《南北史合注》中所加入的許多個人意見，也顯示他對於歷史相當具有自己想法，並且可能刻意在補注、改動歷史事件時加以表現。

〔註71〕《南北史合注‧卷四十三》第三冊，頁234～235。

（三）加強人物印象

人物的描寫，在史書中佔了相當重要的地位。畢竟史書的功能除了給予讀者當世局勢、事件較全面的敘述外，「人」才是更重要的主角與敘述對象，以紀傳體史書而言尤甚。因此，如何使人物立體並且鮮活，就成了史書記載中相當重要的一環。在前述討論文學資料的補入中，已經可以看出李清試圖藉由補入，使人物的個性不侷限於平面，而能夠有更多的表現角度。而除了從書信等資料外，從各人的行為、旁觀者的描寫，也往往可以有相當的功能。如第十七卷中從《宋書》補入王玄謨個性、第八十六卷中則補述侯景帶兵的情狀：

> 玄謨性嚴刻少恩，而將軍宗越御下更苛酷，軍士謂之語曰：「寧作五年徒，不逢王玄謨。玄謨猶自可，宗越更殺我。」〔註72〕

> 始魏相高歡微時，與景甚相友好，及歡誅爾朱氏，景以眾降，仍為歡用。李清注：《梁書》曰：「景性殘忍酷虐，馭軍嚴整；然所得財寶，皆班賜將士，故咸為之用，所向多捷。」〔註73〕

在《南史》原本的敘述中，並沒有特別對王玄謨的個性作描寫。而若只補入《宋書》中前面兩句「嚴刻少恩」、「宗越御下更苛酷」，或許仍然顯得有些抽象，但是當這一段近於民謠的五言句也被補入時，王玄謨的個性就活靈活現的呈現出來了。在層遞的比較下，王玄謨雖然嚴刻，卻不致於到「嚴酷」的個性，以及當時一般軍士對他們的評價，足以給予讀者清晰的印象。而對於侯景個性的補入，則可以從《南史》中看出這一段的補入根本就是橫空出世，看似與前文沒什麼關連性。然而，《南史》中事實上並不乏描寫侯景殘忍橫暴的行為。這樣的人，之所以能夠獲權、掌權，甚至得到手下士兵的擁戴，必定還是有其過人之處，只是在《南史》中很難看得出來。然從此處的補入，就可以清晰的了解侯景的優點：「疏財」。固然，侯景是所謂賊臣；固然，他個性殘忍；但是在他御軍嚴整的背後，卻給予了手下將士更大的利益，甚至可以說，對這些士兵而言，每爭奪到的一分領地、財物，最終都會分配到自己手上。因此，為侯景盡力也就將當於是為自己盡力。如此，比之「正統」手下軍隊只能乾領糧餉的狀況，他們怎麼能不竭力殺敵呢？所向多捷，既是

〔註72〕《南北史合注・卷十七》第一冊，頁359。
〔註73〕《南北史合注・卷八十六》第三冊，頁52。

最後的結果，也呈現了侯景具有成為梟雄的人格特質，而並非單單是一個嗜殺的賊子。

　　除了對於單一人物特質的描寫外，偶爾，李清也會補入一些場景描寫以突顯事件氛圍。如描寫宋末代皇帝順帝被要求出宮，《南史》謂「黃門或促之，帝怒，抽刀投之，中項殞。帝既出，宮人行哭，俱邊。備羽儀，乘畫輪車，出東掖門。〔註74〕」，順帝時年大約不滿十歲，國家已亡，但是仍然搞不清楚狀況，因此還沒有理解到自己失勢，依舊對近侍相當無禮。然而，除了他以外的諸人，應該都已經是了解了順帝亡國失勢、甚至很可能會迅速被殺的事實，因此眾人哀哭，但順帝仍然沒有太大情緒。此處，李清補入《資治通鑑》內容：「帝既東邸。問今日何不奏鼓吹，左右無應者。〔註75〕」。這一段，讀起來甚至比南唐李後主所敘述的「最是倉皇辭廟日，教坊猶奏別離歌。垂淚對宮娥。」更為悲淒。李煜是享受過榮華富貴的人，同時也感受得到亡國之痛，在這樣的情形下，即使有樂曲，他也聽懂了是所謂離別之調。而順帝劉準不然，年紀不到十歲，上位不滿兩年，從出生，身邊就滿是動盪。他才剛了解了自己的身分，因此會問「今日何不奏鼓吹」，但是卻還不能了解宮人之所以沉默的理由，也不像李煜一樣大略知道了自己的未來。由此讀來，更覺悲悽。雖然，這樣的補入仍然可以是作史料的一部份，但是，在場景的鋪陳以及氛圍的營造上，可以說是以文學的手法潤寫歷史，使得這段內容能夠引動讀者的情緒。

　　李清的諸多補注中，屢屢可見他對還原歷史細節的執著，同時也非常重視藉此從各個不同角度去解讀、詮釋人與事件，使歷史不只是勝者的書寫紀錄，而可以讓後來的讀者有更多的空間自行理解，如同身歷其境般，重新自己判讀一切。雖然，從補入的情形也可以看得出李清自己在閱讀時應該已經有了某些立場，並且在這些立場的基礎之下，揀擇「適合」的內容，引發讀者往某些方向思考。偶爾，也自己現身說法，將自己的意念傳達給讀者。藉由各種方式明晰史事，李清恰似一個導讀者，說解事件細節與來龍去脈的同時，也藉由這些資料傳達了自己的思考。

〔註74〕　《南北史合注・卷三》第一冊，頁73。
〔註75〕　《南北史合注・卷三》第一冊，頁73。《資治通鑑》有數字微異。

三、呈現歷史觀點

　　除了補入以完整歷史的功能外，李清在加入資料時所表現出的意向性亦是值得注意的。他並非僅只以「完整」作爲唯一目標，更著重在辨清史實，甚至討論各家史書的異同以及比較優劣。除此以外，他也不吝將自己讀史的感想以及論述分享在他自己的注解之中。此節，將以李清所補資料爲本，探討其所呈現的意向性，並且各略舉例證，以祈藉此更了解李清的歷史觀點。

　　李清的補入，從前述已可見其豐富性。在他的諸多補入中，則往往可以見得他個人的意識以及所著重的要點。由於他所補入者往往並非單純的歷史或文學材料，而更常是歷史批評、歷史論述，因此他的個人意識就成了辨史、補史外相當重要的一環。這種帶有自己立場的意見或補入，或可以分成數種類型。包括藉由收錄間接表達對於史事的批判，以及涉及李清本身情感以及對於歷史書寫的期待。

（一）對歷史書寫的期待

　　每一個作史者，心中都有一部完美史書的輪廓。因此，無論前人如何撰寫，對於後來讀史之人來說多少都有不足之處。因此，李清對於《南史》、對於過往的書寫也往往有諸多意見。其中，他最注重的就是「政治飾詞」的問題。固然，由於朝代變革，當朝歷史自然有所隱諱，就李清的對於史作的看法，可以發現他對於後世之人處理舊時歷史的手法相當看重，並且總是希望作史者能夠主動去發掘眞相，也因此對於《南史》中參差不齊的處理方式多有意見。如第四十六卷、第八十一卷中分別補入《南齊書》的〈索虜傳〉與另一處對於史作的論述。對此李清便有所評論：

　　　蕭子顯以齊宗修《齊書》，既不敢顯斥淵失，以刑高帝過，且修《齊書》於梁世，改齊事梁者又滔滔皆是，故立言乃爾。時乎？時乎？然何以垂訓萬世？故予特存之，以著其失。〔註76〕

　　　愚按：梁武與慧景共事，又同敗。乃獨云欲出戰，何也？《南齊書》作於梁世，故多飾詞。《資治通鑑》聊仍之耳。《南史》不載，有以夫。〔註77〕

因爲政治因素，導致寫作史傳者無法將史實直接寫出，或者礙於執政者的需

〔註76〕　《南北史合注・卷八十一》第三冊，頁392。
〔註77〕　《南北史合注・卷四十六》第二冊，頁277。

求而將稱謂、內容加以修飾、改動是當時常有的情況。李清對南北二史的改動中，也時常在改動之後加注這樣的原因。而此處，則又特別說明一次。類似的說明屢見批注之中，另如第七十一卷〔註78〕中，引《史糾》評論《宋書》對沈仲達的詆侮：「沈仲達志存本朝，不顧姻婭，正氣格天，人倫攸賴，此皆褚淵、王儉輩附緻其罪，以媚新君。《宋書》沿之，非信史也。」，而李清則進而評道「《南史》沿而不削云何？又豈信史！」，並列兩人一致意見，並且有延展的關係，指出作史者在已經沒有政治壓力之下，應該要盡可能的將史實還原，才算是盡到了責任，也顯示出他對歷史的書寫的期待。

其次，他對於「成王敗寇」的寫作手法也是相當的不以為然。雖然實際上這就是現實的定則，歷史也往往就只是勝利者的歷史。但他仍然堅持應該要盡可能的保持中立，不可以僅僅依成敗而否定失敗者的努力。如《南史》曾述及宋晉安王劉子勛起兵反對劉子業之事〔註79〕。兩人既然都同是劉駿親子，若說是造反，不如說是正當相爭。因此雖《南史》記子勛為「為逆」，李清便不能同意，認為今日要是子勛成功得到皇位，那麼「為逆」大概就會成了「起義」，同時也痛惜劉子勛：「嗟乎！子勛稚年被脅，情亦可原，而況其餘！〔註80〕」。姑且不論不到十歲的孩子，是否真的能夠主動起兵造反，單看劉子業後來的諸多事蹟，劉子勛若不起兵，恐怕也只是坐以待斃。如此，遑論逆與不逆！另一處言陳霸先戰勝之事〔註81〕，謂「殆天授也」，將勝利歸諸於天意。固然當時人們是相信天意、相信鬼怪的，但是這樣也未免太諂媚了些。因此李清對之批駁為「史臣佞語」，認為這樣的記載與評論，毫無可取之處。

（二）個人情感表現

除了理性的分析與評論外，李清的批注裡，有時也帶有個人的感情色彩。這些評注裡，有後人對前人的惋惜、有對於善惡的執著，也部分表現出對史家作史、修改歷史的不信任與不認同。

〔註78〕 《南北史合注・卷七十一》第三冊，頁217。
〔註79〕 《南北史合注・卷三十》第二冊：「曾晉安王子勛為逆。」李清注：「本史『兵起』作『為逆』，以成敗論耳。今易之。」，頁109。
〔註80〕 《南北史合注・卷三》第一冊，頁63。
〔註81〕 《南北史合注・卷六十二》第三冊：「時壽春竟無齊軍，又非陳武之譎，殆天授也。」李清注：「愚按：此史臣佞語，以成敗論爾。與人推心結姻而噬之，非譎而何？」，頁91。

在批注裡，李清所嘆者往往爲時勢所逼的不得不然，以及並不能審度時勢做出有利判斷者。如前述對劉子勛必得「造反」、蕭衍不能夠用良將等皆是。又如他對建安王劉休仁「害人害己」的建議，也有所嘆惋，謂：

> 休仁雖有大功，然勸明帝殺孝武諸子者休仁也。……或謂「休仁忍其孝武諸子是殘，而何有于陛下子？」，則明帝必心動，然則休祐、休若何以殺？亦休仁殺也。休仁何以殺？亦休仁自殺也。噫！孝武所餘七子無一免，而休仁二子能免也哉？〔註82〕

其實就當時的情況來看，劉休仁建議明帝殺孝武諸子，也是一種盡忠的行爲——畢竟王權不穩固、太子年紀又小，剷除異己並保全太子並不是奇怪的行爲。然而，此舉也不啻成爲自己在權勢增長後被殺的理由，所以李清才說王休仁根本就是「自殺」，甚至他的兩個孩子也因此遭戮。休仁當時，恐怕根本沒有想到自己的盡忠反而害死會自己與自己的兒子，這樣殘忍卻立意良好的諫言導致始料未及的結果，在在顯示出人算不如天算、考慮未周卻又不得不然的悲劇結果，恐怕也是李清爲時代中渺小的個人嘆息。

　　而李清對於善惡的執著，可以從他極力想要爲善、忠之人隱惡，同時又爲惡者「隱善」的行爲看出來。希望歷史可以將善發揚、將惡隱去的想法，首先可以在他自己的論述中見得。當被人問及爲何選擇增加孝義、烈女等傳，但卻忽略了酷吏、外戚等傳，而導致南北二史在補入之後仍不一致。他回答道：「孝義，美名也。微顯闡幽，以搜剔爲快。獨〈酷吏〉何搜又何剔？故於〈外戚〉則不必其有，而於〈酷吏〉則反幸其無。〔註83〕」，而這樣的想法也的確呈現在他補史的評論中。如第八十五卷補入《梁書》講蕭宏母親生病過世，蕭宏的孝順情狀〔註84〕。李清居然直接評論「觀宏後悖逆如此，恐梁書飾詞。宜《南史》削之〔註85〕」。他的推測固然有其可能，但是如果以後來發生的事推斷過去，恐怕也有點偏頗。畢竟對母親的情感和其餘人格特質的好壞，並不能混爲一談；另一處相反的情況，則是在講韋粲觸怒皇帝之事，李

〔註82〕　《南北史合注・卷十五》第一冊，頁309。
〔註83〕　《南北史合注・卷八十二》第三冊，頁407。
〔註84〕　《南北史合注・卷八十五》第四冊：李清注：「《梁書》曰：『宏與母弟南平王偉侍疾，並衣不解帶，每二宮參問，輒對使涕泣。及太妃薨，水漿不入口者五月初，齊之末年，避難潛伏，與太妃異處，每遣使參問起居。或謂宏曰：「逃難須密，不宜往來。」宏銜淚答曰：「乃可無我，此事不容暫廢。」』』，頁44。
〔註85〕　《南北史合注・卷八十五》第四冊，頁44。

清評道：「此事《梁書》無之，不知《南史》本自何書，獨不宜為忠臣諱耶？
而況莫須有。〔註86〕」。的確，如果是不確定來源的資料，是不應該寫入史書
之內，但是或者李延壽當時的確見到了資料，而到了明朝時已經佚亡。何況
李清他根本的理由是「為忠臣諱」，這樣主觀地希望將好人、善人的惡處都隱
藏起來，反之則該批駁到一點好處盡無，似乎又把人性給平面、統一化了。

　　這樣立場鮮明的表述，似乎也能夠將李清的心情更真實的表現出來。甚
至讓人感受到，他對待歷史事件與人物就如同對待身邊的人一樣，只是更執
著於善惡兩方的立場而已。如以下這條批語，就可見其真情流露：

　　　邊、程節義，自當持傳。以其生生死死皆與攸之相抱不捨，故予不
　　　忍離之耳。〔註87〕

前者是對於程邕之、邊榮兩人遭戮之事的評論，雖然主要似是在解釋置傳理
由，但是用「不忍離」的情緒性語言，也可以看出他對於這兩人的事件是真
實有所感動，而非僅是理性的分析與書寫。在這樣的情感表現下，李清所做
的並不僅是紀錄歷史，也表達了他所受到的心靈衝擊與感動。

　　藉由文學與歷史的資料補入，李清盡可能地使得事件的陳述更為完足，
也使歷史不僅是勝者的語言，能有更多切入的角度。在這些史論、批語的補
入中，除了可以見得李清對於還原歷史的執著，也可以見到他實際、理性的
論述，與較為感性的表達。尤其是後者，並不是每個寫作歷史的人都敢於將
自己真正的想法直接的表達出來，也就成為李清批語中最為真實、可貴的部
分。

〔註86〕　《南北史合注・卷七十一》第三冊：帝後聞之，怒曰：「韋粲願我死。」有司
　　　　奏推之，帝曰：「各為其主，不足推。」李清注：「此事梁書無之，不知南史
　　　　本自何書，獨不宜為忠臣諱耶？而況莫須有。若梁武各為其主一語，是何言
　　　　語？此蕭氏同室操戈之見端也。」，頁229。
〔註87〕　《南北史合注・卷七十一》第三冊，頁221。

第四章 《南北史合注》的文句改動類型與功能

　　前面一章，列舉並討論了《南北史合注》中增補的資料，可以見得李清對於《南北史》的修改，應該具有一些核心目標，並非單純只作一注本。然與此同時，他也對二史做出刪減、改動，舉凡改動用語、刪略正文入注皆是。這一類的改動，是《合注》與一般注本較爲不同的處理手法，也是《合注》遭到批判的主要理由之一。

　　除了對於《南史》本文的改動以外，李清對於選收入注的內容，也多所更易。部分單字的差異，可能是因爲傳抄造成的謬誤；然文句、文章篇幅亦多被剪裁，使人不由得猜測這類的改動亦是有意爲之。以下第一、二節分別敘述李清對《南史》及所補資料的改動，而第三節則由此基礎，討論這類改動可能具有的功能與目標。

一、改動內文、字句

　　李清於其〈註南北史凡例〉中，已述及對《南北史》的更改原則，包括用語的改換、冗贅紀錄的刪減等。然而，即便已說明在先，《四庫提要》仍依傳統，認爲注書原則應「一一攻其謬妄，亦不更易其文。」，即便對原書屢屢批駁，，也不該任意改動。在這樣的立場上，以「清既不能如邵經之《三國志》改正重編，又不肯如顏師古之注《漢書》循文綴解，遂使南北二史，不可謂之清作，又不可謂之李延壽作。進退無據，未睹其安。」作爲評論，顯見對這種處理史書的方式有所詬病。然就李清個人的觀點而言，他的這些改

動都是必須且恰當的，因此即使深知注史慣例，依舊執意為之。以下就李清對《南史》本文的改動，分作五點敘述，並加以討論各類改動是否的確恰當。

（一）改易君主稱謂

李清相當注重各國君主應有的稱謂，在他的〈註南北史凡例〉中曾對於南北史的書寫用語、方式，以《三國志》為例表達意見：

> 《三國志‧魏武紀》當未封公王前，則書「太祖」，於既封公王後，則書「公」、書「王」，不書「帝」，示不敢抗尊漢帝也。若高歡、宇文泰俱未篡而儼然書「帝」，與「魏帝」字面錯出、冠履並陳矣。今仿〈魏武紀〉一一改正於註內，其劉裕等未稱帝前亦仿此。〔註1〕

李清的紀錄方式，並不因此人後來稱帝，便在記錄之初以「帝」稱之，而選擇以「當下」的概念記載。尤其以宋齊梁陳四朝嬗代相當快速，而後朝的君主又往往為前朝大將之由，使用「公」代替「帝」的頻率相當高，使得讀者不致搞混敘述事件的當下孰為真正的君主。在這種可堪稱為多數的情形外，也有較少見的改動情形。如第九卷中注文：

> 是歲，周愍帝元年，又明帝元年。李清注：陳主霸先永定元年。陳公梁為臣子，故書名。〔註2〕

此卷所書後梁事，為李清另外從《北史》等書籍補入，《南史》並未特別為之立傳，故因此許多處都會見得與北朝、陳朝的相應紀年。然因後梁乃梁朝受陳霸先篡滅後藉北朝另起的國家，因此即使對照了陳朝紀年，李清也認為應該要遵守君臣之別，而將不如對周朝一般書「某帝」，而註明為陳主，並直呼其名。

除了對君主稱謂著意重新安排，以利閱讀及明君臣分際以外，他也相當重視從本國、本朝的角度進行歷史紀錄。但這裡所謂的「本國角度」，並不是指如當代史臣記史時須為自家君主避諱之事，而是盡可能避免以後人的角度、以全知觀點逕行記錄，盡可能尊重當代「真正」的用詞用語。因此，當遇到並不是那麼合適於當代的用語或記錄方式時，李清會選擇直接改掉。以下舉三個類似而又有所不同的例子：

〔註1〕 〈注南北史凡例〉，出自〔明〕李清原著，徐靜波等整理《南北史合注》（北京：全國圖書館文獻縮微複製中心，1993年），頁17～21。

〔註2〕 《南北史合注‧卷九》第一冊，共八冊（故宮博物院編，海南出版社出版發行，2000年6月，第一版），頁193。

是歲，高麗遣使朝貢，魏明元帝殂。李清注：本史書「魏明元皇帝
崩」，改殂，一準《北史》書南帝例，明敵也。〔註3〕

冬十一月癸酉，以武都王世子楊玄爲北秦州刺史，襲封武都王。是
歲，夏主赫連勃勃卒。李清注：按本史，「勃勃」作「屈丏」。屈丏
乃魏明元帝所改名，何得稱之《南史》！今正之。〔註4〕

江智淵。李清注：《南史》稱智深，以淵字犯唐高祖諱，故避之。
〔註5〕

這三個例子，皆是屬於因爲不符合李清心中史書應有的敘述模式而改易用語
者。首條改「崩」爲「殂」，因爲李清認爲魏明元帝在南朝人眼中應是「敵方
首領」而非「天子」，因此不能使用天子專用的「崩」，呈現國別概念。第二
條也是類似的情形，因爲「赫連屈丏」並不是南朝諸人會使用的名稱，因此
李清也認爲應該要改回「赫連勃勃」之名。而在注中未提及的是，《南史》原
文中僅言「赫連屈丏死」，並不稱「夏主」，也以較常用於平民的「死」代替
「卒」。李清的改動，除了明顯不以北朝賤稱赫連氏爲正，而以給予南朝對應
上應有的稱呼外，也間接呈現了當時南朝與胡夏國之間的關係。類似的情形
出現於第十一卷中，《南史》原文謂：「夏四月己卯，臨海王伯宗薨〔註6〕」，
李清直接改爲「廢帝伯宗卒」，依照稱謂的改變，因此用語也跟著不同，但是
在此處並不如前述般對赫連氏稱謂的改動加以解釋，而未加任何標注。第三
個例子則是李延壽之時，由於史中人物名字犯唐高祖李淵諱而加以避改的情
形。李清對這類的避諱、改異也加以改正，是屬於還原成本然名目的情形。

　　從以上述例中，可以看出李清所重，其一爲國族本位，不因爲所謂「正
統」在何，便以正統方式書寫。與此同時又相當注重君臣之間的分際以及關
係，絕不會因爲臣子後來篡位成功，就因其結果改變原本應有的稱呼。最後，

〔註3〕　《南北史合注・卷一》第一冊，頁28。
〔註4〕　《南北史合注・卷二》第一冊，頁31。《南史》原文不同，作「冬十一月庚午」，
　　　　且無「夏主」二字。與此相同的例證如同卷其後：「是歲，柔然、河南、扶南、
　　　　婆皇國並遣使朝貢。」李清注：「愚按：柔然改稱蠕蠕，此魏太武帝所改，何得
　　　　施之《南史》！今正之。」，頁38。除此，第七十一卷亦改「蠕蠕」爲「柔然」。
〔註5〕　《南北史合注・卷三十七》第二冊，頁161。第三十八卷中也有相同情形。《南
　　　　史》原謂「叔父少文」，李清改爲「叔父炳」，並注謂「南史做少文，亦避唐
　　　　祖諱。」，頁173。
〔註6〕　《南北史合注・卷十一》第一冊：「夏四月乙卯，廢帝伯宗卒。」李清注：「若
　　　　果以天年終，猶宣帝之厚也。後主以亡國善終，其胚胎於斯乎？」，頁233。

於歷史書寫上，他也對於各朝的獨立性有其堅持，並且認爲各段歷史之間的關係，不能因爲後人能夠綜觀一切而輕率地混同，必須按照當時眞正的關係、用語書寫。在這樣的觀念之下，各國之間的關係可以以較爲平等、客觀的角度呈現。

（二）中立敘事用語

李清對於歷史事件釐清的要求，除了表現在稱謂上，也在敘事中大量表現。這類的例子，仍以有統無統的問題爲要。他在〈註南北史凡例〉中曾謂：

> 凡權臣擅政時，其忠於本朝、謀討權臣者皆爲忠義。如耿紀、韋晃等。綱目大書謀討操不克死之是也，乃《南史・宋武帝紀》内書西討司馬休之，又《北史・周文紀》内書上書元烈謀作亂伏誅，皆悖也。今註内改討爲攻、作亂爲謀殺、伏誅爲遇害，他仿此。〔註7〕

李延壽作《南史》，除了以北朝爲正以外，於南朝事件的書寫上，也往往以「當朝者」作爲唯一正統，其餘諸人則依成王或敗寇加以褒貶。因此即使是僅僅政治勢力、派別不同的皇族，也馬上會被當成「叛賊」、「謀反者」。如卷三中孝武諸子和薛安都共爲明帝之敵〔註8〕，《南史》記爲「江州刺史晉安王子勛舉兵反」、「甲申，郢州刺史安陸王子綏、會稽太守尋陽王子房、臨海王子頊並舉兵同逆。」，而李清分別改「舉兵反」爲「舉兵」、「舉兵同逆」爲「舉兵應子勛」，並說明他改動的理由是「彼皆孝武子，非曰無名」，認爲子勛等人也屬王室子弟，本來也具有繼承的合理性。今日對宋明帝的反動，或許可以稱之爲師出有名，爲自己的地位而努力，因此不能單純從明帝視角對這件事作敘述。其餘類似的字詞改動，包括改「僭即僞位」爲「稱皇帝」〔註9〕、改

〔註7〕　〈注南北史凡例〉第七條，頁18。

〔註8〕　《南北史合注・卷三》第一冊：「江州刺史晉安王子勛舉兵，尋陽鎮軍長史袁顗赴之，鄧琬爲其謀主。壬午，謁太廟。甲申，郢州刺史安陸王子綏、會稽太守尋陽王子房、臨海王子頊並舉應子勛。」李清注：「本史於子勛書『反』，於子綏等書『同反』。彼皆孝武子，非曰無名。今正之，餘仿此。」《南史》原文除此處以外亦略有所不同，以下錄之：「江州刺史晉安王子勛舉兵反，鎮軍長史鄧琬爲其謀主，雍州刺史袁顗赴之。壬午，謁太廟。甲申，郢州刺史安陸王子綏、會稽太守尋陽王子房、臨海王子頊並舉兵同逆。」，頁62。

〔註9〕　《南北史合注・卷三》第一冊：「二年春正月乙未，晉安王子稱皇帝於尋陽，年號義嘉。壬辰，徐州刺史薛安都舉兵應子勛。」李清注：「本史於安都等皆書『舉兵反』，今正之，餘仿此。」，頁62。

「伏誅」爲「遇害」〔註 10〕。因此，他不使用「反」、「逆」等詞作形容，而
選擇使用較中性的、不帶批判意味的字詞進行描述。除此以外，有時候李清
也爲了表現自己的意見，因此對字詞做出類似的改動。對於宋宗室子弟伯興
以及天興二人之事〔註 11〕，他改「伏誅」爲「被害」，「同逆」、「同謀」皆改
爲「同事」，並作說解如下：

> 愚按：伯興忠于宋氏，故同袁粲之謀，何得言「伏誅」！天生忠于
> 孝武，故同殷琰之擧，亦不得言「同逆」。各爲其主，俱是忠臣。天
> 與有此子弟，可謂異行同道矣。今改「伏誅」曰「遇害」，又改「同
> 逆」曰「共事」。〔註12〕

與之前改動貶抑詞爲中性詞的方式不同，使用「遇害」一詞清楚表現出了李
清的立場，而在他的說解中也清楚表現出了這一點。或許這一點可以與李清
自身經歷改朝換代，遺臣、貳臣、所謂忠奸問題也屬於他的自身經驗有關，
因此在論述時，會給予忠於「前朝」者多一分同情與同理。對於「成王敗寇」
一事，他也曾經在解釋自己的改動行爲中提到「本史『異意志』作『反意』，
然顯忠於孝武，不得言反。史以成敗論人耳。今正之。〔註 13〕」、「本史『兵
起』作『爲逆』，以成敗論耳。今易之。〔註 14〕」，在這些言論中，可以再次
印證李清在論事觀點上並不以勝利者的立場爲單一視角，更在乎的是「被評
論人」本身的「忠奸」，是否從一而終及是否行得正。或者說，針對這個部份，
李清想要呈現的是在一件事的抉擇上個人的行爲並不應因爲時勢影響而受到
迥異的批判，而應該就「人」本身行爲下評斷。在這樣的前提下，李清描寫
此類事件時也會帶入自己的立場，進而影響用語的改動、事件的聚焦上，使
得文字的處理以及敘述有所變化。

〔註10〕　《南北史合注・卷四十五》第二冊：「吏於麝臍中得其事蹟，昭冑兄弟與同黨
　　　　　皆遇害。」李清注：「原文作『伏誅』，今改之。」，頁 254。

〔註11〕　《南北史合注・卷七十一》第三冊：「伯宗弟伯興官至南平昌太守、直閣，領
　　　　　細仗隊主。昇明元年，與袁粲同謀被害。天與弟天生，少爲隊將，……以兄
　　　　　死節，爲武所留心。大明末，爲弋陽太守。明帝泰始初，與殷琰同事被斬。」，
　　　　　頁 206。

〔註12〕　《南北使合注・卷七十一》第三冊：頁 206。

〔註13〕　《南北史合注・卷二十七》第二冊：「遣荊州典簽邵宰乘驛還江陵，道由襄陽。
　　　　　顯異志已定。」，《南史》原文作「反意已定」，頁 74～75。

〔註14〕　《南北史合注・卷三十》第二冊：「會晉安王子勛兵起。」，頁 109。

（三）刪減人物事蹟

李清對於《南史》內容的刪改，並不僅限於較爲明顯的稱謂、用語上，對於其餘的敘事方式、內容，也會或者根據不同史書的記載、個人的判斷以及對於史書體例的要求而加以更動。因此有時候會將《南史》原文改成較爲精簡的方式呈現、或者因爲傳記所收錄的人物不同，而將原《南史》於傳後所作之論也一併改掉。另外也出現將其他資料與原文混同、或者將原文改入注解的情形。

李延壽《南北史》，在歷來的評論中已有將個人傳記寫成家傳的批評存在，認爲李延壽僅爲寫一人之傳，上至父祖、旁至兄弟等都一併寫上，使得傳記變得非常龐雜，比起針對某一特色書寫的傳記而言，更像是個人的家譜。李清針對這一點，已於〈註南北史凡例〉中說明想要對「家傳」問題進行改動：「列傳內及其父足矣，其祖父以上，并子若孫，非名績昭著者，悉刪。以國史不同家乘也。」。實際執行上，也可歷見李清對傳記的刪除與改動，如《南史》卷五十六〔註15〕中有兩段資料：

> 縉字孝卿，少與兄纘齊名。……次子希字子顏，早知名，尚簡文第九女海鹽公主。承聖初，位侍中。纘弟縉。……次子交，字少游，尚簡文第十一女定陽公主。承聖二年，官至秘書丞，掌東宮管記。
>
> 〔註16〕
>
> 鄭紹叔字仲明，滎陽開封人也。累世居壽陽。祖琨，宋高平太守。
>
> 紹叔年二十餘，爲安豐令，有能名。〔註17〕

在《南北史合注》中，李清將張弘策二孫子顏、少游之事整段刪去，而在鄭紹叔的傳記中亦將「祖琨，宋高平太守」的敘述刪除。類似的例子還有許多。可見此類改動的確符合李清自述，沒有特別事蹟者，不選擇保留名號以及官職而直接刪除。在這樣的處理之下，張弘策傳中所及僅及其子，孫輩則不收於傳內，而所收錄的三子事蹟，也的確具有值得記載之處。可以說，李清這樣的處理確實能夠使「家傳」稍稍變得簡潔，不再雜蕪。

〔註15〕 即《南北史合注》卷五十七。

〔註16〕 〔唐〕李延壽著，楊家駱主編《新校本南史》全三冊（臺北：鼎文書局，民65年11月），第三冊，共三冊，卷五十六，頁1389。

〔註17〕 同上，頁1392。

（四）混同補文

　　《南北史合注》中，李清往往有將所見資料直接改入正文的行爲。除了部分有標記的辯誤、字詞改動以外，也有許多根本不加標注就將《南史》正文改掉的情形。若不參照其他書籍或《南史》本身，很容易就將這些改動誤以爲是《南史》原文，故將此類情形分爲「混同」一類。如以下兩條：

> 五月戊午，倭國王遣使獻方物，以王武爲安東大將軍。李清注：《宋書》載蕭道成殺輔國將軍、行湘州事任侯伯。〔註18〕

> 教黃門五六十人爲騎，又選營署無賴小人善走者爲逐馬鷹犬，左右五百人。李清注：《齊書》無鷹犬二字。〔註19〕

前條《南史》本文作「五月戊午，以倭國王武爲安東大將軍。」，未見朝貢之事，而這部份的記載應是取自於《宋書》「五月戊午，倭國王武遣使獻方物，以武爲安東大將軍。」的內容；然而在記述之時，李清僅僅標記蕭道成殺任之事，並沒有將這類的資料獨立出來，而是直接摻雜到正文裡；後條也是類似的情形。李清特別標注「《齊書》無鷹犬二字」，算是對不同書寫內容的標示。然另一處就比較含混，因爲《南史》原文，僅略述無賴小人「左右數百人」，並沒有給準確的數字。但是在《南北史合注》中，則直接用「五百」這樣相對精確的數字，此亦是由《齊書》內容補入，但是這部分卻未加標注。這樣類型的混入，尤其是基於李清已經特別敘述自己改動或保存的部分，更使人在閱讀上容易忽略其他被改動的部分。

　　除了以上兩條數字之差的混入情形，也有以句爲單位、較大的混入狀況。這類的混入情形，影響的是敘述的流暢度以及部分細節：

> 慶之曰：「魏人遠來，皆已疲倦，既遠必不見疑，若出其不意，必無不敗之理。」李清注：《梁書》曰：「諸軍疑，慶之請獨取之。於是與麾下五百騎奔擊，破其前軍，魏人震恐。」〔註20〕

> 子允恭最知名。美姿容，工爲詩。位太子舍人。梁滅入陳，爲尚書庫部郎。陳亡仕隋起居舍人。李清注：愚按：允破入唐，累官太子洗馬，著《後春秋》，惜不傳。明姚士粦補之，仍其名。〔註21〕

〔註18〕　《南北史合注・卷三》第一冊，頁73。
〔註19〕　《南北史合注・卷五》第一冊，頁115。
〔註20〕　《南北史合注・卷六十》第三冊，頁68。
〔註21〕　《南北史合注・卷六十三》第三冊，頁104。「允破入唐」一句應指允恭於隋後入唐，然李清僅用四字記說，較爲簡略，故附註於此。

原本陳慶之所語，於《南史》記載爲「魏人遠來，皆已疲倦，須挫其氣，必無不敗之理。」，而《梁書》則爲「魏人遠來，皆已疲倦，去我既遠，必不見疑，及其未集，須挫其氣，出其不意，必無不敗之理。且聞虜所據營，林木甚盛，必不夜出。諸君若疑惑，慶之請獨取之。」雖然李清並沒有將《梁書》對話完整收錄，但可以見得他將「須挫其氣」直接改置爲「既遠必不見疑，若出其不意」。相對於《南史》的簡略，更能夠完整呈現對話中想要表達的前因後果，也不致同於《梁書》般繁瑣。而對允恭之事的補入，除了是將《北史》內容混入《南史》以外，或也可以解釋爲結構上的改動。

這些混入的情形，固然能夠使得《南史》原文按照李清的想法補得更爲完善，但同時也讓人質疑，既然在改動之後往往又附加相關的注解，爲何不選擇直接寫明所有改動之處，而僅對部分內容加以標記？除允恭等人的補入以外，其餘諸事或可說是因爲改動的是句子與句子之間較小的部分，而不加以標注，但其實在改動之後，意思也往往與原本有差異。在這樣模糊不清的改動行爲與標注下，可能也會造成文句歸屬上的誤解。

（五）降改原文爲注

於《南北史合注》中，正文改入注解的條件有二，其一是〈凡例〉曾言的佛教、讖緯之說，其二雖未直言，但針對有傷於傳主本身形像、或者略顯荒謬的內容，亦會改動入注。

李清認爲「讖緯」、「佛門」兩事並不屬於正史之體，略顯荒誕，因此應改入注，並在注內標記「本史曰」作別。如下條即是言及佛門事，且重點在於推崇佛法靈驗的事件：

> 蕭斌將斬之，沈慶之固諫曰：「佛狸威震天下，控弦百萬，豈玄謨所能當。殺戰將以自弱，非良計也。」斌乃止。本史曰：初，玄謨始將見殺，夢人告曰：「誦觀世音千遍則免。」玄謨夢中曰：「何可竟也。」仍見授，既覺誦之，且得千遍。明日將刑，誦之不輟。忽傳唱停刑。〔註22〕

臨刑誦觀世音名則能夠免除刑責，在實際考量上是不可能的。除此之外，這個啓示又被放在「夢中」，就算是本人，也很難確定到底是眞是假，因此很明顯是爲了宗教傳播而加以附會，因此便被直接改入注中。

〔註22〕《南北史合注・卷十七》第一冊，頁358。

而另一個具代表性的例子，則是以祥瑞之兆爲天子繼位正統性的背書：

時訛言東城天子出。……，上舊居武進東城村，「東城」之言，其在此也。

太史曰：升明二年冬，延陵縣季子廟沸井之北，忽聞金石聲，疑其異，鑿深三尺，得沸井，奔湧若浪。其地又響，即復鑿之，復得一井，湧沸亦然。井中得一木簡，長一尺，廣二分，上有隱起字，曰：「盧山道人張陵再拜，詣闕起居。」簡木堅白，字色乃黃。瑞應圖云「浪井不鑿自成，王者清靜，則仙人主之」〔註23〕……千奉璽詣雍州刺史蕭赤斧，赤斧以獻。

以上種種祥徵，皆係遷合。且云掃平河洛、遷魏都。高帝能否，則其他無稽可知矣。《南齊書》云帝姓名體骨，又期運曆數、遠應圖議者數十百條。群下撰錄以聞，皆抑不宣。《南史》所記贅已。本宜削去，聊存之而改爲註。

《南史》記錄了類似「祖墳冒青煙」般的各種徵祥之兆，顯示天子將出。內容包括顏色、諧音等讖緯之說，並引用了各種書籍的內容，替齊高帝的正統鋪路。李清亦將之改入注中，評之爲「以上種種祥徵，皆係遷合」、「無稽」，

〔註23〕 中間段落相當長，故附入注腳之中備查。《南北史合注・卷四》第一冊：會稽剡縣有山，名刻石。父老相傳云，「山雖名刻石，而不知文字所在」。升明末，縣人兒襲祖行獵，忽見石上有文字，凡處，苔生其上，字不可識，乃去苔視之，其大石文曰：「此齊者，黃石公之化氣也。」立石文曰：「黃天星，姓蕭，字道成，得賢帥，天下太平。」小石文曰：「刻石者誰？會稽南山李斯刻秦望之封也。」孝經鉤命決曰：「誰者起，視名將。」將，帝小字也。河洛讖曰：「歷年七十水滅緒，風雲俱起龍鱗舉。」又曰：「蕭蕭草成，道德盡備。」案宋水德也。義熙元年，宋武帝王業之始，至齊受命，七十年。又讖曰：「蕭爲二士天下樂。」案二士「主」字也。郭文舉金雄記曰：「當復有作，肅入草。」易曰：「聖人作，萬物睹。」「當復有作」，言聖人作也。王子年歌曰：「欲知其姓草蕭蕭，谷中最細低頭熟，鱗身甲體永興福。」谷中精細者，稻也，即道也，熟猶成也。又歌曰：「金刀利刃齊刈之。」金刀「劉」字，刈猶剪也。孔子河洛讖曰：「堨河梁，塞龍泉，消除水災淺山川。」水即宋也，宋氏爲災害，故曰水災。梁亦水也，堨河梁，則行路成矣。路，猶道也。消除水災，除宋水氏之災害也。河圖讖又曰：「上參南斗第一星，下立草屋爲紫庭，神龍之岡梧桐生，鳳鳥戢翼朔旦鳴。」南斗，吳分野，草屋者居上，「蕭」字象也。先是，益州有山，古老相傳曰齊後山。升明三年四月二十三日，有沙門玄暢者，於此山立精舍，其上登尊位。其月二十四日，滎陽郡人尹千，於嵩山東南隅見天雨石，墜地石開，有玉璽在其中。璽方三寸，文曰：「戊丁之人與道俱，蕭然入草應天符，掃平河、洛清魏都。」又曰：「皇帝運興。」，頁90～91。

可以見得他對於這類記載明確的負面觀感。然而末尾的批評，卻又有「《南史》所記贅」的意見，顯示他將此段內容改動入注，又非完全基於對於神異事件的批判，而有因「冗贅」而改動的成分。雖然李清自言要將神異事件以「不合史體」的理由改動入注，然事實上應該還有超出這個部分的判斷標準，並非單純依史體分判。

另一方面的改動入注，雖然不像佛教、讖緯例般明確，然仍可舉出一二。較有趣的例子，如第三十一卷中，《南史》曾提及何尚之與顏延之因為彼此長相而互相戲稱為猴：

> 尚之愛尚文義，老而不休。與太常顏延之少相好狎。」李清注：「本
> 史曰：『尚之與顏延之並短小，尚之常謂延之為猿，延之目尚之為猴。
> 同游太子西池，延之問路人云：「吾二人誰似猴？」路人指尚之為似。
> 延之喜笑，路人曰：「彼似猴耳，君乃真猴。」〔註24〕

對於此事，李清在正文中僅留兩人「相好狎」的略述，將實際發生的趣事修掉，並以「不雅」作理由，將此段內容改入注中。此處的改動，或許是因為他對兩人有所推崇，而不願使此兩人的形象在正史之中顯得過於鄙陋。

然而，部分改動入注的情形，卻不禁令人質疑是蓄意或因疏漏而成。如第二十三卷末所附，對王曇首的論述，《南史》原文較長，評及王曇首、王僧綽與王仲寶三人〔註25〕。《合注》中由於將仲寶改置他傳，因此將關於他的評論刪除，這是無可厚非，也是《合注》改易各傳人物時常見的手法。然而此處評論僅存寥寥數語「論曰：王曇首之才器，王僧綽之忠直，世祿不替，豈徒然哉！其餘文雅儒素，各稟家風，箕裘不墜，亦云美矣。〔註26〕」，且又將之放在注中，不免令人徒生疑惑。

將正文改動入注的情形，就《合注》實際的表現而言，大致符合其於〈凡例〉中所言，並能夠展現出李清對史書的想法。僅有一小部分原因不明的改動，由於他自己也未在「改動」後加以說明理由，因此究竟是改動的失誤或後人傳抄的錯誤，就難以得知。

〔註24〕 《南北史合注・卷三十一》第二冊，頁115。

〔註25〕 《南史・卷二十二》：「論曰：王曇首之才器，王僧綽之忠直，其世祿不替也，
豈徒然哉。仲寶雅道自居，早懷伊、呂之志，竟而逢時遇主，自致宰輔之隆，
所謂衣冠禮樂盡在是矣。齊有人焉，於斯為盛。其餘文雅儒素，各稟家風，
箕裘不墜，亦云美矣。」。

〔註26〕 《南北史合注・卷二十三》第二冊，頁26。

（六）其餘文句改動

其餘部分的改動，雖然難以分類，卻足以從中看出李清對於事件的理解以及意向。如第一卷中言及零陵王之死，謂「九月己丑，零陵王殂，宋志也。」〔註27〕，李清直接改成「九月己丑，弒零陵王」，比起原本《南史》的敘述方式更爲直接一些，直陳出劉裕對前朝君王加害之事，毫不含蓄。又如第七卷，曾記西域諸國前來朝貢之事〔註28〕，李清或許是爲了之後加注方便，改動了敘事順序。原本《南史》作「冬十一月，百濟、新羅國各遣使朝貢。十二月戊辰，以鎮東大將軍百濟王餘隆爲寧東大將軍。」，《南北史合注》的版本則爲「冬十二月戊辰，以鎮東大將軍百濟王餘隆爲寧東大將軍。是歲，百濟、新羅各國遣使朝貢。」。兩者就內容而言沒有太大的差異，但是經過這樣的改動後，在此段之末加注《紀政綱目》所記「西域僧達摩自南天竺汎海至廣州，後止嵩山，傳惠可禪。中國禪學自此始。」似乎顯得更爲脈絡順暢一些。

對於《南史》正文，李清的改動算是相當多的。舉凡遣詞用句、敘述方式，往往都基於特定目的作更改。除此之外，對於原書所述，也並不抱持的完全相信的態度，而會根據其他資料、並參照當時情況作模擬推斷，進而書寫、改正出他心目中合理的歷史。

二、改動補注資料

李清對所補入的資料，也往往加以處理、刪減或改動。根據他改動的狀況，可以分作純粹的刪減以及在改動資料中將補入資料個人化的情形，以下各略舉數例爲證。

針對所補入資料，李清有兩種類型的刪減。其一與前面對正文冗贅之語、官位描述時的狀況相同，會選其重要的留下，其餘則略而不提，如第六卷對各類追封的記載〔註29〕，補入《梁書》資料：

> 《梁書》曰：追尊皇考爲文皇帝，廟曰太祖；皇妣爲獻皇后。追謚妃郗氏爲宣德皇后。追封兄太傅懿爲長沙王，謚宣武；弟敷永陽王、融桂陽王俱賜謚。〔註30〕

〔註27〕　《南北史合注‧卷一》第一冊，頁26。
〔註28〕　《南北史合注‧卷七》第一冊，頁149。
〔註29〕　《南北史合注‧卷六》第一冊：「以齊宣德皇后爲齊文帝妃，齊帝後王氏爲巴陵王妃……劫賊餘口沒在臺府者，悉皆躅放。諸流徙之家，並聽還本。」，頁138。
〔註30〕　《南北史合注‧卷六》第一冊，頁138。

《梁書》原文中，「謚兄長太傅」後所接文字為「齊後軍諮議敷為永陽郡王，謚曰昭；弟齊太常暢為衡陽郡王，謚曰宣；齊給事黃門侍郎融為桂陽郡王，謚曰簡。」，可見得衡陽王的段落直接被刪除，而蕭敷、蕭融二人原先的官職以及被加封為王的過程也被刪除及化簡，而著重在謚號上。但為何獨獨削去衡陽王段落，或者是由於缺漏，然對照第五十二卷言及文帝諸子的段落中，三者中衡陽王事跡最少，亦可能是因為如此而削去不論，但由於未加註解，也不得而知。

由於補入資料的地位及重要性是在「增補」上，必有一補充的目標或對象，是故在收入的同時也會將部分的對話、書信內容刪減，以使整體敘述通順。如第八十五卷中敘述文帝處理巫蠱事件的情形〔註31〕，就將許多對話、書信內容刪除，同時也將部分轉折削去：

> 《南北史合注》中所引《宋書》：上使左右硃法瑜密責讓浚，辭甚哀切，又賜書讓之。浚惶懼，不知所答。浚還京，本暫去，上怒，不聽歸。每夕輒開便門微行。上聞，殺其婢人楊承先。

> 《宋書》原文：使左右硃法瑜密責讓浚，辭甚哀切，並賜書曰：「鸚鵡事想汝已聞，汝亦何至迷惑乃爾。且沈懷遠何人，其詎能為汝隱此耶？故使法瑜口宣，投筆惋慨。」浚慚懼，不知所答。浚還京，本暫去，上怒，不聽歸。其年十二月，中書侍郎蔡興宗問建平王宏曰：「歲無復幾，征北何當至？」宏歎息良久曰：「年內何必還。」在京以沈懷遠為長流參軍，每夕輒開便門為微行。上聞，殺其婢人楊承先。

比較兩者，明顯《宋書》原文枝節較多，在《南北史合注》所收錄的版本裡，文帝的書信被簡單的「賜書讓之」一句帶過，而蔡興宗與王宏對話的橋段、以及沈懷遠作為參軍的描述則完全被刪除。後兩者與此段想要補入的事情，大約是毫無干係，因此直接削去便顯得簡潔許多；而前者的書信內容，用「讓之」作為總括也算是相當能夠概括的。在這裡的改動，明顯將劉浚在此事上與文帝互動的情形聚焦起來，並且能夠清晰的一眼看懂。李清的剪裁功力及擷取重點的能力，可以說是相當好的。

〔註31〕《南北史合注‧卷八十五》第四冊：「至京口數日而巫蠱事發，時二十九年七月也。上惋歎彌日，謂潘淑妃曰：『太子圖富貴，更是一理，虎頭復如此，非復思慮所及。汝母子豈可一日無我邪？』」，頁22。

　　不過除了以上使得整份補注能夠較爲通順精簡的改動之外，也有若干削減上較不那麼完美的例子。如第六十八卷中，補入姚察著作時文句上的改動〔註32〕：李清將《陳書》「今在內殿。梁、陳二史本多是察之所撰」簡化爲「今內殿一本，多察所撰」，反而使得原本清楚的文意變得略爲含混；而第八卷敘述梁元帝盲一眼緣由〔註33〕，引用《太平廣記》時，也因爲改動原文而使得文意有較大的變動：

　　　　《南北史合注》所引《太平廣記》：阮脩容有一珠。元帝幼吞之，疑左右所盜，炙魚目厭之。信宿珠便出，帝一目眇。

　　　　《太平廣記》原文：梁元帝諱繹，母阮脩容，曾失一珠。元帝時絕幼，吞之，謂是左右所盜，乃炙魚眼以厭之。信宿之間，珠便出，帝尋一目致眇，蓋魚之報也。

兩者相較，可以發現《南北史合注》所引者，雖然仍然保留太平廣記所言魚目與元帝瞎眼有關的說法，但是將「謂是左右所盜」和「蓋魚之報」兩者分別改成「疑是左右所盜」及直接刪除，就將因果報應的色彩消除了許多。在這樣的改動之下，既可以留存史料，也不至於將怪力亂神當作史實記述，能於輕重上清楚分別。但是，這樣的改動同時也使《太平廣記》的原意因此改變。而李清在這種類型的改易之上往往又不加以注解，單憑己意加以變更，仍是會造成在閱讀時的誤以爲這就是《太平廣記》原文。既有所補入，貌似欲依從此書意思加強原文的概念，卻又加以刪減，反而變成一種兩造俱不完全的情形。

　　此外，也有一些因爲補入本身就已經是意義不明或可有可無的狀況，致使有無刪改，都沒有太大的意義。例如第二卷中，宋世祖於孝建元年冬天下詔建仲尼廟，《南史》原文謂「冬十月戊寅，詔開建仲尼廟，制同諸侯之禮，詳擇爽塏，厚給祭秩〔註34〕」，其實就已經可以將詔書的內容大致蓋括了，但是李清又補入《宋書》所收詔書〔註35〕，再加以刪改〔註36〕。然畢竟原本就

〔註32〕　《南北史合注・卷六十八》第三冊：「所著《漢書訓纂》三十卷，《説林》十卷，《西聘》、《玉璽》、《建康三鍾》等記各一卷，文集二十卷。所撰梁、陳史，雖未畢功，隋開皇中，文帝遣中書舍人虞世基索本且進。」。李清注：「《陳書》曰：『今內殿一本，多察所撰，其中序論及紀傳尚有所闕。』」，頁172。

〔註33〕　《南北史合注・卷八》第一冊：「初生患眼，醫療必增，武帝自下意療之，遂盲一目。乃憶先夢，彌加愍愛。」，頁181。

〔註34〕　《南北史合注・卷二》第一冊，頁49。

〔註35〕　〔梁〕沈約著，楊家駱主編《新校本宋書》（臺北市：鼎文書局，民64），第

並非必要收錄的內容，而這樣的增刪也不能起加強事件概念的作用，故此時的刪改重要性也就降低許多。

偶有一些刪改，是屬於較難以歸類的類型。如第二卷中引《宋書・五行志》「荊州武寧縣人楊始歡妻，于腹中生女兒。」，改為「于腹中生兒」〔註37〕。雖然「生兒」或許也能夠概括「生女兒」的內容，但是既然已經有明確的資料，就讓人不太能明白李清改動的原因；而第三十八卷言及元兇弒逆之事〔註38〕，《宋書》原文謂「東宮同惡不過三十人」，而李清改為「三千人」，然並未見得任何可以佐證為三千人，而非三十人的資料，或者可以視為李清在補入時的失誤。至於第八十四卷中言文德奔漢中事〔註39〕，從《宋書》補入當時局勢。《宋書》原文謂封元和為征虜將軍是在孝建二年〔註40〕，李清則改為孝建六年，事實上有些令人匪夷所思。因為孝建並沒有第六年，《南史》中也僅記到三年，便述其改年號為大明。但是由於對於補入資料的改動，李清並不常註記改動原因，因此到底這類改動為李清的疏漏之處，或者又另有深意，就難以詳究。

就李清對於資料的改動，可見得他對於資料的補入著意使之聚焦在特定事件上，多數情形下，這類刪減的確可以使他想要呈現的事件特徵更清晰的表達出來，然也有部分導致語意模糊的改動。這類的改動，基本上與對《南

一冊，共三冊。第六卷原文作：「仲尼體天降德，維周興漢，經緯三極，冠冕百王。爰自前代，咸加褒述。典司失人，用闕宗祀。先朝遠存遺範，有詔繕立，世故妨道，事未克就。國難頻深，忠勇奮厲，實憑聖義，大教所敦。永惟兼懷，無忘待旦。可開建廟制，同諸侯之禮。詳擇爽塏，厚給祭秩。」，頁115～116。

〔註36〕《南北史合注・卷二》第一冊：李清注：「《宋書》載詔曰：『仲尼經緯三極，冠冕百王。典司失人，用闕宗祀。先朝有詔繕立事未免就。國難頻深，忠勇奮勵，實憑聖義，大教所敦。永惟兼懷，無忘待旦。可弘建廟制，同諸侯禮。詳擇爽塏，厚給祭秩。』」，頁49。

〔註37〕《南北史合注・卷二》第一冊：「夏閏五月壬寅，以太宰江夏王義恭領太尉。」李清注：「《宋書・五行志》曰：『大明末，荊州武寧縣人楊始歡妻，于腹中生兒。今猶存。』」，頁55。

〔註38〕《南北史合注・卷三十八》第二冊：「陳元凶弒逆，孝武遣慶之引諸軍。慶之謂腹心曰：『蕭斌婦人不足數，其餘將帥並易與耳。』」李清注：「《宋書》又曰：『東宮同惡不過三千人，此外屈逼，必不為用力。』」，頁167。

〔註39〕《南北史合注・卷八十四》第四冊：「魏又攻之，文德奔漢中。」，頁8。

〔註40〕《宋書・卷九十八》第三冊：「孝建二年，以保宗子元和為征虜將軍，以頤為輔國將軍。」，頁2410。

史》原文的改動是類似的，同樣都能夠顯示他敘述事件時的意向，並致力使之表達完善。

三、顯示書寫傾向

　　前章已經論述李清於補入與刪略中顯現自己的對於「是否刪改」有其價值判準，然因爲所刪改的部分繁多，隻字片語的改動往往並不引人注意，且似乎往往沒有特定意涵。今只以其更改幅度較大的部分進行討論，並討論這些價值準則是否能夠呈現李清在《合注》中的書寫、改動目標。

　　前面兩節曾討論李清針對雜蕪的記載多所刪削。然而，他所刪略的內容卻又不僅止於此，時常有針對他自己認爲「不合適」的內容逕行刪除。這類型的刪略，往往會在其後加註解釋，但也因此使他個人介入歷史，與客觀中立的史家姿態大相逕庭。如第六卷中言及梁武帝加封諸王事，《南史》於其後有「壬寅，詔以憲綱日弛，漸以爲俗，令端右以風聞奏事，依元熙舊制。有司奏，追尊皇考爲文皇帝，廟號太祖，皇妣張氏爲獻皇后，陵曰建陵，郗氏爲德皇后，陵曰脩陵。〔註41〕」的記載，記錄武帝加封先人、爲陵墓定名等行爲是在負責官吏上奏之後。然「有司奏」以下的記載，在《南北史合注》中直接被刪除，李清並在此處謂「按本史於此下方載追尊皇考皇妣等，恐不宜在諸王後。合改從《梁書》。〔註42〕」。在第五十二卷記述梁宗室諸事〔註43〕時，針對同一事則注明「《梁書》所載不然。武帝知禮，詎肯爲此！已改正本紀。」。兩卷相較，可知李清在改動之餘，也能夠在講述同一件事的不同傳記中注意互見之相合。與此同時，亦在一定程度尚保留原文，因此即使已經認定武帝不可能先尊後卑，加封諸王後才追尊先人，並且在第六卷本紀之中直接刪除此段，在宗室傳記中，依舊保留原本的說法，僅在「識者譏之」之後爲武帝作澄清。一方面顯示了他自己的判斷，一方面也不武斷的將史料完全刪除而作部分保留，使後人有得以考索之處。這類的改動，實際上已經並不只是中立的寫作，而顯示出自己的偏向與立場。

〔註41〕　《南史・卷六》第一冊，頁186。
〔註42〕　《南北史合注・卷六》第一冊，頁139。
〔註43〕　《南北史合注・卷五十二》第三冊：「戊辰，乃始贈第二兄敷、第四弟暢、第五弟融。至五月，有司方奏追皇考皇妣尊號，遷神主於太廟。帝不親奉，命臨川王宏侍從。七月，帝臨軒，遣兼太尉、散騎常侍王份奉策上太祖文皇帝、獻皇后及德皇后尊號。既先卑後尊，又臨軒命策，識者頗致譏議焉。」，頁359。

以中立的態度為寫作目標，卻有意無意將個人想法置入史書中的行為，亦不止於此。舉例而言，李清對於非屬《南史》範圍之事，多有所刪除。然而以此作為範疇貌似清晰，但在實際改動上卻又不完全如此，顯然還有些其他考量，並不只就於敘述的必要或朝代相符上。

符合所謂「南朝」為收錄斷限標準的例子，如前述第十九卷晉武生母配食之事〔註44〕，即因為「已列《晉書》，與《南史》無涉。」被刪除。但是第六十四卷記文宣諸子事〔註45〕、第七十一卷張偉受宋武命毒殺人，義不為而自殺〔註46〕等兩條內容，則予以保留。李清並評論道：

> 文宣後主諸子多有以無所表見應刪者，然予不刪也。一明宣帝猶能
> 矯宋明、齊明之失，則猶子生；一明隋文能矯周武之失，則亡國之
> 後又復生矣。明原故不刪。〔註47〕

> 偉宜入《晉書》，姑附此以著宋惡。〔註48〕

按照其前述，對於枝枝葉葉的無關內容應予刪除，以免冗贅；對於「與《南史》無涉」之事，也會加以刪改。但是這兩處卻都被留下來，甚而還加注上被留下的原因：一為對不殺前代君王子嗣之繼位者的褒獎，一則是為了強調宋武的惡行。從此二例來看，可知李清的寫作的目的性應該是超越於一切原則之上；亦即一切史書的記錄，應該具有表現某件事、凸顯某個焦點的目的，而並非流水帳地將一切事實記錄下來而已。

如此的改動，雖然具有一表定的標準，但實際操作時，顯見李清仍會將自己的價值觀凌駕於中立、客觀等要求之上，並致力於將自己想要彰顯的問題、特質加以剪裁、聚焦，使讀者能夠更容易進入他的世界。如此的書寫傾向，或者可以說具有一種矛盾的特質。固然李清能夠堅持史書基本的公正要求，但不免又在追求客觀中引入個人的思維。因此，即使他對君主稱謂、敘述用語等都著意改動，盡可能免除各國依政治要求而有所隱諱、推高的寫法。

〔註44〕《南北史合注·卷十九》第一冊，李清謂：「中有議晉武生母配食一段，已列《晉書》，與《南史》無涉。今刪之。」，頁388。

〔註45〕《南北史合注·卷六十四》第三冊：「錢塘王恬字承愷，後主第十一子也。禎明二年封。入隋，卒于長安。」，頁118。

〔註46〕《南北史合注·卷七十一》第三冊：「還京都，宋武帝封藥酒一罌付禪，使密加酖害，偉受命笑曰：「酖君求生，不如死。」乃自飲而卒。」《南史》原文僅作「受命於道自飲而卒」，偉受命而笑之語取自《晉書》。頁205。

〔註47〕《南北史合注·卷六十四》第三冊，頁118。

〔註48〕《南北史合注·卷七十一》第三冊，頁205。

但是諸多例證之中，卻也可見他的改動事實上就是個人意見的表述。，

　　從李清針對南史本文、補注資料的改動中，可見得除了重視其適切性以外，他對於資料的剪裁或重述，有很大的可能性是希望在補入資料之時，不會造成另一次的閱讀困難，並能夠清晰、全面的聚焦在他所揀擇的重點上。不過同樣的，在揀擇、剪裁的過程中，並不是每一個例子都能夠完美的達到這樣的目的，甚至偶有剪裁後比起原本更為模糊、疏略的狀況，或者是在進行補入、刪改作業的時候出現失誤。不過，在他大量的補入之中，這些失誤仍屬瑕不掩瑜，大致上多數的改動也確實似能夠達到幫助讀者理解、聚焦在事件上的功能，這應該也就是李清在寫就《南北史合注》時的紀錄與書寫偏向。

第五章　彰顯意見的結構調整與考證辨析

　　對於《南北史》，李清做了許多增補、刪改，並且在當中表達了自己的意見。這類將個人意見加入史書、影響史料編排與擷取的特徵，已在第三、第四章作敘述。主觀意識的加入，影響層面並不僅止於文句的改動，同時也影響了李清對二史結構上的調整。又由於他期許自己面對歷史時秉持較客觀的態度，因此往往也能夠參照許多其他的材料，對二史行考證、辨析。依循此脈絡，本章將分三部分，首先討論《合注》於《南史》的結構調整，其次列舉、討論李清在具有主觀價值與意識下，藉由評論、補入特定資料表達自己的意見；最後，討論李清藉由各類補入與論述，對讀者閱讀經驗的介入。

一、結構調整

　　從《南史》原本的八十卷，到了《南北史合注》中南史部分的八十六卷，雖然更動的理由並不能一一分判，但從李清的〈註南北史凡例〉中，仍能略窺一二。李清對《南史》結構的改動，可分為三個部分。首先是增加《南史》原本沒有的傳記，並對此多所說明；其次是刪除〈儒林〉一傳，然李清並未對此多加解釋，諸人物也多散入各傳，並無一定脈絡可循，故此處亦不多做討論；最後則是將人物自雜傳與類傳之間行平移，雖然此部分的調整對於《南史》整體結構並未造成太大影響，然仍屬於一種可以呈現李清史意的調動。

　　李清對於類傳的改動、增刪似趨近於李延壽《北史》中所列類別，從表二的南北史比較與合注本比較，可以發現《合注》中的北史當中有最多的類傳別，而南史部分相較之下則略少，但比起原二史，似仍增加了許多類傳，

且這些類別似乎有朝《北史》分類趨近的傾向。雖則如此,但仍可見李清許多自己的意見,且從類傳仍存在的各種歧異,可知他的結構改動並沒有唯一、固定的準則。如多數史書中存在的〈儒林〉一傳,其中諸人物也盡皆被李清歸入它傳。如此削減原先類傳的行為,顯現出李清對於結構應有許多個人想法,並企圖藉由結構的更動彰顯其意念。

《南史》	《北史》	《合注》南史	《合注》北史
	外戚		外戚
儒林	儒林		儒林
文學	文苑	文學	文苑
孝義	孝行	孝行	孝行
	節義	節義	節義
循吏	循吏	循吏	循吏
	酷吏		酷吏
隱逸	隱逸	隱逸	隱逸
	藝術	藝術	藝術
	列女	烈女	烈后主妃(含烈女)
恩幸	恩幸	恩倖	恩倖
賊臣		賊臣	逆后賊臣
		姦惡	奸惡
			宦官
			僭偽

表格 3　《南北史》與《南北史合注》類傳對照表

(一)增傳

李清增傳的情形有四:增後梁一傳於本紀、〈節義〉與〈孝行〉二傳的分立,以及新增〈烈女〉、〈姦惡〉兩傳、增加〈藝術〉一傳。其中〈藝術〉一傳的增加並未在《合注》或〈凡例〉中述及理由,因此以下就另外三者分段略述。

後梁一傳改動問題,《合注》〔註 1〕中早已提及。李清認為,雖然後梁的

〔註 1〕　〈註南北史凡例〉第 10 條:「後梁本梁武嫡派,且宣帝戕元帝,為父兄復仇,未可以戕叔重罪也。故後人有陳不當繼梁、隋不當繼陳之說。附梁,不宜附魏周目錄內。今正之。」,頁 19。

存續仰賴於魏周之力，但是究其君主仍承梁統，因此不應記述在魏周傳末，而應視作南朝梁的存續。是故李清在《南北史合注》中，就將後梁置於梁本紀，使梁本紀從原本的二卷增為三卷。這樣的改動，似乎呈現了李清對於血緣、正統有一定程度的執著，因此不認為勢力的附庸足作為後梁附傳於北史傳默的理由。

第二種增傳的情形，則源於他對忠孝節義者的另外分傳。不同於《南史》將孝義之人歸至於同一傳記中，李清《南北史合注》的南史部分將之一分為二，同原先《北史》般分作〈孝行〉、〈節義〉二傳〔註2〕。在〈註南北史凡例〉中已提及「忠義美名也，或正諫死，或殉國死，或不必盡死。散見各傳者，俱彙入是類，以示崇重。」然在如此重視之下，卻可見得原先《南史》所作〈孝義〉原分上下兩傳，在李清的分類中，則將原〈孝義〉人物的絕大多數轉入〈孝行〉一傳，而〈節義〉人物則多從雜傳擷取。顯然，李清對於孝、義等觀念，與唐代李延壽有所不同。

除此，李清還擴寫〈恩倖〉、〈賊臣〉兩傳、同時新增〈姦惡〉、〈烈女〉兩傳。這些傳記中人物，往往是從雜傳之中揀擇而出，並且加意描寫其事蹟。光從他增加的傳記名稱，就可以發現李清對於忠奸之辨看得非常重，而他在〈凡例〉中所言另一件事，也可作為佐證「弒君大惡，宜明正厥辜。如晉恭帝本為宋武所弒，《南史》猶書『零陵王殂』，諱之也。若為馮、胡二后弒其君者，俱宜編為逆后，與賊臣同書。此予創例也，餘仿此。」雖然此處所舉胡、馮兩太后之例事屬北朝，《南北史合注》的南史部分也沒有特地如對《北史》的改動般將逆后入傳或附於〈賊臣〉之後，但是李清對於忠奸對辨，並且特意將這類事件擴大說明的意思卻是非常清楚的了。

綜觀《南北史合注》南史部分的八十六卷，增傳者計有：〈梁本紀〉從二卷增為三卷，所增為後梁一卷、〈恩倖〉、〈賊臣〉、〈文學〉各增一卷、新增〈姦惡〉、〈烈女〉、〈藝術〉，而〈孝義〉兩卷則一分為二，改為〈孝行〉兩卷與〈節義〉一卷，共計所增四傳八卷。其中，〈恩倖〉、〈賊臣〉、〈姦惡〉、〈烈女〉、〈孝行〉、〈節義〉等傳的增加如前所述，表現出李清對忠孝節義人物的判準與重視，而〈文學〉與〈藝術〉則表現了他對於文學資料、藝術表現的重視。在

〔註2〕　《南史》中的〈孝義〉傳分上下，因此雖是一傳的名義，卻佔了兩卷；而《南北史合注》南史部分將之分為〈孝行〉及〈節義〉兩傳，而〈孝行〉亦佔兩卷，因此雖是二傳，實有三卷。未免誤會而加註記。

這些類傳的增補中，顯然絕大部分都是爲了彰顯善惡的分判。他所稱的善、惡，似乎有著嚴格的標準，且又與《南史》原先的評價方式有所不同。

（二）改動人物配置

對於類傳的改動，用意較爲明顯可見，且多在〈凡例〉中已經提及。但針對個人改動，李清則較傾向隨文論述，說明個人改置雜傳、類傳等原因，但肇因於改動甚多，此處僅舉出幾個較特殊的人物改動爲例，並加上李清自己的注解作討論，以了解他改動配置的原因與目標。

在對第五十四卷〈梁武帝諸子〉中蕭綜的歸屬改動，是一個較爲特別的例子。按《南史》原本的劃分，認定蕭綜爲武帝子，是故寫武帝有八個兒子。但是在李清的改動中，卻直寫成「武帝七男」。其緣由即在於蕭綜只是梁武帝「名義上」的兒子，事實上卻是由蕭寶卷妃子吳景暉改嫁梁武帝時帶來的遺腹子。既然是由武帝養大、給予名分、封號，且當蕭綜離開梁朝，武帝亦有挽回的舉動，無庸置疑地，武帝的確承認蕭綜爲自己的孩子。那麼，李清爲何又要反將之歸於東昏子嗣？是因爲實際上血脈不同？又或者是因爲蕭綜得知自己真正的身世後，選擇離開梁的緣故？李清最後將之改置〈東昏諸子〉的傳記的理由，可從李清在蕭綜傳末做出的解釋了解：

> 愚近考《嵩志》，載綜與主合葬墓無恙，所盜誰柩？無乃梁人假之耶？梁武又不知以何人之子爲子矣。或曰：「綜爲東昏侯寶卷子，疑耳。子何實其疑？乃改梁武子爲東昏兒？」予曰：「否否。綜亦既仇梁武而父東昏，定於一矣。則從其所仇與所父可也。」〔註3〕

他從查閱地理志的結果中，懷疑蕭綜傳末所謂「後梁人盜其柩來奔，武帝猶以子禮祔葬陵次。」的說法，認爲既然墳墓尚且完整，能夠排除被盜的可能性，那麼究竟是梁武帝認錯兒子，又或此事實是子虛烏有，僅是梁朝爲了博得美名而捏造出來就難以肯定。其次，他針對傳前「得幸武帝，七月而生綜，宮中多疑之〔註4〕」的記載，對當世對於蕭綜到底算誰的孩子的討論做出了回應。就李清的觀點來看，懷疑蕭綜的實際身世並沒有太大意義，重要的是蕭綜本人認定蕭寶卷才是父親而仇恨梁武帝，那麼就應該視其爲蕭寶卷之子。可見，在此處李清所尊重的並非一般的血緣甚或政治立場，而是「本人的選

〔註3〕 《南北史合注·卷四十五》第二冊，頁266。原文作「綜爲東昏侯寶子卷」，疑錯位，故改作「綜爲東昏侯寶卷子」。

〔註4〕 《南北史合注·卷四十五》第二冊，頁263。

擇」，而這也是李清在寫作個人傳記時，經常會注意到的要點。

從李清對蕭綜歸屬的態度，可知他對於事情，並不只單單以歷史上的一般認定爲憑依，而會根據自己的一些想法或判準另外進行分類。他的判斷準則，縱然目前尚看不分明，但可以確定的是李清在改動時，相當重視相關證據及理由，而這些努力足以幫助他解釋改動，也同時具有補史、考察的價值。

前一節對類傳調整形態的討論中，已知李清對於忠奸人物的判別與《南史》判準有所差異，而此差異同樣也表達在改動個人配傳的情形中。如《南史》原置熊曇朗於〈賊臣〉，但是在李清的版本裡，則將熊曇朗歸於雜傳，並敘述改動原因謂：「《南史》初從《陳書》置曇朗〈賊臣傳〉，然琳固梁忠臣也，應琳者豈得爲賊！今改附〈梁諸臣傳〉後。〔註5〕」「熊曇朗多詐，然末應王琳，知所歸矣。吾節取焉。〔註6〕」。從這兩條理由的敘述中，可以知道他並不認同《南史》直接承襲《陳書》，只因熊曇朗對抗南朝臣，就視之爲賊臣。話雖如此，畢竟熊曇朗的生平事蹟中，太多一下反梁一下助梁的牆頭草行爲，按理也就是個奸狡之輩，放入賊臣一傳其實也沒有什麼意外的。但是李清所重視的，卻不僅是熊曇朗猶疑兩端的行爲，而肯定他最終爲梁而戰的行爲：幫助王琳、擾亂南朝陳，甚至因爲這樣的舉動遭戮。李清對於末節的重視，似乎已經超越了前面的諸多作爲，因此他還是給予熊曇朗一些肯定，將他從賊臣的汙名中解放，擺回雜傳之中。

從這樣的選擇以及改動中，可以看出李清並不會以單一事件、或者依靠單一評論就對人做出完全的評斷，而會參酌其他的因素給予評價。雖然這樣的評價並不一定是絕對適當的，但是或許也顯示出李清對於改朝換代之際隨波逐流或者動亂中臣子的一份同情。

其餘雜傳中的人物配置，則多所改動。除刪去無特殊事蹟的人物以外，更因增加類傳，使得不少雜傳傳主改入其它傳中，致使原傳無可記述而減除。如原《南史》中將王僧孺、江淹、任昉三人置於同一雜傳中，但《南北史合注》中將江淹、任昉改到〈文學〉傳中，因此原先的傳中只剩下王僧孺一人，李清便將他與合併韋叡、裴邃合爲一傳，使各傳不致有篇幅過小的狀況產生。當然，這類改動傳記的情形同時也導致了傳後的論述也必須被離析、改易。幸而雜傳後的論述多爲分人而論，除了段落的差異，大多不致造成嚴重的影

〔註5〕　《南北史合注·卷六十三》第三冊，頁102。
〔註6〕　《南北史合注·卷六十三》第三冊，頁103。

響。又如前述熊曇朗從〈賊臣〉改至雜傳之事，則由於熊曇朗在原先傳中的論也只是與其他人並行，一語帶過，因此並不致有所影響。反倒是新改入之傳，其後的評論「忠義之道，安有常哉！」巧妙的符合了李清的想法以及改動原因。如此的切合，也可見李清的改動並不是隨意擺入一傳，而是有目的、經過深思熟慮之後的改動。

以上為李清對《南史》主要結構改動的呈現，從他增刪諸傳、對人物改動配置的情形，再佐以他做為注解的文字，可以推知李清的諸多歷史意見，而這些意見，也能統合為一個較主要的意向：彰顯忠奸。但於此之外，又足以見得個人的「志」是被李清尊重且納入考量的，並不以後世、史書定評作為唯一標準，從中也顯示李清能夠獨立思考、判斷的特徵。

二、考異與辯證

李清對於資料的處理方式，自前面諸多討論中，至少已能總結出兩個特徵：首先，他對於一家之言不會百分之百信任，而會就其他資料比對、確認；另一個特徵則是他並不會舉著高義大旗，對歷史人物有過多的要求，而會從現實環境去判斷、討論當下作為的是與非。因此，他對於歷史也因保持懷疑態度，而對所謂的「事實」與人物的評述有更多的質疑。因著這些質疑，也才能引發他後續的考異、辯證與討論。

他自己在〈註南北史凡例〉中曾經提及注書時遇到此類情形的兩種處理方式：「二史字涉魯魚，即取各國史校正，或本史亦訛，則姑存疑」，在遇到不確定的內容時，即參照其他書籍確認何者為真，並加以改正。如果無法確定的話，那麼就不作立即的更動，僅註明問題點。〈凡例〉所述，的確是李清面對有疑問資料時的基本處理方式，但若總觀李清對於《南史》的相關改動時，則可進一步分成存異、存疑、辨疑、改誤與存誤不改等處理方式。這些改動中，除了改誤一類會直接影響《南史》內文以外，其餘多只是點出問題，並不對內文進行更動。存疑、辨疑等兩類，相較於其他三者，更能清楚表現出李清看待事情的角度以及想法。本節將分作三個部分，略述存異之處、存疑與辨疑之處，以及存誤或改誤各合一類之處理手法、標準與特徵。

（一）顯示價值判斷的存異情況

相對於其他的幾類，存異是較為單純的處理手法。李清從其他書籍取得資料後、或藉《南史》傳記的前後對照，發現兩者的歧異，進而加以保留。

只有少部分的情況下，他對於所補入的資料或者《南史》原文會有偏向，稍微地顯示出自己的價值判斷。

　　李清存《南史》之異處，極大多數僅是數字之差，而從這些歧異，也可以看出書籍傳抄之時可能產生的誤解。如「殺」與「赦」兩字相似〔註7〕，意思卻完全不同、「眼額」、「服領」〔註8〕的相似、「虯」與「蚪」之別〔註9〕等，從字型的相似，多能判斷爲傳抄之誤。然究竟孰是孰非，卻難以肯定。南四史的時代固然較早，但也不必然正確；《南史》雖然較晚，亦不必然有誤。況且，李清所見版本，也不見得不受版本傳抄影響而造成另一層次的錯誤。或因如此，李清於此類多僅並存待考。

　　由於南四史本爲《南史》刪略、改動而來的底本，李清進行比較時，亦多先以南四史爲本，對不符南四史的內容則再加以詳考。如第十二卷中，言毀昭太后陵寢事，《南史》中謂「巫者謂宜開昭太后陵，毀去梓宮以厭勝」李清便以與《宋書》內容有異〔註10〕，而補評論「《宋書》無『毀去梓宮』四字，不知《南史》何據〔註11〕」，顯示李清在比較諸書差異時，實是以南四史爲底。在第五十四卷中於蕭綸諡號差異的比對，也呈現了同樣的傾向。《南史》中謂：「岳陽王詧遣迎喪，葬于襄陽望楚山南，贈太宰，諡曰安」，李清則以《周書》和《北史》作爲證據，認爲《南史》的記載有誤，因此「當從《周書》〔註12〕」。可以見得與原本諸史相比對，是李清主要的做法。因此，所謂存異者，多數即比對南四史與《南史》而來。但於此之外，李清也有參酌其他資料，將其不同處補入的情形。多數時候，他的補入太度僅僅在於「存其異」，將兩不同內容並列，不偏向或確認任一方資料的正確與否，如「『云崔氏雕龍』五字，

〔註7〕　《南北史合注·卷十五》第一冊：「又五音士忽狂易見鬼，驚怖啼哭曰：『外軍圍城，城上張白布帆。』誕執錄二十餘日乃殺。」李清注：「《宋書》『殺』作『赦之』」，頁300。

〔註8〕　《南北史合注·卷十九》第一冊：「孝武與劉秀之詔曰：『今以蕭惠開爲憲司，冀當稱職。但一往眼額，……』」李清注：「《宋書》『眼額』做『服領』」，頁380。

〔註9〕　《南北史合注·卷五十一》第二冊：「劉虯」。李清注：「《南齊書》作『蚪』」，頁343。

〔註10〕　《宋書·卷四十一》第二冊：「先是晉安王子勛未平，巫者謂宜開昭太后陵以爲厭勝。」，頁1288。

〔註11〕　《南北史合注·卷十二》第一冊，頁254。

〔註12〕　《南北史合注·卷五十四》第二冊：李清注：「《周書》及《北史》皆諡曰『壯武』，當從《周書》」，頁382。

《梁書》作『世擅雕龍』〔註13〕」、「『僕妾蔬食，膳無膏腴』，《南齊書》作：『伎女食醬菜』〔註14〕」等皆爲此類存異之例。上述幾例，事件敘述的差異並不大。或因如此，李清也只是補入差異，而未多加評論。

　　然而有些差異，影響的不只是用語，也會造成事件內容、始末的根本差異。如下列兩例：

　　　　侯景之亂，鼎兄昂于京口戰死。李清注：《隋書》曰：「卒於京城。」
　　　　〔註15〕

　　　　又獻獅子皮袴褶。李清注：《南齊書》曰：「皮如虎皮，色白毛短。時有賈胡在蜀見之，云此扶拔皮，非師子皮也。」〔註16〕

「於京口戰死」和「卒於京城」兩者就詳細度而言已有所不同，然李清也並沒有特別作說明，僅是存了一筆不同的紀錄。而第二條所言的供品名稱究竟獅子皮或否，按《南史》的說法已是爲之定名，僅短短一句，之後就不再提起。但是在《南齊書》的敘述中，除了一開始的定名以外，還形容了貢品的樣子，以及其他人對這份貢品的評論。比起《南史》簡而言之的情形，不僅更加詳細，所指向的也是不同的概念。不過，究竟是什麼皮，畢竟也難以考證，因此李清僅止於將這份紀錄放在《南北史合注》中作爲參考，也沒有多加評論。類似的情形在第五十八卷中言韋載之事時也出現過。《南史》講述他的結局說他「卒於家」〔註17〕，但在《還冤記》中則說他被陳霸先所害〔註18〕。除了此處的差異以外，李清還另外補入了一段事件，說明陳霸先之死部分肇因就是由於殺害韋載，導致被索命、嚇病。此處不僅僅是存了另一種韋載的死因，甚至遠及陳霸先之死。

　　無論是事件的差別，或者僅數字之差，可以發現李清在沒有任何可供判斷的情形下，僅會注入另一種版本的說法、用語，至多說「與此不同」，而不

〔註13〕　《南北史合注‧卷二十三》第二冊，頁26。
〔註14〕　《南北史合注‧卷四十七》第二冊，頁287。
〔註15〕　《南北史合注‧卷五十八》第三冊，頁39。
〔註16〕　《南北史合注‧卷八十四》第四冊，頁14。
〔註17〕　《南北史合注‧卷五十八》第三冊：「載有田十餘頃，在江乘縣之白山，遂築室而居，屏絕人事，吉凶慶弔，無所往來，不入籬門者幾十載。卒於家。」，頁39。
〔註18〕　《南北史合注‧卷五十八》第三冊：李清注：「《還冤記》曰：『遣載從征，以小遲因宿憾殺之。尋視事大殿，見戴至，驚走入內，移坐光嚴殿，復見載入，因此得疾死。』與此不同」，頁39。

會特別表達自己的立場。有些時候，《南史》與各書之間對於事件的描寫差異，則是可能從一些判斷標準確認何者爲更有可能的結果，李清雖說不妄下評斷，但是仍會在可能範圍內盡量給予推論與判斷。可惜的是，他往往不清楚說明判斷的基準，僅說「某書與某書不同，當從某書」便完了，使得後人判讀時，也難以根據他的一面之詞就相信結果。這樣單純的存異，雖然較不能顯現出他個人的意見，但的確也是一種在手上資料不足時，可供選擇的方法。也由於他的比較與留存，資料的歧異才更有機會被之後的人注意、甚至得以進行考證。

（二）批判性的存疑與辨證

針對一事有兩種不同用語或敘述，李清主要的手段多是存異。但若是手邊的資料讓他對歷史敘述產生懷疑，卻又不足以以任何方式找到解答時，李清往往就只是簡單敘述問題點。這類的存疑，多於史書敘述難以確認的情形及前後矛盾上。如第二十一卷中言謝弘微過繼之事便屬一例：

> 弘微年十歲，繼從叔峻，名犯所繼內諱，故以字行。童幼時精神端審，時然後言。所繼叔父混名知人，見而異之……。
>
> 李清注：弘微何以兩繼峻、混？《宋書》亦然。〔註19〕

按敘述，謝弘微過繼給叔叔謝峻，但之後又說他過繼給謝混。在沒有寫出理由的狀況下，兩次所繼不同相當不合常理。李清查閱了《宋書》，卻發現《宋書》與《南史》內容如出一轍，因此就在此段落後表達出自己的疑問。然究竟是史書記載錯誤，抑或當中有何委婉曲折，卻因沒有足夠的資料而無從得知。

類似的情形，也出現在第三十一卷中。先述何敬容收受財物建寺，營造出何敬容貪婪的樣貌，後來又敘述他遭免職時身無長物〔註20〕，不免令人感到奇怪。雖然也可以理解爲他把收來的錢全都拿來建佛寺，因此身邊並不留財物，但李清則不作如是觀，認爲在這樣的敘述脈絡下，顯得此人「倏貪倏廉〔註21〕」，有矛盾之嫌。這類型的疑問，相對於與歷史撰寫真正有關的部分，

〔註19〕　《南北史合注・卷二十一》第一冊，頁411。

〔註20〕　《南北史合注・卷三十一》第二冊：「趨權者因助財造構，敬容並不拒，故寺堂宇頗爲宏麗。時輕薄者因呼爲『眾造寺』。及敬容免職出宅，止有常用器物及囊衣而已。」，頁126。

〔註21〕　《南北史合注・卷三十一》第二冊：「愚按，此一傳也，前云通苞苴饋餉矣。倏貪倏廉，自相矛盾，殊不可解。」，頁126。

恐怕只能說是李清個人想法造成的影響，但又或許也因爲李清對於人物塑造頗有要求，因此對於形象描述的一致性有其執著。由此，這類的疑問或也可以說是李清史觀或者書寫執著所造成的。無論如何，李清能夠對於史書的內容作出質疑，即使其判斷與疑問有時仍屬見仁見智，但他對史籍並不盲目相信的考實與質疑精神，仍有裨於歷史的核實與讀者的再思考。

有些時候，李清的「存疑」不僅表達了自己的疑惑，還透露出了自己的想法與諷刺態度。在這些情形裡，李清同樣會尋求各類資料做參照。雖然同樣得不到確切的結果，但是他表達這些困惑的手法，則讓人較爲明顯地感受到他對於史書寫作的要求，以及對於原本著作的不滿：

> 及陳武帝誅僧辯，僧愔陰欲圖瑱而奪其軍，瑱知之，盡收僧愔徒黨，僧愔奔齊。

> 李清注：《三國典略》所載王僧愔奔齊始末與此不同，已註僧愔傳內。且此傳與王僧辯傳內所記僧愔奔齊始末文不同，何也？令讀者何據！〔註22〕

> 《史糾》曰：予讀韋睿傳載景宗次邵陽洲，築壘相守，未敢進。帝怒詔睿，會之。觀此傳，則景宗失在逗遛；觀彼傳，則景宗失在輕進。觀此傳，則武帝怒景宗不進；觀彼傳，則武帝幸景宗頓軍。《南史》二傳牴牾乃爾。〔註23〕

對於《三國典略》與《南史》的差異，李清似並不特別在意，僅略提一句「與此不同」，並行補入後便帶過——即使《三國典略》中所言〔註24〕與《南史》兩傳中內容也仍是不同。但是，他對於《南史》前後傳記上的差異則表達了不滿，認爲這樣的矛盾讓讀者不僅不能了解史實，甚至徒成困惑。《南史》兩處述及僧愔奔齊事者，一在僧愔傳，一在侯瑱傳。前者敘述僧愔被逼奔齊〔註25〕，

〔註22〕　《南北史合注‧卷六十五》第三冊，頁124。

〔註23〕　《南北史合注‧卷五十六》第二冊，頁3～4。

〔註24〕　《南北史合注‧卷六十二》第三冊：李清注：《三國典略》曰：「僧愔與瑱共討曲江侯勃，至是，吳州刺史羊亮說僧愔襲瑱，而反以告瑱，瑱攻之，僧愔奔齊」與此不同，頁92。

〔註25〕　《南史‧卷六十三》第三冊：「僧智弟僧愔位譙州刺史，征蕭勃，及聞兄死，引軍還。時吳州刺史羊亮隸在僧愔下，與僧愔不平，密召侯瑱見禽。僧愔以名義責瑱，瑱乃委罪於將羊鯤斬之。僧愔復得奔齊，與徐嗣徽等挾齊軍攻陳。軍敗，竄逸荒野，莫知所之，仰天歎曰：「雠恥不雪，未欲身膏野草，若精誠有感，當得道路，誓不受辱人手。」拔刀將自刎，聞空中催令急去，僧愔異

後者則歸於僧愔陰謀要奪取侯瑱兵權〔註26〕，事敗而逃。兩者的記載中，僧愔的立場和情勢一為被逼，一為自取其敗，是完全相反的。如此這般，僅因為傳主的立場不同，便對同一件史事作完全不同的描述，完全不符合史書「客觀描述」的要求。之後引用《史糾》說法以討論曹景宗與武帝軍事上意見相左事，也呈現出一樣的問題。從敘述的角度到戰爭的程序與狀況，在兩傳中竟能有天壤之別。從此二處意見，顯示李清對於李延壽僅能作資料集結，而不能在考證之後確定認同的立場或想法有所不滿。雖然史家應要能將歷史資料盡可能加以保留，但仍須校正事實，至少在同一書中持相同的記述立場，以不偏不倚的方式記錄，而非任寫作自相矛盾。若由此處回頭檢討前述對何敬容事的疑惑，或可以作為李清對人物敘述有所要求的旁證。

李清認定史書撰寫應要有明確的立場，並且對事加以校正的概念，也在《合注》中屢屢出現。相對於單純存異、存疑的純粹保存、不加以討論等處理方式，李清似乎更傾向於盡可能對懷疑的部分加以辨析。如前所述，李清對於讀到的資料，並不全盤信任，而會加以查證。最好的證據就是他對於資料的增補以及改動，並且能夠整合其觀察，同時顯示了他統合諸書的功力；而他對歷史敘述的敏感度，則能從他對《南史》的批註中得知：舉凡語意不明、前後矛盾者，他都會加以檢討，並且盡可能表達出自己的觀點；面對在現實考量上的「不可能」時，他也會依據理性判斷，審度時勢討論事件的可能性與謬誤。

除了以上例子，李清還有以下幾條批評，可充分表現出他對於史書中前後矛盾的不滿以及判斷：

> 魏孝莊初，歷位司徒、太尉，尚帝姊壽陽長公主。陳慶之之至洛也，送綜啓求還。時吳淑媛尚在，……
>
> 愚按：贊既絕梁武，呼東昏父，為服斬衰，安有求還理？且前既云淑媛俄遇鴆卒，而今又云尚在。一史中自相矛盾，則此事烏有可知。
> 〔註27〕

〔註26〕 　之，勉力馳進，行一里許，顧向處已有陳人。蹭越江山，僅得歸齊。」，頁1542。
《南史‧卷六十六》第三冊：「遣慕容恃德鎮夏首，瑱攻之，恃德食盡請和，瑱還鎮豫章。僧辯使其弟僧愔與瑱共討蕭勃，及陳武帝誅僧辯，僧愔陰欲圖瑱而奪其軍，瑱知之，盡收僧愔徒黨，僧愔奔齊。」，頁1607。
〔註27〕 　《南北史合注‧卷四十五》第二冊，頁265。

> 宋朝初議封高帝爲梁公，祖思啓高帝曰：「讖云『金刀利刃齊刈之』。
> 今宜稱齊，實應天命。」，從之。自相國從事中郎遷齊國內史。……
> 帝之輔政，眾議將加九錫，內外皆贊成之，祖思獨曰：「公以仁恕匡
> 社稷，執股肱之義。君子愛人以德，不宜如此。」

> 愚按：宋議封高帝爲梁公，祖思既勸其稱齊，以應天命與讖，今何
> 德又有此言耶？二者必有一訛。〔註28〕

第一條中所言蕭贊，即在前文曾提及的蕭綜。他既願意捨棄梁武給的封號，甚至爲之執子禮服喪，顯篤以東昏爲父，此時再寫其求返，便有些不大合理。然使李清下此判斷的決定性理由卻不在此，畢竟此段前後亦提及蕭綜在魏的諸般不得志。若到了此時才想當年，亦未有不可。決定性的理由，則在於時間點的錯置。前已言蕭綜生母遭鴆死，此處又言其尚在。前後矛盾處，使得這段資料的可信度大爲降低，也因此遭李清評爲「烏有」。

崔祖思之事，同樣也是前後矛盾所造成的質疑。既先引讖言鼓吹蕭道成稱帝，等到了群臣皆認爲蕭道成應加帝位時才以大義反對，若不是人格分裂，恐怕只能說是飾詞了。雖然所謂的飾詞可能是史官爲維護崔祖思形象而寫，也可能眞有其事，且是崔祖思爲了掩飾曾經唆使稱帝，才刻意裝出凜然之貌。然無論如何，兩事根本處於兩極，不可能同時爲眞。李清在無法下判斷的情形下，也僅能以「必有一訛」做結論。然而對於史書前後矛盾、人物形象不能一致的不滿，卻也已清楚顯現出來了。

從李清對於《南史》的存疑與不滿態度中，可見得他心中完美的歷史書籍，並不應該出現前後矛盾的敘述。即使人的個性、立場理論上是可變的，記述的前提也以盡可能不相衝突圍標的。設有一人個性殘忍，則其仍可能在特定事物上表現出悲憫之心，但卻不可能對同一人既悲憫又殘忍。歷史的記載，若有詳實史料得以參考固然爲上，若資料相互衝突、或具有模糊性，無法確定何者爲眞時，李清似乎認爲作史者應先行消化史料，選擇一個觀點、角度來加以敘述，以使整段歷史的立場、內容一致，也使得讀史者不至於感到困惑。不過，從李清大加保留資料的狀況來看，更完美的狀況應該還要再加上「保留異說」一條，即使那些「史料」不確定是否爲眞。換言之，「史書」於李清而言除了傳達眞實，在具質疑空間時提供史料供讀者參照，更應有著史者個人的判斷。

〔註28〕《南北史合注・卷四十八》第二冊，頁298。

　　除了史書前後矛盾的問題外，他時常加以辨證的，還包括了語意不明的問題、因政治因素而影響記載內容的情形，以及不符合現實、常理的記載。其中，語意不明的問題時常是由於《南史》刪改上的失誤、或者傳抄時出現的錯誤而成，因此往往藉由對照他書就可以概得其要。

　　李清較爲清晰的考證方式，可見於他對於記載失誤的討論中。第九卷中，曾經記載後梁孝明帝在隋文帝即位之初親自朝隋朝隋之事，李清於此不僅做出質疑，還有相當精采的考證：

> 予考《隋書·本紀》于文帝即位之開皇元年載梁遣太宰蕭巖等奉賀，非孝明親朝也。至開皇四年，始載親朝一次。《北史》與《周書》皆同，獨《隋書·外戚列傳》內一敍一朝、再朝甚明。若果一朝再朝，則《隋書·禮儀志》內所載受勞、奉見諸禮何載於開皇四年之再朝，而不載於開皇元年之初朝？且既親朝，詎書遣使？則又何不大書「梁主蕭歸來朝」，如開皇四年例？是一《隋書》中以〈本紀〉與〈外戚列傳〉左，故予獨收《北史》及《周書》定之，定於一。〔註29〕

在《南史》中，僅謂「帝朝於隋」，《後梁春秋》中則加入了一大段記事，甚至包括了隋文帝與梁孝明帝的互動情形〔註30〕。雖然李清從《後梁春秋》補入此段資料，目的卻是用來佐證此處謬誤。之後的辯證，則從《隋書》〈本紀〉與〈外戚傳〉紀錄的差異說起，以《北史》、《周書》作證，使得《隋書》所記爲孤，再以《隋書·禮儀志》所記當朝朝觀禮儀於兩傳中並沒有一致的紀錄爲最後證據，認定《隋書·外戚傳》所言爲誇大其詞，梁孝明帝來隋僅一次，而非〈外戚列傳〉中說的兩次。

　　這種類型的辯證中，由於李清手上擁有足夠的資源，得以參閱諸書加以決疑，因此能夠提出了足以服人的證據，不僅使他自己的疑惑能夠得到解答，也澄清歷史的眞實樣貌，更使後代讀者不致有所誤解。

　　最後一種常出現的論辯，則針對歷史所載與時勢考量不符的內容。李清面對一段記載、一個行爲時，總是設身處地的考量、判斷，並且就事件前後

〔註29〕《南北史合注·卷九》第一冊，頁 200。
〔註30〕《南北史合注·卷九》第一冊：「隋遣使賜金五百兩、銀千兩、布帛萬匹，馬五百匹。」李清注：「《後梁春秋》曰：『隋文既踐極，思禮彌厚』又曰：『帝朝于隋，隋文甚敬之，詔帝位在王公之上，帝被服端麗，進退閑雅，隋文矚目，百僚傾慕，賜以億計，月餘歸，隋文親餞滻水之上。』此《隋書·外戚傳》所載，必誤也。辨見後。」，頁 199。

情勢加以思考，最後才分辨記載的真誤。因此，「現實判斷」可以說是李清在辯證是非時很重要的一個類別。下列兩個例子清晰地呈現出他看事的精準度：

> （劉湛）伏甲於室，以待上臨弔。謀又泄，竟弗之幸。
>
> 　愚謂：若湛果如此，便當立地伏誅。恐未可盡信。〔註31〕
>
> 後泰降陳文，龕尚醉不覺，乃遣人負出項王寺斬之。
>
> 《梁書》曰：「霸先乃遣將周文育討龕，……龕聞齊兵還，乃降，遂遇害。」與《南史》不同。《三國典略》曰：「龕敗乃降。周鐵虎送杜龕祠項王神，使力士拉龕於坐，從弟北叟、司馬沈孝敦並賜死。」
>
> 　愚按：龕既與陳氏為仇，降亦不免，安肯降？降者，陳人誣辭，當從《南史》。〔註32〕

講述劉湛事時，李清用常理來判斷史書記載的錯誤。畢竟，弒君是大罪，無論成功與否，「謀逆」都是不可饒恕的行為，遑論此處所述根本是「洩漏的陰謀」，皇帝早已知情，怎麼可能輕易放過。因此，毋寧說是此事根本沒有發生過，才更合理。另一條討論杜龕降陳霸先與否的問題時，李清引用了《梁書》、《三國典略》中與《南史》意見相左的資料，藉由兩書所寫結果，證明杜龕不可能冒死降陳霸先，藉由常理判斷《南史》的書寫較為合理。

　　從李清對史料存疑與加以辨證的兩種處理方式，顯見他面對資料時極善於尋找問題。他不僅僅辨證《南史》之誤，也參酌其他描寫史書，加以對照、討論，盡可能辨證出最可靠的結果。在在顯示了李清於史「求真」的精神，也反映出他矯正史書前後不一、多加飾詞等情形的目標。

　　從這些存疑、辨析之中，可見得李清所想要完成的與其說是一本資料充足的史書，不如說是完美的歷史敘述，且這些敘述必然要達到「真實」、「一致」的目標。即使在資料受限的情形下，他無法每次都得到確切解答，但也會盡量利用可行的證據加以辨析，同時也多附資料於後，以求在同一本史書中不至於前後矛盾而令人費解之外，亦方便讀者的查索與思考。

（三）改誤與存誤

　　對於《南史》中邏輯錯誤、前後矛盾或者不符常理的敘述，李清通常會

〔註31〕《南北史合注·卷三十六》第二冊，頁141。
〔註32〕《南北史合注·卷六十三》第三冊，頁102。

藉由資料的佐證加以辯駁。由前面的討論，可以知道他已經針對許多用語、敘述加以更改，除了改正錯誤，也呈現了李清的史觀。因此那些改異也是爲了使《南史》呈現他個人觀點的必要途徑。但是，在歷史書寫觀點之外，也有許多是《南史》本身的錯誤紀錄。針對這些部分，李清有兩種不同的處理手法：其中一種是直接改動正文，並且在後面加註原因，另一種卻是僅僅說明錯處，並不改動原文。本節意欲針對這兩種處理手法加以討論，以期找出他的選擇標準。

　　李清因爲《南史》「有誤」而直接改動正文的情形相當多，但他所謂的「有誤」並不全是客觀意義上的錯誤，許多時候更是從自己觀點理解出的「不正確」。如他對於《南史》對人物的忠奸的評議，往往憑依其價值觀、試圖用較爲中立的用語加以轉換。這種以價值爲基準所作出的判斷，占了他認爲「有誤」並改正的大部分。

　　其餘改誤之處則較爲客觀，例如第七十六卷中，對於制度紀錄錯誤的改動〔註33〕。《南史》本載「長之去武昌郡，代人未至，以芒種前一日解印綬」，李清則參照《宋書》，確認交還官印的時間應該在芒種的後一天，於是直接改正，並且也在改動之後加以注解。這一類型的改誤，多應屬事實陳述，亦較不具爭議性。

　　相對於前述如此直接的改誤，多數時候李清仍僅將錯誤處點出，加註正確的內容於後，因此存誤不改的情形反而遠多出改誤之類。例如同樣是忠奸書寫角度的差異，部分選擇直接改正所認定的錯誤，有的卻只是標在正文後面，並不直接改動原文，僅僅加以辨析：

　　　沈攸之之難，玄載起義，送誠於齊高

　　　　以宋臣送誠於道成，何云起義？乃踵齊書之謬。〔註34〕

比較起他自己多數對此類用語的直接改動，如此存其「謬」而不直接改易的情形，反而使得體例的前後不一致，令人難以判斷他改易、存「誤」的標準何在。

　　其次，有些屬可能爲傳抄錯誤的部分，李清卻也不直接改正。對照起他對於原文許多部分的直接改易，不免費解。如第二十六卷裡曾記載「宋時，

〔註33〕　《南北史合注・卷七十六》第三冊：「長之去武昌郡，代人未至，以芒種後一
　　　　　日解印綬。」李清注：「《南史》『後』作『前』，誤。今從《宋書》。」，頁309。
〔註34〕　《南北史合注・卷十七》第　冊，41右。

武帝與攜同從宋明帝射雉郊野〔註35〕」，李清在感到疑惑，對照《南齊書》後，發現所謂的「宋明帝」應該是齊明帝蕭鸞之誤，只是因爲都以帝號稱呼，所以導致了《南史》傳抄時的錯誤。如此明顯的誤筆，如果按照李清的改動史書錯誤的習慣，直接刪除一「宋」字倒也不是什麼困難的，但是李清卻只是註記於後。

　　前述諸般存誤不改的情形，不免令人惶惑於李清的標準，幸而於此之外，仍有一些可堪作基準的存誤情形，亦即緣於推測，沒有眞憑實據的類型。如第三十七卷中記載宋魏交戰事，《南史》記載了「魏遣使求昏」一語，《宋書·索虜傳》則大加記載細節：「（拓跋燾）出示其孫，使曰：『我遠至此，非爲功名，實貪結婚媛，若能酬酢，自令不復相犯。』，又求以女妻武陵王。」，李清對照年代之後，覺得有誤，便評論道：

　　　　魏孫即文成帝也。時年少，未必在軍。求妻武陵，亦宋人飾詞，而
　　　　〈魏太武本紀〉內所記，其浮誇亦同，俱未可盡信。〔註36〕

雖然就時序上的推斷，此條內容不可信，李清在評論裡更斬釘截鐵的說是「亦宋人飾詞」，但是從「未必在軍」四字，又顯示出他對這件事仍具有保留態度。或因如此，僅評之爲「未可盡信」，給予留白的空間。大概因爲此類的推斷並不能完全肯定，即使就時間、常理而言不可能的事，卻也並非絕對，所以李清寧可將自己的推論仍放在注中，不影響原文文意。

　　又如第七十一卷中，〈節義傳〉中曾記劉韞、劉述兄弟的言語情狀，李清就屢加批判：「觀韞此言，豈是凡鄙者！益信史言不直〔註37〕」，又說「韞述兄弟皆能與秉同圖蕭道成，以冀復宋。何得一凡鄙一庸鄙？如史所言，皆媚齊曲筆耳。何以知之？於其言同逆、伏誅知之〔註38〕」但即使對於《南史》的紀錄有不滿，認爲就常理判斷來不可能如此，他仍加以保留，不予以刪除。但這部分的批判，或許也要與李清本身推高善人完美處的習慣有關，不可一概相信。畢竟李清雖然相信人的個性有各種不同面向，但是卻也不是沒有將善人惡人各自的好處、壞處放大的紀錄。

　　在針對《南史》本文與補入的資料改動之外，李清對於史實的辯證與意

〔註35〕　《南北史合注·卷二十六》第二冊，李清注：「《南齊書》無『宋』字，蓋明
　　　　帝鸞也。《南史》誤。」，頁58。
〔註36〕　《南北史合注·卷三十七》第二冊，頁157。
〔註37〕　《南北史合注·卷七十一》第三冊，頁213。
〔註38〕　《南北史合注·卷七十一》第三冊，頁214。

見，也呈現出他對於歷史的思辯能力以及廣博的知識。能夠對於歷史有各種疑惑，應該還是要歸因於他對於歷史的熟悉程度；幸而這樣的熟悉，卻不致造成因循，反而能有所洞見。李清在讀史之時既能夠不斷反芻、思索，甚至與人經常辯駁討論，便使得事件的脈絡在他的檢視之下一派清晰，而不致盲從史書敘述。他的論辯，於史多有所補，但是另一方面也顯現出他個人的偏向。單從他所注意的問題點往往於各家立場有關，便可以理解《南北史合注》於李清並非是一完全客觀的紀錄，往往摻入他個人的意見與立場。即使他所希冀的是歷史的公允，但這份希冀卻因為他個人強烈意見的展現，也使《南北史合注》染上了他的個人色彩。

三、介入閱讀經驗

　　從諸多調整與改動中，已顯見李清雖言其書為「合注」，實際上在補注之外已表現自己的諸多意見，亦對結構做出不小的調整，幾乎可以說是對南北二史進行了一番重編。然而上述無論刪改、增補、辯證或是結構上的調整，多數仍遵守「歷史」與「寫作者」的分際，雖展現個人的意見，尚不屬直接介入的行為。

　　但是，李清在寫作《合注》時，往往又加入了許多感嘆、提醒、互見，以及近乎札記的討論內容。這些舉動，在在將自己的歷史觀點加入書中，甚至代有與讀者互動的企圖。例如「讀者思之」、「見某事」等，似以一先輩身分，提醒後來讀史者的思考方向與注意要點。這種帶領讀者理解歷史的寫作手法，可能受到明代史鈔的影響，著重於教育目的，在事件中存戒鑑之語、注重人物忠奸之別，以及使歷史相互參照、便於閱讀等，與明代史鈔的目的可說是相當一致的。固然，就明代史鈔體例與起源而言，使歷史便於閱讀的重點在於存其精要，刪去與寫作者目的無關的內容——如周詩雅所撰《南北史鈔》，即以趣味為編書目的，將南北朝史所載諸多有趣、新奇之事按時序編排入書——李清所為則主要在於增補資料，雖在體例上並未使南北歷史精簡化，卻仍具備「標舉目標」的潛質，能夠彰顯出自己的想法。由此，加入他個人的批評、補入，並在寫作的同時介入閱讀者與史書之間，引領讀者理解自己所見的歷史，也可以說是對明代史鈔精神的承襲。

　　這類的補入與批評，就手法而言，大致可以分作三種：第一種是單純藉由前人論述表達意見，如同平凡的補入，卻隱含自己的意見。這類的意見雖

不明確，僅能夠藉由比對整本書中李清所呈現的意念與所補入的內容而得知，但從他補入的選材偏向，仍多可知其想法；第二種手法則是會在資料補入之後註明理由以及目的，在資料的基礎上提示要點。最後一種則是李清自己現身說法，有時是單純的一兩句批語，有時則是篇幅較大的論述。此類最能夠顯示出李清個人的意見，也比較不容易造成閱讀上的誤解。凡此種種，皆是在書中表現對讀者閱讀上的引領、指導態度，除引發反思、指引方向以外，也藉由資料的補述達旁徵博引之功，使讀者能夠在閱讀《合注》一書外，注意到其餘史書不同的意見、寫作手法，甚至史書常犯的謬誤或矯飾問題。

（一）藉補入表述意見

單純藉由補入表述意見的手法，是李清相對隱晦的意見表達方式。這一類的補入概念，須藉補入內文與李清自己對歷史的態度相互印證。以李清對南北朝中孰為正統的態度為例，他在〈註南北史凡例〉中說明：

> 南朝承東晉後，宜為正統。北朝承十六國後，宜為僭國。然南之正不絕於宋武篡晉之年，而絕於子業、蒼梧、東昏輩，北之僭，不洗於道武稱尊之年，而洗於孝文，合依朱文公綱目定為無統之世，南北並書，仍為《南北史》。〔註39〕

此處討論南北朝是否應有一正統，或者將南北視為並行的政權，並說明自己之所以異於李延壽以北為正、不獨尊北朝的原因。這就可與他在第一卷中所收從王禕《大事紀續編》擷取的意見相對照：

> 王氏曰：歐陽脩〈正統論〉絕晉于建興，復不與魏，王通作《元經》絕南于齊初，進魏于魏孝文太和五年，司馬光《資治通鑑》以宋齊梁陳為正統。及隋滅陳，方以統歸之。宋庠《紀年通譜》絕南於晉亡，進魏於明元帝太常五年。獨朱熹以自古亦有無統之事，南北只當並書。今從之，仍為南北史。〔註40〕

王禕列舉〈正統論〉、《元經》、《資治通鑑》、《紀年通譜》所呈現出的四種不同南北史觀，可以見得自宋以來，有以南為正統、有以北為正統，也有依朝代的結束、皇帝的死亡作為南北存續的各種不同視角。最後才說明自己與朱熹的觀點一致，將南北朝政權並書，作為齊平的存在。

〔註39〕 〈注南北史凡例〉，出自《南北史合注》（明）李清原著，徐靜波等整理（北京：全國圖書館文獻縮微複製中心，1993年），頁17～18。
〔註40〕 《南北史合注‧卷一》第一冊，頁25。

從王禕的敘述中往回對照，可以發現除了概念類似，兩者最後結論所引述的都是朱熹理論。從王禕的舉例中，也能讓人循線了解李清特意說明的用意。由此，應可將此文的收錄目的視作李清自己的理論佐證。認定南北朝之世雖然紛亂，且後世意見紛紜，至多有個人所「應當」效忠的國朝，而無唯一正統。史作者不應當爲何者爲正作判斷或褒貶，而當以南北並行作爲書寫的基礎觀點。

在李清藉由補入其他史書評論的時候，即使並沒有明確加註自己的意見，但這些補注本身就已經能代表他的立場與判斷。這類型的補入，有的屬一般論述，有的則添上了批判或者使事件得以有所收結。如第五卷中就曾引用《魏書》中對蕭鸞的評論：

> 十二月庚戌，宣德右僕射劉朗之、游擊將軍劉璩之子，坐不贍給兄子，致使隨母他嫁，免官，禁錮終身，付之鄉論。
>
> 李清注：《魏書・島夷・蕭鸞傳》曰：「論者謂薄義之由，實從鸞始。」
> 〔註41〕

對於蕭鸞的評價，在原本《南史》的紀錄中，固然已能略見一二，但在補入《魏書》後，更能明確蕭鸞個性的定位。這樣的評論雖短，仍能在史事呈現之外，給予閱讀者一些前人的意見作爲參考。如此的補入，雖不能直接視作李清個人的看法，但是就他往往對於不同意的評論、意見在補入後加以批判的情形而言，應仍可以視作他較間接的意見。而這樣的表達手法，也是李清在做評論時，總括歷史的方法之一。

從李清選入，代替自己表述意見的材料中，可以發現《史糾》與《資治通鑑考異》應是他較爲信任的兩套書籍。此二書，都屬考證諸書的論著，因此也成爲李清在補入評論、證事眞僞時的倚仗主力。除了用以代替自己的評論、或者對史事作結，也用以討論史事之是非、史實的眞僞，就個別事件更爲清楚的說明或辨析，使立場或目標得以明確。

李清對《通鑑考異》的諸多補入，多數情況能顯示他對此書的信任。如第四十六卷中，曾經對張敬兒與休範的戰鬥補入意見，《南史》原謂：「敬兒奪取休範防身刀斬之，其左右百人皆散。〔註42〕」，李清則引入《通鑑考異》內容「〈休範傳〉作數十爲是。若有數百，回、敬兒敢徑往取之耶？〔註43〕」

〔註41〕 《南北史合注・卷五》第一冊：頁109。
〔註42〕 《南北史合注・卷四十六》第二冊，頁274。
〔註43〕 《南北史合注・卷四十六》第二冊，頁274。

作評注，比較了兩傳中一爲「數十」、一爲「數百」的差異，並藉由實際考量，
將原本誇飾的內容破除，對於後世一次讀得一傳，不能夠清楚記憶歷史內容、
迅速兩相對照的讀者而言，不啻爲一閱讀上的警語。此處的補入，雖然也已
經是李清對《通鑑考異》原文加以修改後的版本〔註44〕，仍保留其要處。

又如第二十四卷亦有一例：

> 及東昏遇殺，張稷仍集亮等於太極殿前西鍾下坐，議欲立齊湘東嗣
> 王寶晊。領軍瑩曰：「城閉已久，人情離解，征東在近，何不諮問？」
>
> 《資治通鑑考異》曰：按時和帝已立。稷等知建康不可守，故戕東
> 昏。豈敢復議立寶晊？今從《齊書》。〔註45〕

從本章第二節的考證與辨析類型中，已知李清對於不合常理的事件多所質疑。
與此處例證比對，可以發現所討論的仍屬事件「合理性」的範疇，同樣是李
清關注的焦點。李清對於事件的意見，從多自《通鑑考異》補入，可以推測
引入的情形下，他基本上都與之採取同樣的態度。

同樣的，《史糾》也藉由比較、參照的功夫，對歷史事件書寫表達意見與
偏向。雖然此書《通鑑考異》同樣是李清時常引用作爲佐證事理的材料，但
《史糾》比起《通鑑考異》似乎更是他的第一選擇。除了書籍本身的性質以
外，或許李清與《史糾》作者朱明鎬之間的關係，也是他考量、選擇的主要
因素之一。

李清在引用《史糾》言語時曾先提及朱明鎬的作者身分，之後又曾講明
兩人的朋友關係：

> 明鎬，字昭岂，南直崑山人，高隱不仕。〔註46〕
>
> 愚按：此史臣佞語，以成敗論爾。與人推心結姻而齮之，非謗而何？
> 善乎予友朱昭岂《史糾》曰……。〔註47〕

兩人之間的關係若是較爲緊密，同樣專注於作史，又都注重考證，再加上兩
人都是明清之際選擇隱居之人，很可能兩人之間本來就時常會藉由種種方法
相互討論。李清在批語中，亦常提及與他人的討論的情況，進而藉此表達自

〔註44〕 《通鑑考異》原文：「休範登臨，滄觀以數十人自衛。〈張敬兒傳〉云「左右
數百人皆散走」。按休範左右若有數百人，黃回、敬兒雖勇，何敢徑往取之？
今從〈休範傳〉。」

〔註45〕 《南北史合注・卷二十四》第二冊，頁31。

〔註46〕 《南北史合注・卷十三》第一冊，頁270～271。

〔註47〕 《南北史合注・卷六十二》第三冊，頁91。

己的意念。朱明鎬或即「他人」之一，平時就已經針對各類史書、史觀相互推敲、議論。在這樣的時代背景、人物關係以及學養的相似下，李清在寫作時對《史糾》的加以徵引也是必然的選擇。

　　從《南北史合注》中的引用來看，對《通鑑考異》的引用多在於史事的辨證、比較與辨析上，而對《史糾》則更著重在史觀的呈現與討論上。朱明鎬《史糾》應能視作明末清初考據學的先聲，針對史事作出詳考，對於評史、論史之事亦多所專主，所下的功夫連〈四庫總目提要〉都加以讚賞，評之謂：「明鎬名不甚著，而於諸史皆鉤稽參貫，得其條理，實一一從勘驗本書而來，較他家爲有根據。其書《三國志》以及八史，多論書法之誤，而兼核事實。〔註48〕」。在〈四庫提要〉對明代史書的大加批評下，《史糾》所得到的評價可說是相當高的。

　　李清所引用的《史糾》言語，多已能成完整論述，因此李清就不會再自行評注。與《通鑑考異》相似的引用，如下：

> 昭略怒罵徐孝嗣曰：「廢昏立明，古今令典，宰相無才，致有今日。」
> 以甌投其面，曰：「使爲破面鬼。」
>
> 　　《史糾》曰：徐孝嗣傳又不然。孝嗣謂昭略曰：「始安王事，吾欲以門應之。賢叔不同，由此言之，不容有擲甌事矣。何二傳乖剌乃爾。」〔註49〕

> 嘗以圖示征西將軍蔡興宗，興宗戲之，陽若不解畫者，指韞形問之曰：「此何人而在輿？」韞曰：「正是我。」其庸底類如此。
>
> 　　《史糾》曰：韞于從兄秉謝權，知爲將族。此又前識之士也。前愚後智，頓成回易，殊不可解。總之新朝，受命故國，孫支憎其秀出，無分蒼素，悉予惡聲。《宋書》坐諸劉以謀亂，李史目彥文爲下材，雖紀事小異而大歸同病。〔註50〕

此二條，都是《史糾》面對史書前後矛盾情形作出的反對。曾昭略與徐孝嗣兩人傳中所寫的同一事件大相逕庭，顯見二者中只能有一個爲眞。《史糾》藉兩傳之間的對照，合宜地點出了疑惑，與李清在面對史事有所疑惑時的處理手法相類；對於劉韞與蔡興宗之事，《南史》先錄此內容顯示其愚蠢，但又在

〔註48〕　《四庫總目提要・卷八十八》。
〔註49〕　《南北史合注・卷三十八》第二冊，頁170。
〔註50〕　《南北史合注・卷七十一》第三冊，頁214。

－117－

之後敘述蕭韞與其從兄彥節的對話：

> 及帝廢爲蒼梧王，彥節出集議，于路逢從弟韞。韞問曰：「今日之事，
> 故當歸兄邪？」彥節曰：「吾等已讓領軍矣。」韞捶胸曰：「兄肉中
> 詎有血邪，今年族矣。」齊高帝聞而惡之。〔註51〕

劉韞既能夠預判時勢，了解彥節的舉動對可能造成的惡果，如此之人顯然與
《南史》中「人才凡鄙」的敘述有所不合。於此，《史糾》並未簡單以「前後
矛盾必有一僞」的態度總結，而擴大從整個歷史的書寫角度注意到「史臣飾
詞」的可能性。他舉出了幾個同樣因爲改朝換代導致記事角度有所不同的例
子，用以證明此處劉韞「凡鄙」的敘述不能夠作準。

　　李清對《史糾》的引用頻次相當高，顯示出他對朱明鎬所作考證的信賴。
不過他往往也非全盤引用，仍有加以修改的情形。如第五十六卷講述曹景宗
與梁武帝之間的齟齬及戰事成敗原因，《史糾》就作了比較，謂：

> 予讀〈韋睿傳〉，載景宗次邵陽洲，築壘相守，未敢進。帝怒詔睿會
> 之。觀此傳，則景宗失在逗遛；觀彼傳，則景宗失在輕進。觀此傳，
> 則武帝怒景宗不進；觀彼傳，則武帝幸景宗頓軍。《南史》二傳牴牾
> 乃爾。〔註52〕

無可質疑的，李清是引用了《史糾》比較兩傳之語，在作爲注解的同時也表
達了自己的意見，並凸顯《南史》兩傳中的差異以及矛盾之處。較爲值得注
意的是，李清此處仍然對《史糾》的評論有所改動，較大的異動是在開頭至
「觀此傳」處。《史糾》原文作「〈韋叡傳〉曰：武帝遣征北將軍曹景宗拒之，
次邵陽洲築壘相守，未敢進。帝怒，詔睿會焉，賜以龍環、御刀，曰：『諸將
有不用命者，斬之。』〔註53〕」，而李清則改動爲如上內容。顯然，李清改動
之後能夠更爲簡潔、清晰的表達重點，但是在這樣的改動之下，或因爲「予」
字，使得《史糾》作者的存在感略爲變重，然也影響不大。類似的改動，惟
偶爾可能造成後人閱讀、傳抄上的問題。如第四十二卷中，李清對《史糾》
的意見加以改動〔註54〕，但因爲部分刪除與改動，導致其中一段《史糾》意

〔註51〕　《南北史合注·卷七十一》第三冊，頁240。
〔註52〕　《南北史合注·卷五十六》第三冊，頁3〜4。
〔註53〕　《史糾·卷三》，頁18。
〔註54〕　《南北史合注·卷四十二》第二冊，頁224。被誤植爲李清意見的內容爲「愚
　　　　按：南齊一書梁武帝詔付祕閣，改其紕繆，當從之。南史皆附會也」而《史
　　　　糾》原文則爲：愚按蕭氏南齊書成於天監中武帝詔付祕閣脫有訛謬應時改定

見在排版上就以「愚按」開頭，錯置爲李清意見。按李清自行加入評論時，僅使用「余」、「愚」代稱，若是按照原本收錄的狀況，《史糾》作者所用「吾」或便已經足以提醒閱讀者此非李清用語。但在改動之下則難以判斷。而《史糾》與李清的意見又往往相同，李清取之以代己說，因此就更難以別異而可能造成誤解。這也是這種補入手法較可能產生的問題——難以辨別李清與所引資料之間的關係。

這一類的補入，對於《南史》原文介入不多，類近於考異與辨證，但手法卻是藉他人之口表達問題所在，並使讀者知道原文中的敘述問題。閱讀李清這類的補入，同時也可以了解他的個人意見。

（二）補入後加注目的

比起直接補入而不加以說解的手法，補入後再加注目的是屬於較爲明確且容易判別意圖的方式。這類型的補入，較直接的顯示了李清的立場和看法；在以資料作爲參照的同時，也盡可能的說明使用資料的目的，使讀者免於窮究其意向，也減少了誤解的可能，可以說功能性與目標都清楚許多。

許多時候，若僅觀《南史》原文，或者只看李清所補入的資料，一般的讀者並不會注意到問題所在及李清的深意。舉例而言，第十卷中李清曾錄入一段《高僧傳》內容，講述兩國議和之時，派出僧人以對辯的情形：

夏四月癸卯，曲赦東陽郡。乙巳，齊人來聘

《高僧傳》曰：文帝時，齊遣崔子武等通和議，其瞻對，眾莫能舉。帝以僧洪偃內外優敏，敕令往對。偃溫雅方稜，敷述皇猷，才調橫逸，潤以眞文，引之慈寄。子武等皆屈服。〔註55〕

《南史》的原文相當簡略，對於齊人來聘的細節，一概不說。李清雖然作了補入，然若僅止於此，讀者或許只會多注意到增補的細節及洪偃的高才。幸而李清於後作出「南北兩聘，皆以僧屈使，予故詳錄之，亦以嘆儒流鮮才學之士也。」的說明，點出他補入這段資料的重點在於「以僧處理外交，而非

吾知蕭書爲實錄而李史爲附會也」。

〔註55〕　《南北史合注‧卷十》第一冊，頁 227。然《高僧傳》中實無此段落。《續高僧傳》有類似內容：「會齊使通和舟車相接。崔子武等擅出境之才，議其瞻對，眾莫能舉。世祖文皇。以偃內外優敏，可與抗言，敕令統接賓禮。樞機溫雅，容止方稜。敷述皇猷，光宣帝德。才詞宏逸，辯論旁遍。潤以眞文，引之慈寄。子武等頂受誥命，銜佩北蕃。帝嗟賞厚惠更倍恒度。皆推以還公。」，疑李清誤引。

以儒家官員相待」。這是對當時儒家人才不足的感嘆，同時也顯現了當世佛教之盛，使得僧人有足夠的資源獲得知識以及能力，甚至能參與政治、影響國家大事的情形。在這樣的加注之下，讀者自然能夠較容易理解李清所要表達的真實目標。

類似情形的補入，如第十五卷傳明帝諸子事。李清有一系列補入如下：

> 松滋侯子房字孝良，孝武第六子也。……上虞令王晏殺覬，送子房還建鄴。……勸上除之。廢徙遠郡見殺，年十一。李清注：「子房死在後，與永嘉王子仁六人同禍。」〔註56〕

> 臨海王子頊字孝烈，孝武第七子也。……事敗賜死，年十一。李清注：「與子頊先同賜死者，尚有安陸王子綏。見本紀。」〔註57〕

> 明帝即位，改封始平王，以建平王景素子延年嗣。李清注：《宋書》曰：「昇明三年薨。」此必蕭道成所害。〔註58〕

> 邵陵王子元字孝善，孝武第十三子也。並被明帝賜死。李清注：「此與子頊、子綏咸同賜死者，非病也，見本紀。」〔註59〕

> 齊敬王子羽字孝英，孝武第十四子也。生二歲薨，追加封諡。淮南王子孟字孝光，孝武第十六子也。初封淮南王，明帝改封安成王，未拜賜死。李清注：「本紀內載子孟同母弟廬陵王子輿亦賜死，何以不載？」〔註60〕

這一系列補入，顯示了當時明帝諸子遭到屠戮的慘烈情況。甚至原本在〈本紀〉中已提過，因此此傳中所未及者，李清都還要再將他們加註一次。藉由密集的死亡紀錄，試圖讓讀者發現，這些人的死亡時間都集中在蕭道成篡位前後兩年中。如此密集的死亡，無論史書上寫成被賜死，或者不明原因的「薨逝」，都不免讓人懷疑是蕭道成刻意所為。李清在這樣的資料呈現後，也在《南史》述及「順帝昇明二年薨」時，確認了上述資料的補入原因：

> 《資治通鑑》云：「非疾也」。其為蕭道成所害無疑。考宋室諸王薨於是年者尚多，故皆簡《宋書》補錄之，以著道成惡。〔註61〕

〔註56〕《南北史合注・卷十五》第一冊，頁316。
〔註57〕《南北史合注・卷十五》第一冊，頁316。
〔註58〕《南北史合注・卷十五》第一冊，頁316。
〔註59〕《南北史合注・卷十五》第一冊，頁317。
〔註60〕《南北史合注・卷十五》第一冊，頁317。
〔註61〕《南北史合注・卷十五》第一冊，頁318。

如果僅只是簡單紀錄明帝諸子事略，甚至按照李清自己原本認定的「沒有事蹟的人物就加以刪除」，那麼很顯然，這些只有封號，沒有任何作為又早逝的皇子皇孫們，根本沒有加以紀錄的必要。就算是順帝，恐怕也僅僅會紀錄死亡年。但是，李清為了譴責蕭道成的惡劣行徑，不只留下這些皇子們的事蹟，還從《宋書》、《資治通鑑》等再加以補入資料，以凸顯當時宗室遭誅戮的慘烈，並表現了自己的理解與立場。相對於此的，則是在第六十四卷中提及的陳宗室事論：

> 文、宣、後主諸子多有以無所表見應刪者，然予不刪也。一明宣帝猶能矯宋明、齊明之失，則猶子生；一明隋文能矯周武之失，則亡國之後，又復生矣。明原故不刪。〔註62〕

第六十四卷末，所補入的諸王事蹟也都如第十五卷般往往只是短短一兩句，然而，相異之處則在於許多人的描寫中，都只有後續官位的加封，至多補入「卒於長安」一句，足見得陳末諸王在隋，並沒有明顯遭到威逼或殺身之禍，甚至還能夠各取官位。這就是南四朝在朝代興替之際難以做到的事。因此，李清相對於對蕭道成的貶抑，對之大加讚揚。然而若不是李清在最後能夠再把自己的立場、緣由剖析清楚，就讀者來看，無論是補入明帝諸子事，或者留下陳朝宗室諸人事，都僅僅像是生死簿，讀起來索然無味。必得要李清加以提點，才能理解他的深意。

　　對於補入加以敘述，是李清相當常用的手法。即使是補入了《史糾》、《通鑑考異》等已經對歷史有所評述、比較的文章，李清仍然時常在其後加上自己同意的想法或歧見。這樣子的補入，相對而言更為清晰，也能夠對李清改動史書的緣由做出良好地說明，並提醒讀者應該要注意的讀史重點。但同時，讀者的閱讀經驗也必然承受李清個人觀點的影響，從而對歷史的想法有所變化。

（三）直接論述

　　李清對於讀者閱讀經驗的介入中，當以直接增加批評、論述，箚記與感嘆的最為明顯。相比於前面兩種表達意見的方式，此種類型最為直白，且偶能跳出史實考證與批判，流露出李清個人的思想與價值觀。

　　李清多數的意見表達，是藉由資料的補入以及短小的批評完成的。然而偶爾也會在《南史》原文之後，直白的表達自己的意見，如以下三條：

〔註62〕　《南北史合注・卷六十四》第三冊，頁118。

己卯，（梁元帝）立王太子方矩爲皇太子，改名元良。立皇子方智爲
晉安王，方略爲始安王。追尊所生妣阮修容爲文宣太后。

　　李清注：尊母豈可在立子後？此亦孝元亡國一節。〔註63〕

郭世通，會稽永興人也。年十四喪父，居喪殆不勝哀。家貧，傭力
以養繼母。婦生一男，夫妻恐廢侍養，乃垂泣瘞之。

　　李清注：郭巨初欲埋兒，見金與土中，止。惟世通乃眞埋兒者，
　　又同氏郭，尤奇。〔註64〕

初，上在淮陰修理城，得古錫趺九枚，下有篆文，莫能識者。僧眞
省事獨曰：「何須辯此文字，此自久遠之物。錫而有九，九錫之微也。」
高帝曰：「卿勿妄言。」及上將拜齊公，及將拜齊公，已克日，有楊
祖之謀於臨軒作難……

　　李清注：祖之義士，誰爲表而出之者？〔註65〕

這三條，並未論及史實或寫作手法，直接流露出李清對事情的觀感。首條討
論尊母、立子的順序問題，表達出對倫理觀念的重視，第二條與第三條則都
只是純粹的感嘆。李清對於郭世通與郭巨事蹟的類似表達出驚奇之意，所謂
「歷史」內容的重合性，或者亦可以視作歷來對「孝」詮釋的方向大抵皆同，
且「歷史」可能因傳播而僅存其大概，故有此重合。第三條則是對楊祖之敢
於挺身面對權威正盛的蕭道成表達敬佩之情。

　　這一類型的意見表達，實質上對史書的補充不具特別的價值，近於箚記、
感想書寫，僅能用作分享價值觀、讓讀者能夠直接了解作者的想法。然這樣
的做法，亦是對讀者閱讀經驗的介入。

　　至於李清的長篇論述，實際上並不多。然而從他少數的長篇論述中，仍
顯示他對歷史極高的熟悉度，並能以客觀的角度、理性的態度進行討論，同
時也能夠針對普世的評論以及價值觀加以反駁，在釐清史事之外，也向讀者
表達了自己的史觀。

　　李清最值得一提的長篇歷史論述，莫如梁武帝蕭衍嘉納侯景，導致侯景
後來能夠掌權、並且使整段時期動盪不堪之事。許多人認爲蕭衍一開始就做

〔註63〕《南北史合注・卷八》第一冊，頁178。《南史》原文中，「晉安王」爲「晉安
　　　　郡王」。
〔註64〕《南北史合注・卷六十九》第三冊，頁178。
〔註65〕《南北史合注・卷八十》第四冊，頁372。

錯了選擇，才導致了後來的問題。李清則不然，他的評論中先敘述大多數人的論點，再提出自己的論點，並且將當時的勢力劃分、情勢，以及梁武帝本身所擁有的資源與能力都加以列舉，再作評析、討論：

> 世皆言梁武納侯景爲失策，而吾獨謂未盡失。不記魏明元與宋武交聘，而一聞武殂，即追執使者，親率兵取河南乎？梁武背東魏和以納景降，亦祖而家背宋故事耳。獨惜梁武不能自將，且不能將將。夫所謂將將，必其將知深勇沉，能先制景、兼制東魏。彼梁武猶子貞、陽侯、淵明一紈袴子耳。昔梁用臨川王宏禦魏，而畏魏如虎，貽誚蕭娘，若昏醉如淵明，是再見蕭娘也。況又佐以善逃，趙伯超爲呂姥續，其敗而俘以此。然則當日誰將？惟羊侃耳。夫侃去魏歸梁，與景志殊而迹同。在北則雄名，固爲景所憚；在南則赤心，亦爲景所欽。且他日居圍城中，猶能出奇無方，使景屢攻屢摧。侃亡，斯城破，寧有長於防城而短於禦敵者？若梁武不將淵明、將侃，則景必垂頭弭耳，惟所指揮。制景乃制東魏，況東魏所恃者，一慕容紹宗耳。侃景合力而紹宗孤，智若紹宗破，則北土震矣。且是時，大將軍高澄悖甚，詈主毆君，無人臣禮。若梁武檄數澄罪，謂吾不背歡，背澄，詎曰無名？斯時也，因景所納東魏土之半，長驅入鄴，君臣並俘，奏凱南還，燕趙服而關隴搖矣。然後待宇文黑獺死，徐吞西魏爲一家，使後世誦大一統者，不言隋文自北幷南，而言梁武自南幷北，詎不爲江左吐氣？故吾謂梁武納景非失策，而不將侃以將淵明爲失策也。何以知之？則又於淵明敗後，侃結陳徐還知之。惜也！僅用以救敗而不用以制勝。〔註66〕

他首先舉出史事爲例，說明國與國之間的關係並沒有絕對的信義，只有絕對的利益，因此無論與誰結盟，首要就是彼此具有共同利益，且須注意對方會不會爲了利益而叛盟。接著，他說明梁武帝本身的條件是「梁武不能自將，且不能將將。」並不是一個能夠開啓新局面的君主，至多能成爲守成之人。既然他本身不具有這樣的能力，勢必要找一個能夠破開如此僵局的人。然而梁武本身又是一個紈袴子弟，並不能控制驍將，因此，像侯景這樣的人他必定是制不住的。

〔註66〕　《南北史合注・卷八十六》第四冊，頁70。

　　將蕭衍的人格特質敘述完畢後，李清開始歷歷分析當時的情形和應行的策略。首先，蕭衍的勢力不強卻又想要兩邊討好，他不能站明自己的立場，一方面想要接納東魏叛將侯景，一方面又不想要惹怒東魏，這就埋下了侯景之亂的肇因。

　　其次，李清認為蕭衍在選擇將領上舉親而遠賢，選擇了蕭淵明而捨棄了猛將羊侃。羊侃身為叛出東魏的將領，在北方頗有聲名，必然受同僚侯景所欽佩；更重要的是，羊侃又能夠忠於蕭衍，可與侯景勢力鼎足，因此李清認為蕭衍應該要更重視羊侃，並以之收制衡之效。

　　接著，李清又講述了當時東魏的局勢，認為當時東魏高歡之子高澄劣跡斑斑，若打著「反高澄」的旗幟，助侯景一臂之力攻打東魏，甚至有機會一統南北。之後再藉羊侃之力控制侯景，那麼就是一個全面勝利的局面。

　　最後，李清總結了自己的意見，認為蕭衍的問題根本不在於選擇納侯景為將，而在於用人能力不佳，不能利用羊侃作為制衡，而被親屬關係所圍限，選擇蕭淵明為將。換言之，蕭衍的政治敏感度和手腕都不足，才會導致後來的侯景之亂。

　　從李清整段的論述中，可知他能夠全盤掌握南北歷史、局勢，而且能在既定觀點之外加以思考，並找尋各種可能解釋。一如案例分析般，藉由清晰的思路將當時的條件與可能性一一闡明，而這也顯示出他對於論史頗有一番心得，才能夠敘述得淋漓盡致。

　　李清補入個人意見的數種手法中，直接批評與論述的方法，是最能直接表達出他的歷史觀點的，也是對讀者閱讀經驗最直白的引導方式；箚記式的感嘆，則能夠顯示出他的價值觀，並讓《合注》讀者在閱讀時彷彿有人可以相互分享意見般，帶了一點指引功能。而藉補入表述意見，或者加助補入目的的兩種方法，亦有一定程度的傳達功效。面對李清的補注時，幾乎不能單單以歷史的補充視之，多須注意在補注背後的意向。然無論如何，這些個人意見的表現都能夠對於讀者歷史思考、閱讀經驗有所增益，使閱讀者能站在李清的視界之上，增加歷史的理解。

　　從李清對於《南史》、《北史》的結構調整中，可以見得他對於善惡的重視，以及能夠對傳記配置改動、調整的能力，其餘的考異、辨證等功夫，則呈現他對於考證史實的要求，並顯示他對史書前後矛盾與諸多飾詞的厭惡。李清對史書的改動，已可以顯現出他所作的類近於「指導書」，因此在加入自

己的意見之後，也會與讀者直接對話，提醒讀者應該注意的要點，同時也分享自己的感嘆、劄記。就後世讀者讀來，自然覺得彷彿有人在前帶領，如良師益友般諄諄提醒。雖然李清如此的處理手法，使得他個人的意見大幅顯現，模糊了書籍、作者與讀者之間的分際，然也不能不承認如此的作為，在呈現李清個人價值外，亦於讀史有所裨益。

第六章　李清思想背景與核心價值

　　作爲一個歷史的閱讀者、評述者以及補充者，個人思想的背景以及價值觀必定影響其歷史理解及想法。李清，一個改朝換代之際不能死君的臣子，亦有自己的堅持，不願意受清廷徵召出仕。他的好友陳瑚曾經在書信〔註1〕中與他討論到受清廷徵召的事，有這麼一段敘述：「夫子曰：『危行言孫』，《詩》曰：『明哲保身，聖賢之學，蠖屈龍蟄，以全其用。』今吾黨之愛閣下者，非慮回面易行而喪其所守也，但恐制行太高，立身太潔，觸要人之忌，成周、章之局耳。謂宜相機觀變，稍示委蛇，當事固請，不妨一見謝之，不必踰垣閉門爲已甚之行。」在這段所述便是李清針對清廷徵召，總是稱病不見並託辭不仕之事。縱然同樣爲明代遺臣的陳瑚也選擇隱逸不出，但是就連他都覺得李清的態度略嫌過度堅決，可能招致他人猜忌、怨憤，就可以知道李清立場的強烈。

　　雖然李清對於出仕具有堅定的立場，但是李清選擇閉門寫史而不殉國，相較於許多明代官員，包括他的老師死君的選擇，仍有所不同。這樣的選擇，是否代表他的的君臣、正逆觀念會比傳統開明？又明清交替時，發生許多幾乎可說是「必然」的殺戮、清算事件，李清身處在那樣的環境中，眼見這些事件的發生卻又無能爲力；對應到南朝四代政權交替頻繁、血腥殺戮以及戰事頻仍的狀況，似乎也可能造成他與南朝作史之人、以及生活在盛世的李延壽，對類似的事件有不同的看法；而在面對這些無能爲力的事情時，他又能

〔註1〕　〔明〕陳瑚〈報李映碧廷尉書〉，《確庵文稿》卷二十三。收錄於《汲古閣叢書》第三冊，共七冊（北京：全國圖書館文獻縮微複製中心，2008 年），頁439～440。

藉由什麼樣的方法得到慰藉或抒發？這些，在他對歷史的意見、評語以及看法上可以得到一個大致的概念。

綜觀李清《南北史合注》，可見得他對「忠」、「逆」的分判鮮明，同時卻又對所謂叛逆有同情的表現。可以想見他雖然強調忠，卻也理解在亂世中的不得不然。而他的批語中亦常出現諸如「報應不爽」、「天道循環」等用語，似乎也傳達出他有意將人力所不及處歸之於天，並以此爲事件作解釋。天道報應既存，神異事件也就不可能完全被排除或視爲無稽之談。因此即使他曾在〈凡例〉中表達對讖緯、佛門等事的摒棄之意，但多數時候，只要此類記載能成爲歷史事件的一種解釋，李清仍會將之保留，甚至也自行增補入注，並非一概刪略。

從李清的生存背景比對到他在《合注》中的用語，可知忠奸、是非等觀念爲李清著重的人生課題，也在在表現於書中，影響他對人物、事件的判斷。因此，本章就《合注》中對神異、天道甚至復仇的態度，討論李清的思想呈現，進而討論其是非忠逆觀念，以期對李清作書時的立足點能有更清楚的理解。

一、神異觀

李清雖然在〈凡例〉中言明非正史體的讖緯、佛門事件應該刪除，但是事實上他眞正將這類內容改動入注的地方並不多見，第四章第一節第五小節中曾舉兩例，其一提及王玄謨將遭斬，誦觀世音名號後被免罪之事〔註2〕，其次爲東城諸般異事，爲蕭道成正統鋪路的諸般徵祥記載。於此二者之外，與神異相關，似與正史無關而遭自正文改動入注的內容，僅有以下四條：

第一條：

識者知其暮年之事，果以此歲終。

> 本史曰：時有一長鬼寄司馬文宣家，言被遣殺弘微。弘微疾每劇，輒豫告文宣。及卒，乃別宣而去。〔註3〕

〔註2〕 《南北史合注・卷十七》第一冊，共八冊（故宮博物院編，海南出版社出版發行，2000年6月，第一版）：「蕭斌將斬之，沈慶之固諫曰：『佛狸威震天下，控弦百萬，豈玄謨所能當。殺戰將以自弱，非良計也。』斌乃止。」李清注：「本史曰：『初，玄謨始將見殺，夢人告曰：「誦觀世音千遍則免。」玄謨夢中曰：「何可竟也。」仍見授，既覺誦之，且得千遍。明日將刑，誦之不輟。忽傳唱停刑。」」，頁358。
〔註3〕 《南北史合注・卷二十一》第一冊，頁413。《南史》原文微異，作：「及弘微死，與文宣分別而去。」。

第二條：

武帝不豫，詔子良甲仗入延昌殿侍醫藥。

> 本史曰：子良啓進沙門於殿戶前誦經，武帝爲感夢見優曇缽花。
> 子良案佛經宣旨，使御府以銅爲花，插御床四角。〔註4〕

第三條：

自此帝畏信遂深。自踐阼以來，未嘗躬詣，於是備法駕將朝臣修謁。

> 本史云：魏軍攻圍鍾離，蔣帝神報敕，必許扶助。既而無雨水
> 長，遂挫敵人，亦神之力焉。凱旋之後，廟中人馬腳盡有泥濕，
> 當時並目睹焉。〔註5〕

第四條：

梁武帝敬信殊篤，爲帝合丹，帝不敢服，起五嶽樓貯之供養，道家
吉日，躬往禮拜。

> 本史曰：白日，有神仙魏夫人忽降，乘雲而至，從少嫗三十，
> 並著絳紫羅繡裓褌，年皆可十七八許。色豔桃李，質勝瓊瑤，
> 言語良久，謂郁曰：「君有仙分，所以故來，尋當相候。」至天
> 監十四年，忽見二青鳥悉如鶴大，鼓翼鳴舞，移晷方去。謂弟
> 子等曰：「求之甚勞，得之甚逸。近青鳥既來，期會至矣。」〔註6〕

這六條被改動的資料中，佛教事件佔兩條，另外三條言及道教以及鬼怪之說，
讖緯等語僅佔一條。顯然並非如李清所言專將佛教、讖緯之事改入注中。且
事實上即使所謂讖緯之事，也似並非完全因爲「讖緯」之由而改動入注。

雖然李清將這些內容改入注中的理由只有相當概略的「不符合正史體例」，
且特徵與〈凡例〉所言規則亦不完全相符，然或應仍有共同之處。就這四個
例子的實質內容而言，（1）敘說受指使的鬼前往害人的故事；（2）講聽經得
異夢，有所感應進而實行之事；（3）傳蔣帝神下凡幫助征戰；（4）講述梁武
帝對道教的信仰，並說及神仙魏夫人下凡，提示鄧郁有成仙的希望，並在天
監十四年派青鳥下凡，作爲他飛昇的預示。綜觀此六條，王玄謨頌觀音名號
而得赦、蔣帝神下凡助戰等兩件事，都是對事件結果的超自然解釋；東城種
種異事則是對天子的正統性予以背書；餘者則既不造成特定的影響，也似乎

〔註4〕　《南北史合注・卷四十五》第二冊，頁252～253。
〔註5〕　《南北史合注・卷五十六》第三冊，頁4。
〔註6〕　《南北史合注・卷七十八》第三冊，頁346。

可有可無。然而前述較可以看出意義的三條中，前兩者李清並未多作解釋，只在東城一事給予「皆係牽合」、「無稽」的評語。而從第二章中對於李清補入資料目的性的探討看來，或許可以將此條從單純神異事件的類別中劃除，或許「冗贅」才是此處最主要的刪除因素。

但即使如此，仍然無法完整的解釋李清改動蔣帝神助戰、王玄謨誦觀音名二事遭改入注的原因。如果僅以合於正史體與否的規則來解釋，對照《南史》原本收錄的神異事件大部份沒有被改入注中的情形——諸如皇帝初生、成長或登基之前的各種異夢、異象，或者孝子感動天地〔註7〕的事件——都仍然得以保留，不曾遭到改動，或許可以猜測李清對於這類事件的增刪或改動；並不只像表面上說的以正史體例作為去留判準，而應該還有其他的參考條件與理由。若要進一步了解李清對於各種神異事件的態度，或許可以將範圍拉大，從他由其他書籍中補入《南史》的相關資料來進一步討論。

實際上，被李清加入注中的神異內容並不少，加入的內容也相當廣泛，包括陰陽五行、道教、佛教異事、各類徵祥異兆，甚至民間信仰、占卜、附會之說、後見之語等，皆多有所收錄。這些注解的存在或許可以為李清對於神異事件的正面——或至少是中立——態度做旁證。如果要進一步理解他在「改入注解」時對事件的揀擇理由，也就必須從這些補入中探討。而這些收錄的內容雖多，但一言以蔽之，目的大多是「為正統背書」，為後來的事件、或者繼承的正統性作合理的解釋。

如對各朝君王或者梟雄出生或成長過程的描寫，往往會記載諸多祥徵。或母親懷胎時得異夢〔註8〕，或一出生身上就有胎記〔註9〕，或者祖墳冒煙〔註10〕，

〔註7〕 如《南北史合注・卷六十九》言及沙彌為嫡母喪哀哭，生松樹百許、渡江遇風浪，抱生母靈柩號哭，隨後浪平等事。

〔註8〕 《南北史合注・卷七十八》第三冊：「初，弘景母郝氏夢兩天人手執香爐來至其所。」李清注：「《梁書》曰：『又夢青龍自懷出。』」，頁347。《梁書》原文微異，作：「母夢青龍自懷而出。」雖然陶弘景並非帝王梟雄，但是仍屬奇人，因此其事聊備於此。

〔註9〕 如《南北史合注・卷四》第一冊：「高帝以宋元嘉四年丁卯歲生，姿表英異，龍顙鐘聲，長七尺五寸，鱗文遍體。」李清注：「《南齊・祥瑞志》曰：『太祖體有龍鱗，斑駁成文，始謂是黑痣，治之甚至而文愈明。』」，頁75～76。

〔註10〕 《南北史合注・卷五》第一冊：「延興元年，七月丁酉，即皇帝位。」李清注：「《南齊書・五行志》曰：『海陵王初立，文惠太子冢上有物如人，長數丈，青色，直上天，有聲如雷。』」，頁106。

或者行軍時頭上有彩雲，〔註11〕都是類似的例子，也有相似的作用。這些預兆的書寫與保留，是從古以來爲名人賢王染上神秘色彩的慣例。如前所述，這類的「吉兆」，李清幾乎都不加刪減，甚至進而從其他書本補入。或許是因爲這與宗教並沒有太大的關聯性，而且有相當大的可能出自後人附會或當時之人爲了營造聲勢、確立自己或所效命之人爲天命所歸的形象，而加以編造、傳播的；因此也可以當作一種間接的史料，或作爲當世之人對英雄崛起的解釋。對於宋高帝的出身故事，他補入了《宋書》中的一段內容：

> （高祖）行止時見二小龍附翼，樵漁山澤，同侶亦睹焉。及貴，龍形更大。帝素貧，時人莫能知，唯瑯邪王諡獨深敬焉。
>
> > 沈約《宋書·符瑞志》曰：「帝嗜酒，嘗息逆旅。旅嫗命入室飲酒，醉臥盎側。諡有門生，亦至此逆旅。旅嫗命入室共飲，門生入室，驚出謂嫗曰：『室內那得此異物？』問之則云見一物五彩如蛟龍。門生白諡，戒勿言，與帝結厚。〔註12〕

歷史上實際上發生的事是「諡獨深敬」，這是結果；而從《宋書·符瑞志》的補入，則完足了劉諡對宋高祖保持崇敬的原因。在這樣的描述中，劉諡的態度來自於高祖酒醉時，其門生親眼見高祖隱藏的龍形，進而認定他有人君之相。《南史》中描述高祖平時就有「二小龍附翼」，因此同行之人都已經知道高祖受天命，且高祖也因此而洋洋自得。然後面又寫「素貧，時人莫能知」，顯示雖然高祖具帝王相，但是知道這件事的人也就是平素與他來往的漁樵眾人，因此顯貴劉諡對他的敬重，就顯得相當特出而不具備足夠的理由。李清自《宋書》補入的內容，則將此事的發生背景放在旅館，因此知道的人也就寥寥無幾。在這樣的條件之下，高祖受天命而將爲人君之事有了神秘色彩，而劉諡與其他權貴不同的行爲也得到了解釋。因此，從這樣的補入中，更可以再次確認李清之所以將與齊高帝相關的東城異兆改入注中，並非因爲事涉神異，而確如其自述，因敘述之冗贅而改。

除此以外，對於讖緯之說、占卜之言，以及陰陽五行之事，李清也頗有收錄。陰陽五行特重顏色相生剋的關係，並且進而用作對後來事件的解釋。然而這些讖緯或占卜所解釋的結果，往往令人覺得流於後見之明，各種具象

〔註11〕　《南北史合注·卷一》第一冊：「九月，帝至彭城，加領北徐州刺史。十月，眾軍至洛。」李清注：「徐爰《宋書》曰：『高祖北征，至洛陽，常有紫雲見於軍上。』」，頁18。

〔註12〕　《南北史合注·卷一》第一冊，頁4。

徵意義的事物、景象〔註 13〕，似乎也只能對已經發生事件的補強。李清對於這一類不具明顯宗教色彩的異事說法，似乎傾向於留存、甚至會爲之加以解釋的立場。較爲明顯的一個例子如在卷四，《南史》原文以玉璧共三十二枚，解釋南朝宋國祚共六十年的原因〔註 14〕。李清則將《宋書‧符瑞志》的內容補入，說明宋武帝得到玉璧的緣由，：

> 《宋書‧符瑞志》曰：「初，冀州沙門法稱將亡，語徒普嚴曰：「嵩高神告我江東有劉將軍，將受命。吾以三十二璧與之。三十二璧者，將軍卜世之數也。」普嚴以告同學法義。法義後於嵩高廟石壇下，果得玉璧三十二枚」，「史臣云：宋卜年之數也，謂卜世者，法稱謬其言。宋受禪至禪齊，計六十年云。」〔註 15〕

從此書三處補入的內容，可以知道眾書皆以宋武帝之所以得到玉璧，是由和尚法稱交代徒弟普嚴拿去給劉裕的。沈約在其《宋書》中更加以發揮，認爲法稱和尚並非以三十二枚玉璧「卜世」，而附會「兩個三十」爲六十，恰好符合宋祚，也在此時修正「卜世」爲「卜年」。李清對於這件事，似與沈約看法相符，不僅沒有痛斥這樣的說法或加以刪改，反而加以補入、精簡其意。除此以外，李清也對一些以顏色行附會解釋的記載做了收錄：

> 六月癸未，有黑氣如龍見於殿內。李清注：「《隋書‧五行志》曰：黑乃周所尚色。今見於殿內，周師入梁之象。」〔註 16〕

> 後主又夢黃衣人圍城，乃盡去繞城橘樹。李清注：「《隋書‧五行志》曰：隋受禪後，上下通服黃衣。乃隋師攻圍之應。」〔註 17〕

雖然《隋書‧五行志》中曾將各國以五行以及其對應顏色作附會，從各種顏

〔註 13〕 如《南北史合注‧卷二十四》曾補入《渚宮舊事》內容，臨川人獻六實，被解釋爲宋祚之應；第六十二卷中，則引《三國典略》王僧辯獻橘子，被解釋爲戰爭會勝利。第四十六卷言收《冊府元龜》語，爲見「幡」即「翻覆」、「失敗」的預示，皆屬這種類型。

〔註 14〕 《南北史合注‧卷四》第一冊：「宋武帝於嵩高山得玉璧三十二枚，神人云：「此是宋卜世之數。」三十二者，二「三十」也，宋自受命至禪齊凡六十年。」，頁 91。

〔註 15〕 自「史臣云」一段起，又是李清精簡原文內容合而爲一的情形，按《宋書》原文作「史臣謹按，冀州道人法稱所云玉璧三十二枚，宋氏卜世之數者，蓋卜年之數也。謂卜世者，謬其言耳。三十二者，二三十，則六十矣。宋氏受命至於禪齊，凡六十年云。」。

〔註 16〕 《南北史合注‧卷八》第一冊，頁 179。

〔註 17〕 《南北史合注‧卷十一》第一冊，頁 244。

色相生相剋的關係講述事件、戰爭成敗的對應。如北周尚黑，便見黑氣。隋尚黃，因此以「黃衣人」作爲表徵。這些顯然是後見之言。而從陳後主命人「盡去繞城橘樹」也顯示出在不同狀況下，對於夢境、顏色的預兆、意義並不必有固定的解釋。何況這些記載，都出於《隋書》，從後人眼光對過去作出解釋。這樣的記載，或只能以附會解釋，但既然被李清記載在此，或許也代表他對世上的未知力量至少持保留態度，也不排除這類力量能夠在事件發生之前發出預兆或徵象。

從以上這些內容的收錄，就可以知道李清對於讖緯、預言等說法並不排斥，甚至補注的類型，也顯示他承認歷史上紀錄神異事件有其意義。星象方面，他記錄了代表治世的老人星出現〔註18〕。雖然僅收錄寥寥數次，但是畢竟梁武之世本爲治世，因此李清的注明「此後屢見，皆不再記」亦已足，甚至還能夠起加強治世概念之效。異夢的記載，如對梁武帝在夢境中取三分之一的太陽與三分天下關係的判語〔註19〕，以及李清比對三國時期記錄，認爲兩者的確有關聯性，也可以看出李清對於夢境預示有一定程度的相信。占卜方面，他對於自然現象補入《後梁春秋》所引占文作注〔註20〕，認爲烏鴉群聚代表的是「君亡之他方」。若李清真的對這類說法有所排斥，應該就不會加入這些零星的收錄。

以上這些記述，具有的共同點即爲能夠解釋、完足歷史事件。雖然從現在看來，多少流於附會，但是卻也可以發現李清並不排斥「未知的神秘力量」在世上運作的可能性，並且將這些可能的力量作爲對事件的解釋。因此異夢、異事、星象、占卜等在他看來不全是怪力亂神，而能對未來有所預示。但是，即便如此，也不代表李清對於這類說法就是照單全收，或者一味的相信超自然的力量能夠完全的影響歷史事件。各種奇異的解釋，對他而言充其量可以

〔註18〕 《南北史合注・卷六》第一冊：「六月庚戌，立孔子廟。」李清注：「《梁書》載：『八月庚子，老人星見。』愚按：此後屢見，皆不再記。」，頁142。按《梁書・本紀第二・武帝中》自此以後（含本次）共出現十七次老人星。

〔註19〕 《南北史合注・卷十》第一冊：「梁太清初，帝夢兩日鬥，一大一小，大者光滅墜地，色正黃，其大如斗，帝三分取一懷之。」李清注：「愚讀《談藪》，載曹魏之文帝亦有此夢，可見天下三分非偶然也。」，頁223。

〔註20〕 《南北史合注・卷九》第一冊：「有鳥集帳隅。」李清注：「《後梁春秋》曰：『有鵂鶹集其帳隅，占曰：「野鳥入君室，其邑虛，君亡之他方。」』。是歲，開皇六年。」，頁201。《南北史合注》中刪去了《京房易・飛侯》的標注，並改爲「占曰」。。

作爲事件發生的輔助原因或者作爲旁證，並不能作爲唯一的證據或信仰。因此，對於各種事件——尤其是在當時有太多人爲解釋的狀況下——李清還是會以自己的判準來進行刪削或討論。從以下他對於部分讖緯解釋的刪略可見一斑：

> 庚戌，幸回賓亭，宴帝鄉故老及所經近縣奉迎候者少長數千人，各賚錢二千。
>
> 　　李清注：《隋書·五行志》曰：是年三月，帝幸朱方，至四壠中，及玄武湖，魚皆驤首若望乘輿。帝入宮而沒。〔註21〕
>
> 火灸至七炷而疾愈。吳興丘國賓密以還鄉，邑人楊道慶虛疾二十年，依法灸即差。
>
> 　　李清注：《南齊書·五行志》曰：京師有病瘻者，以火灸數日差。
>
> 　　鄰人笑曰：「病偶自差耳。」此人便覺頤間癢，明日瘻復故。〔註22〕

如果僅看李清補入的部分，會令人感到魚浮出水面、用火燒瘰瘤而未成等事只是一種異兆，並不知道所代表的是什麼事情。但是其實《隋書·五行志》和《南齊書·五行志》在記載此事之後還各自另作一番解釋：「《洪範·五行傳》曰：『魚，陰類也，下人象。又有鱗甲，兵之應也。』下人將舉兵圍宮，而睥睨乘輿之象也。後果有侯景之亂。」、「後梁以火德興」。此二處所作的說解，則能夠將後來侯景作亂之事也視作魚、魚鱗所代表的徵象，而所謂的火灸之事也代表著後來改朝換代的預兆。但是李清在記載的時候，卻不知是有意或無意，自動將此處說解的部分省略了。對照前面所舉「烏集帳隅」的事件，似乎也可以看到類似的處理手法，當時李清也將《後梁春秋》原載《京房·易》的內容予以省略，或許可以推測，這樣的省略並不是偶然。

　　從李清所省略的數個部分來看，似乎有些矛盾。前述北周攻梁、隋師攻陳等事，固然接受用夢境、顏色作附會，但是此三處又有所省簡。既然以上所舉亦皆附會之詞，也多與陰陽五行有所相涉，此處的省簡自不是單純出於上述理由。但是就前述對於「《京房·易》」、「魚下人象」、「火德」等遭到刪除者，皆是明顯出現讖緯、陰陽五行名目字樣者。或許可以推測，李清雖然並非不承認事物發生可能有其徵兆，也願意保留這些事件發生的事實，卻也不願意讓歷史的明確被各種讖語、徵象所覆蓋。因此才出現了既有所收錄卻

〔註21〕　《南北史合注·卷七》第一冊，頁157。
〔註22〕　《南北史合注·卷四》第一冊，頁100。

又加以揀擇的情形。

在對於他的神異事件收錄刪削的討論完足之後,再對照前述蔣帝神來援、王玄謨送觀音名而得救兩事,可以發現此二者,講的也都是神祕力量的介入,而且以之為唯一的改變、決定性因素。從李清對於讖緯之說的刪改,以及承認各種神異事件所具有的徵兆、預示功能來看,他之所以改動這兩條的位置,應該只是因為那種太過武斷的書寫方式,將無法證實的原因當作了唯一的原因。真正之所以有損正史之體的原因即在於過分信誓旦旦的無稽之談,而非僅僅是由於神異事件怪力亂神而改動。

以上數個部份的討論中,可以見得李清對於神異之事,並不是真正站在反對的立場來看待的,〈註南北史凡例〉中的說法,至多可以說是對於過度肯定的無稽內容置於正史中的適切性存疑,而不能解釋成他對於神異事件的不喜或不認同。因此,他雖不同意將各種「預示」或顯然附會的內容過於明確的顯現出來,但是仍然承認這些記載存在的價值,並且也能接受將它們當作對於歷史事件的其中一種解釋;也並不認為在當時迷信色彩濃厚的情形下,藉由神異事件強調執政者得位合法性的做法需要完全從史書中刪除,而將它們視為為正統性背書的政治手段。

從李清的收錄與刪節中,所顯示出的是他對於神異事件、思想抱持著不否認但也不全盤相信的立場。因此雖然在〈凡例〉中認定這些事件不合史體,但實際操作時,仍接受這些用以為政治功能或歷史解釋的事件。雖然他並不以之為唯一解釋,但仍顯示他對超自然力量的保留傾向,與其所說純粹的史家角度有所不同。

二、天道觀與復仇觀

從李清補入的神異事件中,已可以看到許多附會、神異之事,雖然多數用以為正統背書,或強調個人的特質或重要性,然除此以外,也有一些可稱作「奇聞」的補入,如以下兩條例子:

> 《高僧傳》曰:釋寶誌曾假武帝神力,使見高帝於地下。常受錐刀
> 之苦。帝自是永廢錐刀。[註23]

> 《隋書・五行志》曰:是年七月,荊州市殺人首墮身不僵,動口張
> 目,血如竹箭,直上丈餘,然後如雨細下。是歲荊州大旱。近赤祥,

[註23] 《南北史合注・卷四》第一冊,頁86。

冤氣之應。〔註24〕

這兩條的內容，一個講的是佛教的報應觀念，僧人釋寶誌所見的景象，可以說是地獄景象，武帝知道父親慘狀後便因不忍而「永廢錐刀」。在這條補入之後，李清加上了一句評語「或問高帝何罪，予曰：當以此二事。」。姑且不論這個問句是李清自問或者他人提問，至少從對問句的紀錄以及回答，多少可以顯示出李清對於「報應」觀是有所相信的，因此才會有因為做了某事而導致死後遭「錐刀之苦」為報應的情形。而另一條所講冤案，殺人者冤氣之重致使死不瞑目、血逆沖而起，又造成大旱的慘狀，不免讓人想到《竇娥冤》的情節〔註25〕，在《竇娥冤》的劇情裡，竇娥因為蒙受不白之冤，因此指天立誓，而有了後來的三種異事。在此處雖然沒有那麼多陳述，但「冤氣之應」的敘述，除了可能僅只是對「荊州大旱」的附會解釋外，或許也可以解釋作人在遭受冤情時，也可能憑藉個人強烈的意志達到某種目標，亦可說是天具有某種意志或者規則，當人事偏離了天道規則的時候就出現「大旱」的懲罰。然而，僅僅有這些例子，並不能很清楚的勾勒出李清心目中的天道的本質以及意義，僅僅能說明他似乎相信世上有報應之事。

那麼到底報應是依循著什麼樣的規則出現呢？從前文推測起來，李清肯定報應是有的，但這種現象的背後似乎有一個神祕的力量在執行。這種力量，或許可以用李清評述中數次出現的「天道」來概括。而這仍然需要更具體的證據，才能辨明他所謂的天道究竟是單純的道理，一個凡人應該遵循的準則，或者真是一種能夠依循著道，並且對人間之事做懲處的神祕力量。李清曾數次以天道解釋歷史事件，或許可以從中進一步推測其意義：

　　愚按：文惠太子諸子盡為明帝所殺。今明帝諸子又皆以宣德太后令
　　誅。宣德，文惠妃也。雖蕭衍所假，亦見天道之巧。〔註26〕

此條評語附在宣德太后賜死南平郡王事，討論宗室相殘之事。從李清的意見中可知，他將宣德太后殺死明帝諸子的行為歸咎於明帝殺死了文惠太子諸子。其實可以將這樣的相殘之舉歸因於宣德太后對仇人之子的復仇，但是李清選

〔註24〕　《南北史合注‧卷六》第一冊，頁146。《隋書》原文略異，作：「荊州市殺人
　　　　　而身不殭，首墮於地。」
〔註25〕　《竇娥冤》故事可溯自《漢書‧于定國傳》中的記載：「太守竟論殺孝婦，郡
　　　　　中枯旱三年。」。《竇娥冤》則將故事的情節強化，將原本直接陳述的結果變
　　　　　成了竇娥指天立誓後天道之應，而純粹枯旱也變成了竇娥所言三事。
〔註26〕　《南北史合注‧卷四十五》第二冊，頁262。

擇將之歸諸於天道，認爲明帝先殺光了文惠太子的孩子，因此自己的孩子遭
報應而死，自己同文惠太子一樣絕後，是天理的彰顯。這樣的想法，幾近於
以牙還牙的報復思想。類似的概念，在下列兩條評論中更爲清晰：

> 近希曹馬，遠棄桓文。禍徒及於兩朝，福未盈乎三載。八葉傳其世
> 嗣，六君不以壽終。天之報施，其明驗乎！〔註27〕

> 愚謂：若霸先繼僧辯後，能守臣節老，則此言爲正論，此事爲義舉。
> 乃輔政，未煖席，遽行篡弒，不知武王之孫、元皇之子竟有何罪？
> 又不知死之日何顏見僧辯？他年身嬰焚骨之慘，子罹溺江之酷，天
> 道哉！〔註28〕

前者所收，是唐代張謂對宋武帝的評論，以「天之報施」作爲貫穿整條評論
的重心，認爲之所以南朝宋會如此紛紛擾擾，而劉裕本人在得位之後也僅僅
做了兩年多的皇帝，就是因爲劉裕篡位時害死前朝兩位皇帝的不厚道舉動所
致。這一切，不被說是人爲因素，而歸諸於天之報施，認爲天道在此處運作，
以報應形式呈現，只要有所罪咎，天必報之。實際上，這樣的評論是相當具
有主觀意識的，畢竟改朝換代之際，要能夠不傷前代君王，或者所謂的「優
禮以待」需要在足夠的形勢條件下，以及新執政者本身具有夠開闊的心胸的
情形下，才可能發生。劉裕所做，固然稱不上是仁義，但也就只是一個普通
篡位者的表現而已，也算不上是特別過分的一個。然而，對於張謂幾乎完全
以天道報應爲評論中心的說法，李清卻說「此數語簡嚴」，認爲這是相當貼合、
精準的評判。可以說，李清的看法應該是與張謂一致的，表現出認定天道實
際的存在、並能有所作爲的立場。第二條對於陳霸先的評斷，基本上也是類
似的事件。在這段評論中表現出的兩件事，一爲相信有死後世界，因此會有
在死後見到故人的說法。類似的評語也在第二十七卷中出現「此以司官而
仙琕先抗後降，故甚其辭耳。但不知死之日，何顏見故人姚仲賓。〔註29〕」，
貌似肯定有人有「死後」，而不認爲死亡就是一切的終結。對照前述僧人轉述
見高帝受刀錐剚身之苦，兩者合併起來，就是人的「報應」並非在死後就能
終結，而只是時候未到，顯示出即使死亡也不能使人逃離必要懲罰的觀念。
而另一個呈現出來的觀念，與之前所及天道、報應之觀念相符，便是除了自

〔註27〕《南北史合注·卷一》第一冊，頁29。
〔註28〕《南北史合注·卷十》第一冊，頁211。
〔註29〕《南北史合注·卷二十七》第二冊，頁80。

身遭受到報應，更會禍及子孫，與宗教中勸善的說法相當一致。值得注意的是，在此處，李清所專注的是陳霸先遭受的報應，重視的是他曾經做過的殘酷事件，並且認定他這樣的行為一定要得到報應。而天道在此時似乎已經變成了報應的執行者，「報應」已經開始成為事件的主體。天道的地位，僅僅是作為報應的解釋。

從這樣的解釋角度，可以發現在李清的觀念中，真正重要的其實是對於世上公義之事的褒獎、以及對不公不義事件的懲戒。天道，作為一個事件發生的解釋，理論上應要報復所有行不義之人；而良善之人，也必須要得到好的結果。但是這一切的評判標準還是在李清自己，一切僅僅是他的主觀認定，而非有一個超然的天能夠作價值判斷。實際上有太多的事情都不可能合乎李清心中所謂的道：壞人往往能逍遙法外，忠臣孝子也不見得個個都有好的結果。對於這樣的結果，他也會直接在評語中表達自己的嘆惋，如南朝陳岳陽王叔慎忠於君主而遭殺身之禍，李清便謂：「始興王伯茂以忠廢帝死，亦年十八，倘所謂天道，是耶非耶？〔註30〕」由於忠臣義士未得好報，又使得他對於天道有了質疑，與司馬遷在《史記・伯夷列傳》中所發「儻所謂天道，是邪非邪？」如出一轍。或許，所謂天道僅僅是他們心目中對於懲惡揚善希望的投射。無論是否有天道，都仍然希望報應能因個人善惡而存在。換言之，報應才是他們真正所希望的。

因為對於報應有所盼望，除了歸因於天道，李清也傾向將部份類似的事情以果報關係解釋或者作連結。如他在第十四卷關於義康的記錄與第八十二卷褚秀之傳記中便以果報關係為兩者的連結，分別互見作提示：

> 褚後出別室相見，兵人乃踰垣而入，進藥於恭帝。帝不肯飲，曰：「佛教自殺者不得復人身。」乃以被掩之。李清注：宋彭城王義康為文帝所殺，其言其事皆見〈義康傳〉。〔註31〕

> 義康不肯服藥，曰：「佛教自殺不復人身。」乃以被掩殺之。李清注：愚按，武帝弒晉恭時，其言其事皆與義康合。見〈褚秀之傳〉。讀史者思之。〔註32〕

〔註30〕《南北史合注・卷七十一》第三冊，頁 243。
〔註31〕《南北史合注・卷八十二》第三冊，頁 401。《南史》原文作「掩之」為「掩殺」。
〔註32〕《南北史合注・卷十四》第一冊，頁 285。

恭帝以及義康兩人，遇到上位者賜毒酒時皆以佛教中認定自殺者不能再得人身為由而拒絕飲酒，兩人的同樣想法或許可以歸因於對於宗教的虔誠，因為佛教中的確是不接受信徒自殺，並且認為自殺會造成果報的；而兩人都被棉被「掩殺」——窒息而死，之所以死因相同，可能也只是當時謀殺者為了營造出自然死亡情景的權宜之計。雖然單純來看，與其說這兩件事有報應關係，不如說是劉義隆相當完美的承襲了他父親的做法來殺死自己的手足。但在李清看來，這兩件事情的相似程度太強，又恰好義康是劉裕之子，劉裕以此方式殺死晉恭帝，而他的孩子也因此而死，完完全全就是報應，而且就報應在自己兒子身上。不過，即使如此，他仍然保持自己對於異事收錄的原則，不用直接的方法說明兩件事的關係，只是一再強調這兩件事的相似程度。但就算僅止於此，兩件事情果報的關係也已被凸顯出來了。李清所言的「讀史者思之」，正指此一點。

　　對於無法掌控的事、奇異的事，李清傾向於用天道、因果報應來做解釋，這樣的想法除了表現他對於懲惡獎善的希望以外，也反映出了他對於「報復」一事必定不是採取負面的看法，甚至有積極肯定的傾向，如以下兩條評語：

> 顗弟頒，少有志節，恒隨梁元帝。及荊州覆滅，入于魏。李清注：
> 愚按：隋滅陳後，頒掘陳武陵，焚其骨，投水飲之。宜附於後，以結復仇局。〔註33〕

> 初，慶之之死也，攸之求行，至是文季收攸之弟新安太守登之，誅其宗族，以復舊怨，親黨無吹火焉。君子以文季能報先恥。李清注：
> 愚按：是舉也，誅其弟以復仇足矣。并及宗族，未免太濫。〔註34〕

前者講王頒投魏之事，其父王僧辯被陳武帝霸先所殺，在其領地也遭人攻下之後，投奔東魏。《南史》正文僅僅至此便結束，並未述及後續，而李清則從《北史》中引入王頒後來挖陳霸先墓事〔註35〕作補充。固然，這是對事件始

〔註33〕　《南北史合注・卷六十二》第三冊，頁91。
〔註34〕　《南北史合注・卷三十八》第二冊，頁171。
〔註35〕　出自《北史・卷八十四》：「及陳滅，頒（王頒）密召父（王僧辯）時士卒，得千餘人，對之涕泣。其間壯士或問頒曰：『郎君來破陳國，滅其社稷，讎恥已雪，而悲哀不止者，將為霸先早死，不得手刃之邪？請發其丘壟，斷櫬焚骨，亦可申孝心矣。』頒頓顙陳謝，額盡流血，答之曰：『其為帝王，墳塋甚大，恐一宵發掘，不及其屍，更至明朝，事乃彰露，若之何？』諸人請具鍬鋪，一旦皆萃。於是夜發其陵，剖棺，見陳武帝須並不落，其本皆出自骨中。頒遂焚骨取灰，投水而飲之。」

末的補充。但是《北史》將這段內容放在〈孝行〉一篇，主要目的是要褒獎其對父親的孝行，李清則將重點完全放到了「復仇」上。雖然，李清仍然把此段內容留在《南北史合注・北史・孝行》中，但是在當篇內容中則是毫無評論，反而將自己的評語置在《南史》之下，其情感流露上的差異可見一斑。類似的批注也可見於第六十卷引入蘭欽子京之事，李清同樣引了《北史》內容入《南史》，謂「欽有子京為東魏大將軍。高澄所擒，命為膳奴以辱之，後竟殺澄，尤為快事。事見《北史》。〔註36〕」在此批注之前，完全沒有提到蘭京之事，而這段評注明顯的重在「尤為快事」一句上。對於報復成功之事，李清的確是相當感到欣喜的。或許，可以從他敘及同一件事情時的不同態度，得知在此事的「孝義」表現背後，真正的意義就在「復仇」。王頒之所以孝，在於他為父報仇；倘若他不挖墳焚骨，也就不能全孝順之名。在「以結復仇局」背後，顯示的仍然是希望殘虐者受到懲罰的想法，同時也給予這樣的報復一種正當性。

　　第二條所言是沈文季報復之事。同樣是復仇，李清雖然認為復仇時應當以牙還牙，但並不贊成濫殺。沈文季的父親沈慶之遭沈攸之殺害，因此後來當沈文季得到機會剿滅沈攸之時，便將沈攸之的弟弟沈登之、以及沈攸之一族全數殺光。悲傷的是，這些人本是一家人，沈慶之是沈攸之的堂叔，卻由於朝堂角力，沈攸之為求宋前廢帝青睞，將沈慶之殺死。因此有了後面一段報復情節。但是，沈攸之在文季剿亂之時，就已經選擇了自殺，他的弟弟登之當時也完全不處於政治舞台中心，某種程度上而言可以說是遭了池魚之殃；而文季則根本是帶著復仇心態去行剿亂之事，因此就連更遠的親族也一舉遭滅。當時的人，實際上也都看得很明白，但似乎認為「文季能報先恥」，給予他一定的褒揚。到此為止，與李清在王頒事件上所採取的立場似乎是一致的，都贊成報仇，而且認為報仇是應當的。然而，李清在這個地方又有異見，認為雖然報仇是應當的，但應該止於沈攸之的弟弟身上，而不該再擴及宗族。止於沈攸之之弟，應該是由於沈攸之本人自殺，因此使文季無法親手復仇，只好殺沈登之以代。但誅滅全族，人數太多、株連太廣，況且本來一家，早已經超過了報仇的範疇，因此李清認為這樣的報復程度並不妥當。

　　除了個人各家的仇怨以外，由於南朝政權更迭頻繁，諸多「忠」與「不忠」問題、「國仇」與「家恨」也被納入討論的範圍內。也就因為時局動盪，

因此對於事件的判定標準，也不能以單一的「忠」字作爲判準。而多會根據事情的前因後果，敘述各種人物、因果關係，並加以討論。在這些討論過程中，除了能夠進一步釐清事件全貌，往往也能表現出他對於報仇、報復行爲的支持。如針對蕭詧助魏攻蕭繹的事，他便有以下評論：

> 世之持論者，皆以宣帝助魏攻孝元爲罪。然河東王譽次兄也，業死於孝元，猶曰相攻耳。若侯景所立少主棟及二弟橋、樛又皆宣帝嫡兄歡子也，景雖篡梁，猶未弒棟。而孝元乃命沉之水，且並及二帝，則昭明嫡系已絕，不止殺譽一事也。宣帝挾父兄猶子之怒，以報其仇叔，豈曰無辭？尤可恨者，當孝元平建康後，杜岸弟岠以梁臣子發昭明太子安寧陵，焚之。雖報家怨，敢虐儲君，且虐及賢明故儲君，乃孝元尊爲人主，親爲人弟，竟不責也。噫！孝元目無死兄，而欲宣帝意有生叔哉？若云臣魏則非，則臣齊者誰？非孝元耶？罪則均罪，恕亦均恕，偏繩可乎？故予獨謂宣帝報孝元未爲過。〔註37〕

這篇評論大致可以分作五個部份。起頭先敘述在一般認知中，梁宣帝蕭詧幫助西魏攻擊自己原屬國家，算是不義、背叛之事。之後再爲蕭詧的行爲正名，認爲蕭繹不義在先，爲鏟除其他勢力害死蕭詧之兄蕭譽，並以侯景篡梁之事作對照，認爲即使如侯景這般篡逆之人，也沒有做得那麼絕——雖然，也可以解釋成侯景爲了減少反對意見，只求實際掌握權力，所以並未殘殺蕭梁宗室——但蕭繹所爲，則是大相逕庭，直絕昭明一系子孫，相對而言實在有些太過。因此，蕭詧的行爲若解釋爲爲父兄報仇，即使對象是自己的叔叔，也仍然算是合理。爲了使這樣的論述更具力量，此段評論的第四部份，李清又舉了之後杜岠發昭明太子墓，而蕭繹卻不加責罰之事，強調蕭繹本身根本就沒有盡到身爲人弟、人君的職責，於人倫、品行上皆有虧欠之處。對於蕭繹如此的評論不僅僅於此處出現，在杜岠兄弟報仇之事時，也作了幾乎一樣的評論：「岠兄弟身爲人臣，敢發帝兄陵，雖名復仇，亦云橫矣。蓋明知元帝殺詧、仇詧，必不代死兄報怨，故敢爲此。雖然，元帝薄兄乃爾，猶責宣帝厚叔耶？觀此一事可以原詧矣！〔註38〕」他對於杜岠兄弟的作爲雖然評爲「橫」，但是因爲在復仇之名下，也還算過得去。但從他一而再的在評論中責備蕭繹的作爲，便可以清楚的知道李清對於蕭繹不君、不弟的行爲非常介懷，認爲

〔註37〕　《南北史合注・卷九》第一冊，頁 191～192。
〔註38〕　《南北史合注・卷六十三》第三冊，頁 101。

－141－

君既不君，又何能求臣爲臣。這過錯的嚴重性甚至超越了蕭詧一切過失。因此，李清最後的結論先就蕭繹本身必須被罪責的事作批評，確立了蕭繹本身有錯，而蕭詧本身又有足夠報仇的理由，因此助魏攻梁的事，就有了相當的正當性。從李清此處將蕭詧助魏之事理解爲復仇，並且藉各種理由合理化，或可發現即使事及國家大義，若有所仇怨，報復也就是必然的。可見他似乎也不將對國家的忠義精神凌駕在個人仇怨之上。

關於報復的思想，首先便能從李清所收神異事件中，見得因果、報應的存在，並且窺知他對於這類事件的有所相信。而綜觀因果報應的例證類型，大致都是「本身遭到冤枉」、「家人遭到殘殺」兩種模式，因此才有後來無論是鬼怪報應、異事產生，還是自己本身或後代子孫所執行或遭受的報復。除這些例證外，尤其從李清個人的批評中可以感受到他對於是非對錯有強烈的執著。因此，對於天道懲惡獎善有所期待、將鬼怪報應視作事件的解釋，並且對於人本身的復仇行爲，也往往給予許多憐憫及解釋。

三、是非忠逆觀

從李清的評述中，可以發現他雖然對於是非對錯相當執著，但是他所謂的是與非、對與錯，卻不一定與一般認知的概念相符合。如言及復仇，可以同意原受害者在無法向施暴者報復時，轉對其無辜的親人下手，卻又不能接受大肆報復的行爲；又如前述蕭詧之事，則將個人報復凌駕於國族觀念之上。凡此種種，可以大略窺見他與一般論者所持之論的確有所不同。由此，便更讓人想知道，在如此強烈的意見下，究竟他對於忠與逆的判斷準則爲何。

從第五章結構改動的討論，已知道李清對於孝義、烈女等事蹟特別著意，因此特別將原《南史》中的的孝義改成孝行、節義兩傳，並添補烈女一傳。除了改動傳記配置以外，他也將傳記的次序大幅更動。原本《南史》的傳記共分八個傳，次序爲：循吏、儒林、文學、孝義（分上下二傳）、隱逸（分上下二傳）、恩倖、夷貊（分上下二傳）與賊臣；《南史》的分類中，明顯傾向將較具正向意義的傳記與反面意義者分開，除夷貊一傳外，後面兩者都屬較帶有負面意義的傳記名稱。而在李清的改動下，這些傳記次序爲：孝行（分上下二傳）、節義、烈女、儒林、文學（分上下二傳）、循吏、隱逸（分上下二傳）、藝術、恩倖（分上下二傳）、姦惡、夷貊（分上下二傳）、賊臣（分上下二傳）。在李清的改動之中，不僅僅是放大善惡之別，即使是善者，也又有

與《南史》略顯不同的分別。《南史》中，以循吏為首，儒林、文學次之，將政治成就、文學成就置前，孝義、隱逸等個人特質在後；而《南北史合注》則相反，將孝行、節義、烈女提到前面，政治、文學藝術方面的成就則置於後。這樣的排列順序，也反映出他對於忠孝節義等大節的重視勝於各人官場、能力上的成就；而惡劣特質的傳記中，也有類似的情形：除多分出了姦惡一類以外，賊臣一類仍放在姦惡之後。可見比起民族大節，各人的姦惡尚不屬他認定的罪大惡極之疇。從對傳記配置的特意改動及其順序中，仍可見得李清對於忠孝節義的執著以及重視。

從傳記次序當中，可見李清對特定特質的重視。除此以外，他對於個別傳記的內容往往也有所改動：有改入或改置雜傳者、有在特殊傳記間移動者，也有從《北史》改入的。從這些人物改動中，或許可以表現出他對於個別特質所著重的焦點，進而推知他於各項特質的定義，以及對於善惡的標準。

（一）強烈的道德分判

從各類傳次序的安排，已知李清對於是非忠逆有清楚的分別。在類傳中，也時常出現他有意傳達人物、事件的正邪與是非。如此的道德判準，不僅造成類傳的改動、人物位置的改易，也能從他的諸多意見中，呈現出有意教化的形跡。如其曾於北史的〈孝行〉中收錄一段《冥報記》內容入注，強調不孝的報應，並自言：「愚按，前所錄孝行皆勸也，特附此於後以示懲云。〔註39〕」，又曾另於北史的〈逆后賊臣〉一傳中加上自題，表現出對於善惡傳記的褒獎與懲戒目標：

> 或問於予曰：子舉馮、胡兩后而賊之，何也？前史有此例否？曰：
> 無有，然儷天子且母天下，而皆以弒君。無所逃賊則緣而下之，凜
> 如矣。若帝子也而逆，宗室也而逆，文武諸臣與奄人也而逆，皆置
> 散傳，散何以懲？故予彙為賊后逆臣傳，附夷狄於後。或曰：「賊后」
> 可乎？予曰：否，夫魏脩齊洋隋堅等，咸大書特書，正其弒於本紀。
> 嚴帝寧寬后，嚴后寧寬諸臣。〔註40〕

這個題解，除了說明他多立「逆后」類目的緣由、歷來史書的習慣等，同時也點出他藉類傳行獎懲功能的意圖。在這樣的說解之下，李清改動類傳與評論類傳人物的目標，顯然除了表達是非、忠逆的判準外，也具備「被觀看」

〔註39〕　《南北史合注・卷一百六十六》〈孝行〉。
〔註40〕　《南北史合注・卷一百九十》〈題逆后賊臣〉。

的認知，欲從己書引導讀者了解他的價值觀以及道德分判。由此，就不得不將李清所分相關類傳加以詳細爬梳，以更進一步了解他的是非道德觀。此處，將以〈孝行〉、〈節義〉、〈賊臣〉三者爲主，討論李清於其中表現的核心價值。

李清的〈孝行〉二傳，大致沿襲了原本《南史》的〈孝義〉二傳內容，但又略有改動。計改入的有張敷、袁廓之、陸絳、庾曜、陸曇淨〔註41〕、何炯、江蒹、杜栖、徐孝克、剡縣小兒等十組，改置〈節義〉一傳的有卜天與、丘冠先兩人；劉渢與陶季直遭改入雜傳〔註42〕，而關於眾女子的紀錄大致皆改入〈烈女〉一傳。之後出現的〈節義〉一傳，李清則標明「俱從別傳改入」。或許，可以從原始的孝義一傳演變到今日《南北史合注》中三傳之多的內容差異及揀擇標準中，進一步探詢李清對於「孝」、「義」等人倫大節的理解以及定義。

從上述李清的改動，可以發現原始的〈孝義〉在李清看來，多還只談得上是「孝」而似不足以稱「義」，因此《南史·孝義》傳中人物在《南北史合注》中幾乎全入〈孝行〉。在這些納入〈孝行〉的人物中，僅有殷不佞〔註43〕一人被李清特別標舉爲孝義兼具：「愚按：《北史》分孝行、節義爲二，《南史》合之。若不佞，可謂兼其二矣。〔註44〕」，其餘之人，在沒有特別評價下似乎只能以孝稱之，其可能原因，或於孝、義的分判上，李清與李延壽有所不同，也可能由於李延壽原本所收具「孝順」特質的人就遠高於具節義特質者，因此〈孝義〉中多爲孝順之人。然而，除了李清自己特意點出的此人以外，從〈孝行〉二傳中仍有比起「孝」似更近於「節義」的人，例如〈孝行〉居首者龔穎。其事蹟如下：

> 龔穎，遂寧人也。少好學，益州刺史。毛璩辟爲勸學從事。璩爲譙縱所殺，故佐吏並逃亡，穎號哭奔赴，殯送以禮。縱後設宴延穎，不獲已而至。樂奏，穎流涕起曰：「北面事人，亡不能死，何忍舉觴聞樂，蹈跡逆亂乎。」……及縱僭號，備禮征又不至，乃脅以兵刃，執志終無回改，至於蜀平，遂不屈節。其後刺史至，輒加辟引。曆府參軍，州別駕從事史。宋文帝元嘉二十四年，刺史陸徽表穎節義，

〔註41〕《南史》作劉曇淨。
〔註42〕改置《南北史合注》第五十一卷。
〔註43〕《南北史合注》原書作「不佞」，《南史》作「不佞」。
〔註44〕《南北史合注·卷七十》第三冊，頁202。

遂不被朝命，終於家。〔註45〕

紀錄中著墨的龔穎特質，包括具有氣節，不輕易遭到收買、朝廷以「節義」褒獎等，幾乎全在「義」上。若要說其孝順，至多歸於師長遭難時，敢於爲之奔喪及挺身而救。如此的類型，似乎更應置〈節義〉，而非〈孝行〉。這樣貌似錯置的類型，在李清的諸多類傳中也是僅有的一個。其餘〈孝行〉諸人物，不能說都不具備大節或義舉，但即使有這些行爲，最後若受朝廷表彰，仍都是以「孝行」的名義。李延壽當時在收錄時，或許也考量到此人的兩者兼美，因此將之置於傳首。而李清雖未另外提及此人的節義行爲，但也未刻意改動。或許也存著讓這樣孝義兼美人物作爲一傳之首，以起提綱挈領功效的心思？

綜觀〈孝行〉一傳中原本各傳人物特質，再比較改入的眾人孝順特質，則可發現一件有趣的事，也就是「身代」結果的差異。原本傳記中，除了一般的孝順、哀喪之事外，就已經有以身代罪的例子，如吉翂乞代父命、蔣恭兄弟爭相攬罪、吳欣之乞求代替弟弟接受死刑、潘綜父子相互請求代死等等；而這些事情的結果，統統都只有一個：兩人都無罪。具體的理由往往都是因爲當權者或主事者因爲這些人發揚天倫而感動，因此赦免有罪者〔註46〕。但李清所補入的情形則不然，陸絳、庾曜、江蒹皆是求代父死，然最後結局卻是父子兩人都一起被殺。甚至在庾曜之後的內容，還加入了《顏氏家訓》中江陵王氏三兄弟玄紹、孝英、子敏三人求代死，結果一起被殺的事。相對而言，《南史》原本收錄的內容似乎都是以好結局爲主，但是李清所收錄的卻並非如此。好人不見得有好報，即使是有勇有孝之人，也不見得就必定會因此得救。或許這樣的收錄，也是對天道無常的反映，並對同類事件中過多歡喜大結局的事件做出平衡。

除了對照補入與原書內容差異以外，也可以從李清改回雜傳的人物中，得知他對人物正面特質的強調。劉渢與陶季直被改入雜傳，而對於此二人，李清有幾條關於改動原因的評論：

愚按：遙光殘忍狂悖，有成事理否？（劉渢）不勸之無反，而以攻

〔註45〕《南北史合注・卷六十九》第三冊，頁177～178。
〔註46〕理由如李清收錄《宋書・卷九十一》的對蔣恭兄弟之事的州議：「末世俗薄，靡不自私。伏膺聖教，猶或不逮，況在野夫，未達詁訓，而能互發天倫之愛，甘受莫」測之罪。二子乘舟，無以過此。豈宜拘執憲文，加以罪戮！」，《宋書》原文與此不同，此爲李清精簡後的版本。

臺勸。即功之亦無成。若非一死,不免長惡。〔註47〕

愚按:《南史》列二人(陶季直與劉瀧)孝義,然不得死,何義之有?
今改雜傳。〔註48〕

《南史》初置季直於孝義傳。然燦、秉,宋室忠臣也。季直捨燦、
秉而就淵、智,有之忠安在?且淵之失節,何足立碑?有吏節而無
臣節,宜改雜傳。〔註49〕

劉瀧兄弟不得死所,與柳叔夜而三。陶季直不識逆順,以齊臣嬰梁
官直寄焉耳。附之齊末,宜哉!〔註50〕

從李清的評論裡,不難看出他改動此二人的原因在於「不義」。劉瀧與其弟選
擇跟從了非正統的一方,並且做出「夜攻臺城」的建議。固然,李清從後人
之見可以知道劉瀧兄弟支持遙光是錯誤的決定,但畢竟劉瀧「爲始安王遙光
諮議,專知腹心,任當顧託〔註51〕」,支持並且給予遙光建議,本來就是他份
內之事,而在遙光失敗後,也算是兩人皆爲之身殉。若不看遙光本身是否爲
佳主,劉瀧兄弟仍不能算是非義之人。而陶季直說起來,也並沒有什麼大問
題,只不過一開始他受到劉秉、袁粲賞識,而恰恰此二人心屬宋室,並皆因
反對蕭道成而死。陶季直本人,同樣也不被蕭道成所喜愛,「齊武帝崩,明帝
作相,誅鋤異己。季直不能阿意取容,明帝頗忌之〔註52〕」,雖然說他爲親蕭
道成的褚淵請立碑並曲意維護,但由此就說他「季直捨燦、秉而就淵、智」,
未免太過嚴苛。

從李清的眼光來看,此二人都不能算在節義的範圍內,因此改入雜傳。
但其實從前面的討論中,可以知道其實這兩人也不算是犯了什麼大錯,只是
沒有挺身而出,爲所謂「正統」或「前朝」君主而死罷了。而即使不論此,
這兩人也還是相當具有納入〈孝行〉的資格。端看兩人對親長的表現,傳中
記述劉瀧:

瀧母早亡,紹被敕納路太后兄女爲繼室。瀧年數歲,路氏不以爲子,
奴婢輩捶打之無期度。瀧母亡日,輒悲啼不食,彌爲婢輩所苦。路

〔註47〕《南北史合注・卷五十一》第二冊,頁347。
〔註48〕《南北史合注・卷五十一》第二冊,頁348。
〔註49〕《南北史合注・卷五十一》第二冊,頁348。
〔註50〕《南北史合注・卷五十一》第二冊,頁349。
〔註51〕《南北史合注・卷五十一》第二冊,頁347。
〔註52〕《南北史合注・卷五十一》第二冊,頁348。

氏生潇，兄渢憐愛之不忍舍，恒在床帳側，輒被驅捶，終不肯去。
路氏病經年，渢晝夜不離左右，每有增加，輒流涕不食。路氏病差，
感其意，慈愛遂隆。〔註53〕

而描述陶季直則說到：

季直早慧，潛祖甚愛異之，以四函銀列置於前，令諸孫各取其一。
季直時年四歲，獨不取，曰：「若有賜，當先父伯，不應度及諸孫，
故不取。」潛祖益奇之。五歲喪母，哀若成人。初母未病，令於外
染衣，卒後，家人始贖。季直抱之號慟，聞者莫不酸感。〔註54〕

陶季直，以年僅四歲懂得要讓父伯輩，不敢先行取物的表現，以及逢母喪「哀若成人」的行為，基本上已經大致能及孝行傳中人物的基本要件了；而劉渢比起陶季直則更過之而無不及，可以孝順繼母，被繼母虐待而能無怨且能無私的疼愛繼母所生的弟弟，並在繼母病中悉心照顧，進而感化繼母，也不可不說是相當具有「孝順」特質的人。但是他們兩人卻都仍僅僅至於雜傳，而未能入〈孝行〉，而原因還是「有吏節而無臣節」、「不得死所」、「不識逆順」等與孝行毫無關係的理由。或許可以由此可見李清在收人入孝行一傳時，其更前置的條件為「有義行」；必先符合了李清心中的義、道，之後才論其孝行。換言之，節義的特質被視作作為一個「好人」必須先要有的核心。因此在孝行之前才會以「節」、以「義」作為先決，由此而使陶季直與劉渢兩人被移置雜傳。

　　與〈孝行〉、〈節義〉中所顯示的節義先決條件相對的，即是對於惡行的貶抑。或由於李清有意於使《合注》具有足夠的教化功能，因此對於奸惡等人，也多所著墨，且往往會標舉其書寫意義。然李清於南史部分，雖多編一奸惡傳，但並未對此多加說解，反而在北史的部分對此類的傳記加以說明：

或曰：子之為奸惡類，何也？予曰：有故。或羽翼權臣而意非己創，
或蠹賊儲藩而事殊上逼。以列〈恩倖〉則嫌浮，以列〈叛臣〉則情
簡，故予另列〈奸惡〉。〔註55〕

這番解說，直白地表明李清不僅將孝、義視作不同層次的特質而加以分判，對於姦惡、恩倖、賊臣等名目，也依其作惡程度不同而有所分別。在善與惡

〔註53〕　《南北史合注·卷五十一》第二冊，頁347。
〔註54〕　《南北史合注·卷五十一》第二冊，頁348。
〔註55〕　《南北史合注·卷一百八十二》〈題姦惡〉。

的特徵一再被強調、分級，所顯示的道德觀同時是二分的，然又具有層級概念，因此無論善或惡，其分野都會爲李清所注重。

節義，相較於孝行，顯然更適合作爲值得褒揚的核心特質，那麼從各傳中另行改入的〈節義〉一傳想必更能夠表現出李清心目中節義二字的眞正意思。〈節義〉傳中作爲標題人物的共三十八條，當中主要可以分作兩種類型：朝代更迭時忠於原君而死及死於侯景之亂者。原本的三十八條人物中，前者占了十六條，死於侯景之亂中的占了十三條。其餘者，因上諫被殺者則占了三條，同一朝代中因宗室鬥爭、派系問題而死者有有四。剩下兩條，一是北魏來攻時死守城池不降、一是出使柔然時拒行跪拜禮而被殺。

首先，會令人注意到的特殊之處，在於被收入〈節義〉一傳的，全部都用自己的性命去成全心目中的正道，無論是在戰爭中被殺、被上位者賜死，或是選擇自殺者，他們往往有其他可以保命的選擇，卻以最激烈、決絕的手段捍衛自己的理念。如在齊梁代換之際絕食而死的顏見遠、上表誹謗齊高帝的裴顗，他們對於自己認定的事物都過度的執著，以致於寧可玉碎而不願瓦全。雖然〈節義〉一傳中顯示出了這樣的特質，但是李清心目中的節義，卻又並不是那麼的嚴苛，並非完全不能接受任何形式的錯誤，也不認爲唯有從一而終才可納入節義範疇之中，而更以人的晚節爲重。這樣的觀念，從對於陶季直的評述就已可見一斑：就因爲他最後並不選擇與袁粲、劉秉共反蕭道成，因此就算原本有任何的優點，仍是遭到一筆勾銷。此外，從以下幾個評論及改動中，也可以看出他對於這類事件的想法。如對於蕭會理的評論謂：

> 會理殺劉納不仁，禦魏師無能。然以「每思匡復」一念，卒死逆手，
> 蓋棺論定，信然。〔註56〕

> 廣達子叛君，宥恩深矣。終欠一死，故不入〈忠義〉。〔註57〕

即使蕭會理有諸多的缺點，僅僅因其「每思匡復」，即使在侯景手下做事，仍然與人相謀反侯景，因此得入節義一傳，再次證明了「節義」特質受重的程度。

而如雜傳中寫到魯廣達忠義之事，但是在廣達子魯世眞帶著弟弟與部將奔降隋將的狀況下，即使魯廣達自身並沒有做出此等不忠行爲，還是因此而「不入忠義」。從此來看，對於忠義的要求又顯得相當的高，只要略有瑕疵，

〔註56〕《南北史合注・卷七十一》第三冊，頁226。
〔註57〕《南北史合注・卷六十六》第三冊，頁148。

就僅能置於雜傳。不過，相對的，《南史》中置於〈賊臣傳〉的熊曇朗，到了《南北史合注》中也被改回雜傳，理由亦然，謂「熊曇朗多詐，然末應王琳，知所歸矣。吾節取焉。〔註58〕」。由這樣的情形看來，節義之名固然高，但是中間其實有通融的餘地。所重者在於特殊事件上的表現，如魯廣達雖然在當朝被視為忠，但是卻因為家人的選擇而造成落選者，應屬於少數。大多數的狀況，似乎只要末節持正，最後都可以在李清筆下得到救贖，即使不被大為褒獎，也不致遭到過度非議。

　　雖然李清所收錄的〈節義〉人士似乎最後都是以死亡收場，但是這是不是代表李清認定一定要以死報主，才能夠稱的上是節、義呢？雖然在〈節義〉一傳中並沒有明確的表述，但是在〈烈女〉一傳中則有相關的評論。〈烈女〉傳首所收錄的人是宋南平穆王劉鑠妻，江妃。她受宋前廢帝劉子業威逼，但是卻堅持要保持自己的清白，即使自己兒子遭受性命威脅，亦仍然不選擇妥協。針對這個被李清擺在烈女之首的女子，李清為之說明：

> 或曰：子改江妃于烈女傳何也？渠未死。予曰：死志以鞭代刃與縊，以子代軀，不烈妃，誰烈？漢湖陽公主坐屏風後，聽宋宏酬對，雖未知再醮它氏與否，即謂二天可也，志移。妃一身白而三子血，雖未知因痛致殞與否，即謂烈女可也。志定。噫！何必死！〔註59〕

從這樣的剖析中，使人知道大部分「烈女」必定是要以性命成全的，同樣的道理，義士、烈士大概也不能例外。但是李清自己卻認為重點不在死，而在「志定」，江妃最後的結局為何，在她嚴詞拒絕劉子業的荒唐要求，並且致使自身受鞭、三子遭戮後就已經不再重要。因為她已經付出了自己能付出的所有，並且給予了相當大的代價。因此，在這樣的犧牲下，她自然可以稱得上是烈女。對照另一位女子——溧陽公主，就有更進一步的描述。溧陽公主是梁簡文帝蕭綱之女，蕭綱在侯景的幫助之下順利當上了皇帝，因此就把自己的女兒嫁給了侯景。殊不知，侯景的野心越來越大，後來便廢了蕭綱，另立蕭棟為王，並在其後派人害死了簡文帝。侯景雖然善戰，但是也並不是永遠不敗的戰神，因此勢敗之後，《南史》記載由於他作惡多端，在死後被「暴之於市。百姓爭取屠膾羹食皆盡，並溧陽主亦預食例。〔註60〕」。在這段的記載

〔註58〕《南北史合注・卷六十三》第三冊，頁103。
〔註59〕《南北史合注・卷七十二》第三冊，頁246。
〔註60〕出自《南史・卷八十》第三冊，頁2016～2017。

後，李清針對溧陽公主補入了一段資料及評論：

> 《梁・典略》曰：「並烹溧陽公主」，與此不同。當從本史。愚問：「溧陽公主未知食景肉後嫁乎？守乎？獨念不更二夫，爲閨閣常經，而惟溧陽不更，逆景愈醜，更矣乎？」曰：「亦不可，簡文弑則主殉。」或曰：「彼唐程氏女，其父兄死於盜，掠己去、以隱忍十餘年，手刃盜。而聞祭不聞殉者，非與夫能復仇，於失身後則不嫁勝嫁，爲自律何必死而不能復仇？于辱身後則嫁與不嫁皆不可，惟有死。」噫！溧陽安居！此《典略》所以有並烹溧陽公主之說也。〔註61〕

這段的討論主要在推測「並烹溧陽公主」這個寫法的背後原因，即在於溧陽公主在父親被殺後不能爲之報仇，而仍然能與丈夫諧好。比對起唐朝程氏女，雖然都是嫁給殺父仇人，但是程氏女活下來是有目標的，可以「隱忍十數年」，等到盜賊完全解除戒心後，再爲父兄報仇。既然「嫁爲自律，何必死而不能復仇」，死與不死，並不是最重要的，而是在選擇之後能不能完成自己的意志。此處的「自律」、「復仇」都是程氏女的目標，也是她後來能被稱道爲「大而得其正者也〔註62〕」的原因。由此，相對溧陽公主未能報仇的行爲，就使得她之後應該要「再嫁」或者「爲父殉」的問題引起了討論。有人認爲當她的父親死去，丈夫成了殺父仇人，她便應該要自殺，死是她唯一恰當的選擇。爭辯的另一方雖然舉了程氏女的例子說明若果有其復仇之志，則溧陽公主死或不死、嫁或不嫁都不是問題。然而在李清看來，溧陽公主在這件事上並沒有作出任何犧牲、沒有任何可堪討論的「志」，只是依附著、無所作爲的隨波逐流，甚至有那麼一點恃寵而驕，於侯景的寵愛下對其惡推波助瀾。雖然侯景殺死其父、與敗亡之間時間並沒有距離得很長，但在她無所作爲的情況下，「應該」是要受到懲罰的。因此雖然李清認爲《梁・典略》寫她同樣被烹煮之事不太可能是眞的，但仍然將這段描述記下。某種程度上，這種筆法或許也是對下落不明的溧陽公主的懲罰。也或許此，溧陽公主直接被置於侯景傳末，並不另外爲傳。

　　由上面的例子，可知李清所謂的節義不一定要能死志，但卻一定要定志；換言之，死與不死不是重點，重點在於人能不能堅持自己的想法、並且用行

〔註61〕　《南北史合注・卷八十六》第四冊，頁77～78。
〔註62〕　〔元〕脫脫等撰《宋史・儒林七・程迥傳》第三十七冊，共四十冊（北京：中華書局，1977），頁12950。

動去使想法化爲實際。然像江妃、程氏女這樣的選擇，畢竟還是牽涉較小，主要影響的是個人意志，頂多擴及家庭。若是像民族大節或者是對君主盡忠的抉擇出現時，往往動盪的是整個時代，影響的因素也更多，因此選擇往往也不僅僅是涇渭分明的是或否，而有更多的考量因素可能影響決定。面對改朝換代時，前朝遺臣可能依據現實因素選擇是否起義、隱居，或者在新的政治舞台上一展懷抱。前述〈節義〉一傳中諸人都是選擇了「起義」一途，死也不肯委曲求全。雖然對於是否以死明志，李清不是那麼堅持，但是對於是否歸降新朝、甚至出仕，則有相當強烈的觀點。如他對袁昂的評價：「此亦昂始抗終降之流弊。若昂或死之，不然亦不仕。君正其無此乎？〔註 63〕」從這段評論中，可知李清對於「始抗終降」是相當排斥的，相對而言也就是著重在「志定於一」，絕不可搖擺不定。

　　類似的評論亦出現在第四十六卷對王敬則等人的史論論後：「四子者身仕宋朝而心黨齊室，以反覆取榮，自應以反覆及禍。宜其舉事無成、身家同盡也。〔註 64〕」，對牆頭草「理應致禍」的想法，再次反映出李清的報應觀念以外，也襯出他對於從一而終的正面想法。除此以外，從對袁昂的評論中同時也表現出他認爲改朝換代之時，即使不能爲故主而死，也要保持「不仕」的基本操守。爲賞識自己的君主而死，固然是歷來忠臣烈士的第一選項，但是卻不能以此作爲對所有人的要求。於平凡人，不能以身殉主，至少也不能馬上對新的君主逢迎拍馬，因此不仕是一個可以接受的選項，而「出家」背後所代表的離世意義雖然比起不仕更爲消極，但在李清看來，也不啻是一種消極反抗，甚至可以認定這是「一生氣節〔註 65〕」而加以推崇。這樣的觀點，顯示出對於故主固然應保持忠誠，但同時也接受每個人有不同選擇的餘地。的確，那些犧牲性命、捍衛理念的人值得推崇；但是如果選擇不死，那麼不仕新朝、甚至離世出家也同樣能夠表現出自己的氣節。在這樣的想法之下，所謂的節義並不要求人必死君，卻得要定志。只要能從一志而終，問心無愧就不論是否死生相隨，相對轉圜餘地較大，而規則也靈活許多。

〔註 63〕　《南北史合注・卷二十七》第二冊，頁 82。
〔註 64〕　《南北史合注・卷四十六》第二冊，評論王敬則、陳顯達、張敬兒及崔慧景四人，頁 282。
〔註 65〕　《南北史合注・卷五十一》第二冊：「先是，平昌伏挺出家，之遴爲詩嘲之曰：『傳聞伏不鬥，化爲支道林。』及之遴遇亂，遂披染服，時人笑之。」李清注：「此之遴一生氣節，應爲時人欽敬，何云笑之？史言謬。」，頁 345。

在李清對類傳的處理與批評中，可以看出他明確的道德分判，不僅是表現了他個人的思想、價值觀念，同時也顯現出他賦與《南北史合注》教育功能，並有意以褒貶影響讀者的想法。但是，在他較為強烈的批判以外，也能看見他對於人在大時代中因不得已而委屈求全的做法仍給予了同情與通融，甚至將「定志」提高到行為之上。這樣的想法，或許受到李清自己在時代交替間眼見的諸多事件影響。回看李清對天道、神異事件的保留態度，以及與李延壽大為不同的孝義行為結局紀錄，也顯示出他對事情演變的不確定性早有認知。或許正由於這樣，他對於並上述事件能夠包容，並對所謂奸惡、叛逆之人也能給予多一分的同情與諒解。

（二）包容亂世中的「奸」與「逆」

《南北史合注》的南史部分中，李清對於「惡」的理解主要表現在〈姦惡〉、〈賊臣〉兩傳，但是在這兩傳之外的其餘諸傳之評論與改動中，也略可以見得他的意見。在李清的分類裡，〈賊臣〉自然是最不可赦的，其次則為〈姦惡〉，餘者或入雜傳，或者依其特質改入各類傳中。

在昭示惡行的兩傳當中，前一小節已對〈賊臣〉有所討論，〈姦惡〉一傳同樣是李清另行立出的，包括王韶之、褚秀之、王晏、蕭坦之與周迪。其中，除周迪原本是在〈賊臣〉一傳，其餘皆從雜傳改入。〈賊臣〉一傳的改動則相對較大，由原本僅僅五個傳主：侯景、熊曇朗、周迪、留異、陳寶應多增了一傳，傳主主要來自各宗室諸王傳，少數出於雜傳；而原先的五個傳主中，熊曇朗、周迪也被移出，分別改置於雜傳與姦惡傳。

若先考察〈姦惡〉一傳內容，可以發現其實此傳中所述人事與眾「賊臣」的事蹟並沒有太多不同。諸人多有助人篡位、弒君之嫌，使得分置於姦惡與賊臣中似殊無差異。然若是如此，就沒有特別另立一傳的必要。但是，李清的評論中，似又出現對所謂姦惡者的體諒之心。其於周迪傳後謂：

> 此《南史》所列賊臣之一也。然迪但不識天命，尚有善政可紀。若
> 以抗忠臣王琳為罪，則謂之姦惡固宜。〔註66〕

周迪，趁亂擁兵，屬割據勢力並且算是雄霸一方的將領，按《南史》的分類謂之「賊臣」其實也無可厚非。而李清此處則將他從善惡光譜的一極調到了猶可原宥的區塊，理由僅僅在「有善政可紀」。這樣的說法看似不合理，畢竟

〔註66〕 《南北史合注・卷八十二》第三冊，頁407。李清原文作「奸惡」，為求統一，此處一律用「姦」。

如〈孝行〉一傳中的陶季直，縱有千般好處，只要一步踏錯，便不能夠被原諒。但是如果深究周迪所行的「善政」，大概就可以理解李清這麼決定的緣由：

> 初，侯景之亂，百姓皆棄本爲盜，唯迪所部獨不侵擾，耕作肆業，各有贏儲，政令嚴明，征斂必至。性質樸，不事威儀。冬則短身布袍，夏則紫紗裲腹。居常徒跣，雖外列兵衛，内有女伎，接繩破篾，傍若無人。然輕財好施，凡所周贍，毫釐必均。訥於語言，而衿懷信實，臨川人皆德之。至是並藏匿，雖加誅戮，無肯言者。〔註67〕

在侯景作亂時，民不聊生，因此人民往往陷入動亂、以盜匪爲業。在這樣動盪的時期，周迪卻能維持勢力範圍内的良好紀律，不僅使人民能夠安居樂業，還能控制好手下的軍隊不滋擾人民。這樣的善政，固然是鞏固勢力重要的一環，但即使是正統的、一國的君主，也不見得能夠達成。遑論周迪本人雖然不識正逆、雖然擁兵自重，但也不是窮奢極侈之人，而能夠安於普通的物質生活，並以誠信待人。這樣的特質，於南朝執政者中也不能說是多見的，甚至以勢力範圍内的人民「皆德之」，即使知道周迪所犯之罪大逆不道，甚至失勢時，面對「正統的」政府勢力也願冒大不韙、犧牲性命守住周迪藏身處的秘密。這樣的「善」無論是出自周迪眞心與否，都已經被當世受其恩惠的人以性命加以肯定。因爲這樣的原因，李清或許也對他多了一份同情，也認同他並沒有壞到無以復加，因此僅置周迪〈姦惡〉中。

在〈姦惡〉一傳中，周迪可以說是最爲特別的人，以善政而改入。然除了這個特例以外，其餘傳主也可見他們的共同之處：並非首惡。王韶之，無法勇於拒絕不正確命令，害死了故主；王晏、褚秀之、蕭坦之則都是跟隨了錯誤的人行錯誤之事。雖然他們都屬叛逆，卻都是受到所跟隨的主子命令的結果。固然，可以說他們並沒有做出明智的選擇，也該爲此受到相應的懲罰。但是李清卻在這個部分，明確顯示出了對他們的同情與比較之意。如他對王韶之及蕭坦之的評論：

> 然以從人非造意，得免列〈賊臣〉，幸矣哉！〔註68〕

> 或問王彥、蕭坦之與諶同事同志，何獨列諶〈賊臣〉？予曰：以鬱林呼諶，定知負心哉！此賊也。〔註69〕

〔註67〕　《南北史合注・卷八十二》第三冊，頁406。
〔註68〕　《南北史合注・卷八十二》第三冊，頁400。
〔註69〕　《南北史合注・卷八十五》第四冊，頁36～37。

從他在王韶之「從人」與「造意」的對比與感嘆中，似乎顯示出了並非主謀就情有可原的想法。而針對他人提問蕭坦之與蕭諶明明共事，卻一個置於〈姦惡〉、一個置於〈賊臣〉中，則答以主上對兩人信任不同，所以背叛時所負的罪咎也不同。蕭諶比起另外兩人，與鬱林王的關係更為親近，甚至到了「鬱林即位，深委信諶，諶每請急出宿，帝通夕不能寐，諶還乃安〔註70〕」、「鬱林被廢日，初聞外有變，猶密為手敕呼諶，其見信如此〔註71〕」，在遭難以及睡覺時，鬱林王皆不能離開蕭諶，尤其是最後的呼求，依舊在蕭諶身上，顯示出鬱林王對他的極度信任。《史記‧屈原列傳》中曾說人「疾痛慘怛，未嘗不呼父母也。」，蕭諶對鬱林王來說，根本就像是父母子女一般親近。受到如此信賴，卻忍心輕易背棄，這才是蕭諶被置於〈賊臣〉更根本的理由。

從這樣的例子中，顯示所謂的「叛逆」、「賊」並不是只有單一的標準，而內含了更多複雜的判準。類似於對王韶之是否該入賊臣傳的說法，以及對於叛逆的判斷標準考量，也屢屢在其他卷中出現：

> 既易主矣，且陳文非首惡，故書法如常。〔註72〕

> 愚按：義宣之叛，應入〈逆臣〉傳。但孝武以淫其諸女激之，又為臧質所玩脅，非首惡也。故仍置本傳。〔註73〕

> 愚按，誕於孝武有功，乃疑忌橫加，逼之使反。君臣俱有過焉，故不入〈逆臣〉傳。〔註74〕

> 愚按，本史載寶寅「謀反奔魏」。不奔則死，何云反？今削之。若他日負魏而反，乃為真反。〔註75〕

前三者所執著的點仍然在是否為首惡之上。第一條解釋不改變書寫用語的緣由，第二條則顯示出他認為義宣雖然有背叛情事，但是這個作為卻是因為被威逼所致，因此即使有錯，也不是自己選擇而為的，也不將他納入賊臣一傳。第三條則敘述了因為主上疑忌，導致劉誕必須為求自保而行逆反。這是相當從現實考量的評述，也顯示出李清並不一味認為臣子必須永遠保持絕對忠誠。

〔註70〕 《南北史合注‧卷八十五》第四冊，頁36。
〔註71〕 《南北史合注‧卷八十五》第四冊，頁36。
〔註72〕 《南北史合注‧卷九》第一冊，頁193。
〔註73〕 《南北史合注‧卷十四》第一冊，頁278。
〔註74〕 《南北史合注‧卷十五》第一冊，頁300。
〔註75〕 《南北史合注‧卷四十五》第二冊，頁262。

盡忠，也不是臣子一人就可以決定並完成的事，而需要明君一同維護關係，才能夠保持賓主盡歡的君臣關係。這種將實際因素納入考量的方式，同時也出現在第四條評述中。若單純從是否對君主維持從一而終的觀點來看，蕭寶寅不啻為叛徒，但是既然他同時身為宗室子，面對新君主維持權力正統性的意圖時，若一味保持著愚忠，在勢運皆去的狀況下，必然只有一死了之。最後蕭寶寅雖然逃往魏去，卻也能夠在穩定之後力圖復國，雖則略有負於救他性命的魏國，也不能不說情有可原。對於這樣的行為，李清還是給了較大的寬容，因此在書寫的方式以及傳紀的決定上，仍然保持平述，而未多加譴責。

　　由此可知，李清對於無可奈何之下踏入「反叛」範疇內的人仍會給予較大的空間。相對的，李清對於位高權重的皇族宗室，反而有較嚴苛的批判。從他對〈賊臣〉、〈姦惡〉兩傳的改動中，可以發現李延壽與李清對皇室成員的譴責程度有極大差異：在李延壽的分類中，宗室諸王必定在宗室傳中，不大會因為個人特質或者行為而改置他傳；但在李清的分類中，卻出現將王室諸人改置他傳的情形。他認為所謂賊臣的出現，如果只執著於怪罪臣子，就好像對於事件只批評基層人員、而對首腦毫無責怪一樣不合理。因此他將諸多皇族從原本的宗室傳中改置〈賊臣〉、少數亦置〈姦惡〉中。這些皇室弟子，往往因為不服原本的權力分配、或者想要稱王稱霸，因此以其中一人為首反抗當權者，因此也屬叛逆，故被置於賊臣傳。相對於臣下「不識順逆」造成的身不由己，擁有實力、能力，甚至較多選擇權的皇室宗人，似乎更不能夠被原諒。

　　由以上這些記述中，可以大略整理出李清雖然認為「定志」為要，也似乎以「從一而終」作為政治信仰。但是，這樣的理念也不具有絕對的是非對錯，並非悖離唯一的信仰就須被銼骨揚灰。如果事涉被上位者逼迫、或性命之憂，都屬於因為現實因素影響，變成了可考量的點。甚至如熊曇朗那樣搖擺不定，不斷改變陣營的人，都可以因為最後選擇正確陣營而得到原諒。這樣說起來，善惡之別固然大，但是他對於所謂的「反逆者」卻往往又給予許多的同情。或許，也是因為在亂世中，往往無法一開始就看出局勢將來的變遷，所選擇跟從的陣營或因勢敗、或因人禍，往往有太多的變化。身為下位者、身為臣子的諸人，固然必須為自己的選擇負起責任，卻也不是人人都能選擇正確，都能夠預見未來。

　　李清對於正逆的判準，是非常清晰的，但是對界於正逆、善惡之間的關

係卻留有相當大的模糊地帶。這種帶有保留色彩的正逆觀念或許是來自於他的生活經驗：改朝換代之際，臣子無所適從，一旦選錯陣營，便可能遭受千古罵名。在明清交替之際，如此的動盪不安，與南朝數十年內不斷改朝換代的情勢，多少有些近似。身為臣子，即使有怎麼樣的想望，卻又有太多的無能為力。出仕，是一步險棋；起義，則是有往無回的不歸路。剩下兩條路，或許自戕，或許隱居，雖然是個人選擇，但都帶著相當濃的消極色彩。

即使確定了自己的立場、即使能清晰看出時代的傾向以及孰為正逆，就算認定應該要為君主復仇，也不見得能成功。或許正由人事的無能為力，使李清消極地將未來寄託在不確定的報應、天道上，只求留一盞希望的明燈。

如此，即使是無法解釋的鬼神事件也不應完全被忽視，而可以容其存在。從李清在史評中對天道的質疑，顯現出他對所謂鬼神，也並不是完全信任。而所謂「天道」的存在，代表的只是不可捉摸的、但又承載凡人希冀的「理」。這樣的思想，或來自於亂世的背景：當現世無能為力、法律與社會慣例也不具備足夠的力量伸張所謂「公道」時，只能依靠或信仰超出人類掌握的力量，才能使心靈得到安撫，或者藉由這種不可見的力量，使人在某種程度下自我規範，使社會有序。也因為擁有這樣的思想背景，影響了李清的類傳修改，亦使他在各傳中有意的加入了道德分判的基準。在給予亂世中眾人同情之外，也寓含了教化的目的。

第七章 結 論

　　從南四史到《南史》，李延壽在綜合諸書、選擇並刪略中，呈現了他綜合諸書以便閱讀的想法，也展示了傳統史書集成的方法，同時也一定程度的呈現了他反對過於雜蕪繁瑣的意見；而從《南史》到《南北史合注》，李清則在不斷的刪改、補回南四史諸多資料及評論中，展現了自己深厚史學的素養與歷史理解，同時表達了對史書的期待與過去歷史寫作方式的不滿，更顯現出他個人在朝代動盪下的價值觀與傳統想法之間的差異。本章將總合前面數章所述，討論李清在《南北史合注》中呈現的價值觀和問題，並試圖討論這本書的價值與定位，以及前人對《南北史合注》的批評是否妥適。

一、總論李清的修史特徵

　　一本好的史書，應該具備什麼樣的特質？錢穆先生在《中國史學發微》中曾將寫史時應注意的重點分為「史法」與「史義」〔註1〕，認為寫史者對於除了必須理解記載的方法（即史法）以外，也需要擁有能夠了解史實真相的史家之心，進一步才能懂得歷史的價值與意義。李清，身為一個對歷史有深厚素養的人，曾經以親身所見所聞自行記錄過好幾本書，如紀錄朝堂所見所聞的《三垣筆記》、明清易代之際的事件如《甲申日記》等，尤以前者已經在書寫體例上對不同事件有所區隔。因此，在這樣的書寫經驗下，李清肯定也對如何書寫歷史一事有自己的觀點。因此，在修改《南史》之時，應也是抱持著定見加以改動。除〈註南北史凡例〉中已可見他自述對於歷史的修改方式以外，《南北史合注》本文中，也在在呈現了他對於歷史書寫的期待。

〔註1〕　錢穆著，錢賓四先生全集編輯委員會編《錢賓四先生全集》第三十二輯，《中國史學發微‧中國史學之精神》（臺北市：聯經出版社，民84年），頁35。

（一）增、刪、改的記述特色

在李清對於《南史》的諸多改動中，增、刪、改三種途徑，各自呈現了李清對於一本史書的期待，同時也在改動中形成一種記錄、編排的特色。在這三種改動方式中，其最基本的目標分別是「補足事件與資料」、「削去繁蕪」與「辯證」。在第二章與第三章的討論中，已經盡可能的舉出他修改的相關例證。以下再略作集中論述，並試圖比較三者之間是否呈現出了同樣的修改目的或特質。

從李清對歷史的補入，可以見得他希望盡可能保留更多的記述。雖然如此，卻也不是大雜燴般把南四史所有的資料合併為一，而依舊有其選擇標準存在。在李清所補入的史料中，純粹的文獻補入究竟有多少意義，或許只能說是見仁見智。雖然一般的說法也多認為李延壽於南四史增刪狀況不一，且在刪改後有些部分仍顯繁雜，有些則過於精簡；但何者應該被重新收錄、或者被留下的部分是否具有保存的必要性，則並沒有什麼共識。李清所改，似乎仍然根於個人的判斷。如在第二卷中，李清曾收錄一篇令建孔廟的詔書，謂：

> 《宋書》載詔曰：仲尼經緯三極，冠冕百王。典司失人，用闕宗祀。先朝有詔繕立事未免就。國難頻深，忠勇奮勵，實憑聖義，大教所敦。永惟兼懷，無忘待旦。可弘建廟制，同諸侯禮。詳擇爽塏，厚給祭秩。〔註2〕

原本李延壽所收，僅言「冬十月戊寅，詔開建仲尼廟，制同諸侯之禮，詳擇爽塏，厚給祭秩〔註3〕」，但也已經能夠將整件事情的重點表達清楚。看來似乎沒有補入全詔的意義。然若將李清補入的內容與《宋書》原文相較，則會發現李清已將純粹的修飾詞語如「體天降德，維周興漢」直接予以刪除，而特意保留的部分則是「國難頻深」，昭顯出因於當時的動盪，所以遲至此時才詔建孔廟。若要說李清的這份補入有何意義，恐怕就在此處。然而此事的重

〔註2〕《南北史合注・卷二》第一冊，共八冊（故宮博物院編，海南出版社出版發行，2000年6月，第一版），頁49。《宋書》原文略有不同，言「仲尼體天降德，維周興漢，經緯三極，冠冕百王。爰自前代，咸加褒述。典司失人，用闕宗祀。先朝遠存遺範，有詔繕立，世故妨道，事未克就。國難頻深，忠勇奮厲，實憑聖義，大教所敦。永惟兼懷，無忘待旦。可開建廟制，同諸侯之禮。詳擇爽塏，厚給祭秩。」。

〔註3〕《南北史合注・卷二》第一冊，頁49。

要性爲何？有沒有保存必要？又或者依李延壽所寫，重點應在「依諸侯之禮」的制度上？則可能因爲各人的觀點不同而有所差異。因此，僅能說李清在具有明確目的的補入外，其餘未言明的補入仍都有其重點，並非毫無選擇，但適當與否，則沒有絕對的判斷標準。

而就較具有目的性的補入而言，雖然李清在〈註南北史凡例〉中表明所收者應爲正大忠義之作或名人巨作，但就其收錄的內容來看，他對於資料的再次收入並不僅止於此。他於正大忠義之作，可見尚有注上補入原因及個人感想的情形，於所謂的「名人巨筆」，則往往只是補而不論，甚至還會依其必要性及長度而有所刪改。由此或可推知，雖然在〈註南北史凡例〉中，這類的文章被特別作爲一個改動的項目標注出來，但其實並不是李清補入的首選資料。

在前述資料之外，有部分內容的補入原因不僅是因爲文章本質之佳，而是因爲這些補入的資料可以使得歷史或人物特質更清楚的被呈現出來。這樣的傾向也同樣出現在李清對於歷史、戰爭資料的補入當中。相對於純粹的文學資料，對於事件的補足、對於戰爭形式的前因後果以及描述，似乎更受李清看重，也因此這類具目的性的補入在李清所增入的資料中佔了相當高的比例。較爲明顯的例子，如第十四卷〈宋宗室及諸王〉傳中，李清大量得從《宋書》中補入事件細節，相當高程度聚焦在權力轉移時的血腥殺戮上〔註4〕。而這些補入與評論，甚至已經多到快要超越《南史》原文的比重。由於比例實在太大，以下的舉例，爲求閱讀方便，僅將李清補入的內容和意見以縮排呈現：

> 子悼王瑾嗣，傳爵至子，齊受禪，國除。
>
> > 《宋書》曰：瑾弟祇爲南兗州刺史，以謀應晉安王子勛，伏誅。
> > 又祇弟楷俱坐，與子勛同逆，伏誅。
>
> 瑾弟韞、述，改〈節義傳〉。
>
> > 《宋書》曰：述有兄弼，亦與子勛同逆伏誅。
> >
> > 愚按：從子勛者亦從孝武子起見，俱不得云謀逆、云伏誅，應改正。
>
> 義欣弟義融封桂陽縣侯，邑千戶。凡王子爲侯，食邑皆千戶。義融

〔註4〕《南北史合注·卷十四》第一冊，頁272～273。

位五兵尚書,領軍,有質幹,善於用短楯。卒諡恭侯。子孝侯覬嗣,

　　《宋書》曰:爲元凶所殺。追贈散騎常侍。

無子,弟襲以子晃繼。襲字茂德,性庸鄙,爲郢州刺史,暑月露裈
上聽事,時綱紀政伏合,怪之,訪問乃知是襲。

　　《宋書》曰:襲子旻嗣,昇明三年,改封東昌縣侯,與兄晃俱
　　伏誅。

義融弟義宗,幼爲武帝所愛,字曰伯奴,封新渝縣侯,位太子左衛
率。坐門生杜德靈放橫打人,入義宗第蔽隱,免官。德靈以姿色,
故義宗愛寵之。義宗卒於南兗州刺史,諡曰惠侯。子懷珍嗣。

　　《宋書》曰:皆爲元凶所殺,贈散騎常侍。

從以上的補入,與《南史》原文一比對,可以發現《南史》中僅僅敘述各人
平生遭遇、特色以及官職,而《宋書》中則將各人最後的結局一一寫出。由
李清這般逐人補入,大大的使得事件焦點被清晰的呈現,而當時政局下王室
諸人被殘殺的情形,也因爲短促篇幅中的不斷提點爲「元兇所殺」而顯得怵
目驚心。這種類型的補入,目的顯然是要昭示劉劭殘殺宗室的惡行。目的明
確,而在寫作手法上也成功的聚焦在其重點上。這類的補入,相較於純粹文
史資料的補足,在史書中是更有意義以及提點功能的。

　　更進一步的追索,李清對於《南史》的補入重點其實應該在於歷史的完
足,並要求盡可能全面的、立體的表現。這個傾向的強烈程度,甚至使得他
甚至將不那麼確定的資料也加以補入,如第二章所舉昭明太子書信中謙言「某
叩頭叩頭」例即是。除此,也有許多爲了彰顯事件脈絡、人物忠奸邪正而增
補的內容。尤以後者,爲了加強聚焦性,並且使強烈的分判意識得以被看見,
往往更加上李清個人的評述,點出補入的目的。如第八十四卷中曾經在一封
補入的勸降書後加註「嶷賢王也,故存其言於此〔註5〕」便是。忠奸之辨、正
逆之異,各種類型的分判在他看來如此重要,甚至僅因說話者的氣節、個性
的強弱高下,就影響了收錄與否的選擇。或許,可以對這樣的補入傾向作一
總結:李清雖然以歷史的全面性作爲補入的重點,但是在歷史之外,他也相
當著重於避免單線敘述及刻板印象,並致力於將忠奸之間的差異標注出來。
總而言之,李清的補入可說是聚焦在歷史的完足以及立體化上,並著意於將

〔註 5〕　《南北史合注・卷八十四》第四冊,頁 8～9。

事件的各個層面表現出來，盡可能避免以單一角度敘述、輕論事件與人物。

　　李清刪略的內容，相對於補入以及改動的部分而言算是較少，但是可見的部分意義則較為明確。其義大致有三：其一，針對過於冗長或不甚必要的文章加以節選或予以摘要，這部分主要針對的是文學資料的刪改；而對於所謂神異事件，也因其不合史體，將過於怪力亂神，且於歷史無補的內容降為註解的地位；其二，針對近於家譜的傳記，刪除不必要的紀錄以及人名，使得記事清楚，避免不必要的枝節；其三，針對並非「本朝事件」的內容加以刪除──除非有特別原因，如藉由彼此互見凸顯南朝事件主脈或者資料留存的需求，否則，只要不是南朝的事件，多會加以刪除。這幾類的目標，清楚的表明了他對於史書「簡潔」的期待，同時將《南史》原本受人詬病的幾個問題一一改正，並為史書撰寫、保留資料的範圍劃出了界限。

　　相較於如一般注本的的補入資料，為避免諸史繁雜而行的刪削手段，李清對於《南史》的改動則屬於一種較具特色的改動模式。他的改動範圍，不僅僅限於《南史》正文，也包含了對於補入資料的改動。對於後者，主要的改動多是為了精簡，避免冗贅，同時也因為原始資料常常有其脈絡，若是擷取引用，為求能清晰閱讀、耦合《南史》正文，必得有所改動。此外，若是完整引用資料，則往往難以呈現特定的意涵，因此會有摘要、刪略的情形。其次，李清也會對於一些較過度迷信、怪力亂神的內容作刪略。如《太平廣記》中，許多事件前後往往掛鉤於神異的描述與判斷，並且不乏將神異事件的解釋覆蓋原本歷史脈絡的傾向。《太平廣記》本身就偏向於紀錄奇異之事，自然不會顧慮史書體例的要求；但這樣的記述若照單全收，卻不免使得歷史染上過多迷信色彩。為守史書之體，避免武斷的結論，自然也須有所刪改。這類的判斷準則也在部分將《南史》正文改入注中之時表現。雖然〈註南北史凡例〉中，認定應該要改易的內容在於太多「讖緯佛門事」，且他也的確有部分的改動，但其實在《南史》正文中仍保留了許多佛門相關事件，甚至在李清自己的補入中，也加入了許多與事實不見得相關的內容。然而，就他所刪略的、改入注中的內容看來，只要是能夠用於解釋歷史或者有助於當朝者用以維護正統的內容或事件，他往往還是會予以保留或加以補入，並不僅僅因為它們的無稽而予以刪改。唯一的理由，或許只在於這些資料同樣也有補史的能力，同時能夠呈現當朝君王為了增加自己繼位的合理性而創造出來的「天意」。

　　至於對《南史》正文的改動，則主要緣於對於事件判斷的差異，因此改易《南史》原本的說詞或用語。這類的改動包括了對南北二朝之間的態度、君臣父子血緣與繼位關係的描寫，以及對事件的敘述方式等等。對於南北二朝，李延壽本著以北為正統的態度書寫，李清則認定當時為無統之世，並不以北朝為唯一正統，而能南北分立，並行互見。這樣的態度，顯現了他對於政治權力轉移或分散有較為開放的態度，尤其是在南朝動亂，兄弟叔姪之間的傾軋以及君臣之間權力的轉換頻繁情形下更是如此。他並不單純以成王敗寇的觀點進行書寫，如在君臣關係轉移，前任君主的孩子舉旗反抗得位者，或者兄弟之間彼此爭權時，都盡量以較為開闊的角度進行書寫。畢竟，史官若本著當權者的觀點為唯一立場，書寫必定會有所偏向。在他的改動中，除了對用語、稱謂的改動以及事件敘述的大幅改進外，同時也對於史官於本國君主的飾詞，藉由討論實際形勢、比較其他資料而推翻。

　　從這樣的改動方式可知，李清顯然對於成王敗寇的觀點並不認同，而認為寫作史書的人必須盡可能地維持中立：一朝之史雖應由當朝觀點書寫，但並不是只能以在位者的角度來書寫。因此，雖然他對於南四史寫作者的寫作手法，由於體諒他們身處當代有所顧忌的緣故，猶不致有太大批判；卻對李延壽在沒有政治因素影響，卻無法秉持公正原則書寫的態度不以為然。之所以李清針對《南史》的改動則顯得最為複雜，主要緣由於在他所提出的大方向之外，仍有太多的細小改動，而這些改動又往往並沒有敘述改動的原因，因此難以確認其是刻意為之，或者僅僅是因為筆誤所造成的相異之處。這類的問題，往往是在比對《南史》或者引用的原始資料後，才發現《南北史合注》中所言與原本的內容有異。然而李清逕直改變《南史》原文時，多半會加以辯證、註解，相對於此，這些近於混同或者補入、改動失誤的部分就顯得難以確定目的。

　　在文章用語、敘述方式的細小改動以外，李清也對於各傳所收人物另作變化。首要的原因在於立傳類型及數量的不同，其次便是價值認定上的差異。雖然，無法否認的是他既以李延壽《北史》作為修史參考，改動起因很可能在於南北二史詳略不同的緣故；然於此之外，仍是較多的摻雜了他個人的想法以及期待。如他在第八十二卷回應他人提問增加傳記類目內容的回應：

　　　　或曰：《南史》之多未備也。〈孝行〉、〈節義〉、北分南合。子析而分
　　　　之，備乎！且〈烈女補〉、〈藝術補〉，皆如《北史》例，而獨於〈外

戚〉、〈酷吏〉罔補，何也？予曰：有以夫。外戚不橫，故不見。且
其卓乎能自見者，宜時傳而不宜類傳。若孝義，美名也。微顯闡幽，
以搜別爲快。獨酷吏何搜，又何別？故於外戚則不必其有，而於酷
吏則反幸其無。〔註6〕

從這番問答中，可以知道李清當時增加傳記的行爲，在他人看來似乎是爲與
《北史》統一，則仍有不合之處；但在李清看來，重要的是「時傳」而不是
「類傳」，也就是因著各朝代的差異、特質，因時制宜地決定要立哪些傳記，
而不僅僅是爲使體例清楚就別立一類傳。除此，也因爲他對於善行義舉特別
樂於強調，因此對於這方面的傳記也不吝多寫。

　　在這類型的改動中，包括〈孝行〉、〈節義〉二傳的分立、增置〈列女〉
一傳等，將各人從雜傳中提取出來加以褒揚。尤其是〈列女〉一傳，諸女多
僅是附於他人傳後，改置下得以獨立一傳，彰顯出李清強調人性美好特質的
期望。但是，從李清將部分原置〈孝義〉傳的人物改回雜傳的情形，又可以
看出李清雖然意欲表彰善行，但並不是僅僅努力將所有人置於美好名目之下，
反而比李延壽有更加嚴苛的標準。相對於此的，則是將〈賊臣〉一傳中部分
人物改回雜傳，改動理由則是因爲其有「末節」。由此看來，他並不只是對於
善的特質有較高的要求，對於賊臣的判準也同樣是較高的。體例與內容的改
動之下，便顯現出他雖然有善善惡惡的傾向，但是對於善和惡的認定，則都
較爲嚴謹。從這些已知原因的的改動之中，呈現出了李清在面對歷史事件時
的觀察角度，並於改動之中投注了他個人的價值觀。

　　總之，從李清的補入中，周到了歷史事件與人物的各個面向；從刪略中，
則劃定了歷史書寫的範圍與目標；而從對正文與補入內容的改動之中，更明
確了歷史寫作者應處的角度與地位。從這三種主要的改動途徑中，都顯現出
李清對於歷史寫作的認知以及對於史書的期待。而在這三種之外，李清也時
常補入自己的意見，並藉此直接表現自己的想法與價值觀。史家於史書中現
身說法，通常會在「論」、「贊」之中表現，但李清所選擇的手法則是直接在
事件之後、補入內容之後，或者改動內容之後，直接說明自己的想法，甚至
有時候還會記錄他與別人之間的問答。有時僅是隻字片語，偶有略長的論述。
無論哪一種，隨事隨句的批註卻是史書中較少見的處理方法。然也因爲如此，
能夠使讀者在閱讀時迅速的得到提點，或者是隨時得到參照提示，在閱讀的

〔註6〕　《南北史合注・卷八十二》第三冊，頁407。

便利性上來說較高。由此，或可總結，李清期待一本好的史書除了能夠還原歷史、剪裁得宜並公正論述以外，也要能夠行教化功能，並且起到幫助後人理解事件的效果。

（二）客觀與主觀的角力

歷史的記錄，似乎很難有完全客觀的存在。除非單純是數據資料的記錄，否則，一經由人的書寫、便不可能完全符合真實。因此，以文字記述的歷史，多少會有個人價值觀的投射，難以達成絕對的客觀。李延壽的《南北史》，除了李延壽本人以北朝爲正統的想法、以及從諸史中揀擇的資料的本身立場以外，相對而言仍屬客觀；而李清的《南北史合注》，著意於將南北二史沿襲各朝飾詞的問題加以改正，並且欲藉由「無統之世」的概念，使得南北二朝處於平等地位，進而使兩朝記事顯得更爲客觀。換言之，李清的書寫，是在李延壽的基礎上加以改動，並試圖使明顯不客觀之處能夠被平衡。

史書的寫作，往往因爲執政者的差異或要求，在敘述觀點或記錄事件時進行微調或加以包裝。在《南北史合注》中，李清曾經在〈文學〉吳均傳中點出執政者的矛盾心態，並且進行評論：

> 私撰《齊春秋》，奏之。稱帝爲齊明帝佐命。帝惡其實錄，以其書不實，使中書舍人劉之遴詰問數十條，竟支離無對。斥付省焚之，坐免職。尋有敕召見，使撰通史，起三皇詎齊代。李清注：愚按：梁武既謂《齊春秋》不實，何以又命撰《通史》？恐亦嫌其直筆，故口非而心許之也。〔註7〕

「惡其實錄，以其書不實」一語，明確的點出了梁武帝對於吳均實事求是書寫前朝事件以及梁武帝本人出身的事感到不滿，卻又不能直陳心中不悅，只能以「不實」作爲批判的理由。但是，雖然對於南齊的如實記述不滿，心裡卻又知道吳均的記述於史而言堪稱佳作，或因如此，才又命其寫作《通史》。雖然此處所記爲梁武帝一人之事，然做爲君王者──尤其是篡奪前朝皇位者，又有幾人能夠接受這樣的「事實」被記錄、流傳？李清深知當時人作史之難，便逕將許多當時史臣礙於政治因素而作的飾詞加以改正，並且盡可能的在敘述、用詞上平衡批評與敘述。又由於歷史記錄往往是對勝利者的背書，形成成王敗寇的書寫特徵，因此他也對此有所感嘆，如卷五十三就曾直言：

〔註7〕《南北史合注・卷七十四》第三冊，頁279。

　　京口自崔慧景亂後。李清注：愚按：梁武與慧景等耳。功成則義，
　　事敗則亂，悲夫！〔註8〕

這樣的感嘆，直述了在政治角力之中，成敗在歷史記述上會有雲泥般的差異。
或許就是因爲有這樣的惋惜與感嘆，李清對於所謂的「亂臣賊子」常會加以
衡評、討論，並寄予同情。反叛原主者，予以批判；但若僅是因爲在奪權爭
鬥中落敗，因此落得「叛賊」之名者，往往會將敘述改爲較爲中立的用語。

　　雖然李清致力於敘述文句、立場的客觀化，但由於他作《南北史合注》
時，經常依據自己的的意見將資料補入注中，並且加以評論。這些批判，就
使得個人的色彩、主觀的意識又顯得過濃。雖然，李清因爲並非處於南北朝
時期，作史時並不會因爲政治立場或者當權者要求而有所偏頗，但仍常常依
著自己內心的價值觀書寫。爲了使《南北史合注》成爲一客觀中立的著作，
李清常敘述改動的原因、辯證原本的錯誤，或提出質疑。但是，就在這不斷
追求客觀之中，個人的色彩畢竟因介入歷史、闡發想法而更爲濃烈，甚至他
個人觀點、情緒的表現，已經成了《南北史合注》中重要的特色。若由這個
觀點來看，則《南北史合注》其主觀程度比起諸史不遑多讓，僅在於此書與
其他書的主觀成分不同，尤在個人主觀而非政治傾向罷了。

　　歷史的功用，在於記錄過去，並使後人能夠鑑古知今。因此，最好的歷
史記錄手法，應該是以客觀的角度進行紀錄。但是，紀錄歷史的畢竟是人，
也因此在力求客觀中，往往也會有主觀的角度介入。李清在試圖使《南北史
合注》以一較客觀之姿呈現時，也因爲過度在意「客觀」，反而使得「主觀」
的感覺也跟著加強。主觀與客觀之間，或許沒有絕對的平衡，再多貌似客觀
的論證，也是必要有主觀的考量才得以開始。或許可以說，李清改動《南史》
之功在於使政治的立場較爲平衡，而在改動之中，同時也加入了自己主觀的
意見，使得主觀的天平在政治性上略爲平衡，而在個人意識上則相對傾斜。

（三）介入史書形成互動

　　李清對《南史》除了資料上的補入外，也相當大的程度加入了自己的意
見與批評。這類的內容，大致分作三種，一種是對於事件真僞的評斷，一種
是單純記錄自己對事件的感想或評論；第三種則在於對於後人的閱讀已有意
識，因此以「與讀者對話」的形式寫作。此處針對最末一類的情形作討論。

〔註8〕　《南北史合注・卷五十三》第二冊，頁365。

李清於寫作《南北史合注》時，常有提醒互見、對照的言語，這類的標注，明顯對於後人閱讀有所助益。除此，亦會直接面對「讀者」說話，提醒讀者應該要注意或思考的事，以下兩條爲例：

> 自宋、齊以來，公主多驕淫無行，永興主加以險虐。李清注：愚按：永興公主即後與叔臨川王宏私通謀弒武帝者，事見宏傳。不只險虐而已。〔註9〕

> 二十四年。李清注：《隋書》曰：罷江陵總管，其後請依舊從之。愚按：隋復置江陵總管乃後主時，非明帝時。讀者辨之。〔註10〕

前者可以說是與讀者對話最好的例證之一，雖然並沒有特別挑明說話的對象，但是對《南史》本文作出名詞解釋，說明永興公主其人特質，並給予互見、查索的線索，最後再加以評論。後者則屬考誤。按李清時常使用的辨誤手法，多只是寫明「某史誤」或「某書誤」，屬於較直接的判斷。但在此處確使用了「讀者辨之」一語，挑明了他對於自己的書將有後人閱讀的理解，也形成了一種作者與讀者對話的關係。

在李清所補入的意見中，因爲有著與讀者的對話，形成了連結關係，便使得李清似乎超出了紀錄者的身分，更像是閱讀歷史的前輩，並且在自己的閱讀經驗、歷史知識上與讀者對談、帶領後人了解、注意這段歷史的特徵。若以此種角度觀看，則李清許多的辯證、存誤不改，以及部分的感嘆和心情抒發，與其說是情不自禁的產物，更可能是有意識的將「自我」帶入這段歷史中，介入純粹的記錄，將自己的感想投映在遙望過去的彼岸，與讀者並肩相談。由此，《南北史合注》就並不只是一純粹的歷史紀錄，更含藏了李清的思想，也可以視作他的個人作品，而非單單屈居《南北史》之下的一注本。

從李清對《南史》的改動中，可以發現《南北史合注》可說是投射了李清對於完美歷史作品的想像；而他的補、刪、改等作爲，以及辨誤、辨疑等功夫，對於後人閱讀歷史不啻有相當大的功勞。但同時，也因爲李清的個人色彩濃重，無法使《南北史合注》達到絕對的客觀。甚至可以說，李清所想像的，與他自己實際操作完成的作品仍有落差。總之此書在歷史敘述之外，具有強烈的李清個人色彩，是故也可以跳出純粹的歷史注本框架，以「個人作品」的角度來給與判斷。

〔註9〕 《南北史合注·卷五十九》第三冊，頁64。
〔註10〕 《南北史合注·卷九》第一冊，頁200。

二、總論李清的倫理思想

李清賦予《南北史合注》超出一般史書注本的豐富性，相對而言，此書也呈現了李清個人的價值觀。這些資料，雖然沒有辦法全面的呈現出李清的人格特質，卻足以表現他面對一個動盪的時代時所持的觀點與想法，並可以進一步與李清自身所處時代作對照，從兩者相映照之處，推知李清的處世觀點。

（一）朝代交替下的忠奸之辨

在《南北史合注》中，李清著意於將孝子、忠臣、義士、烈女等傳記類型加以擴大描寫，而對不義之人，則往往大加撻伐。這樣的編排，表現出他想要發揚善性，且面對不義之事難以忍受的特質。從《南北史合注》中呈現出來的這個部分，應該是李清最初的價值觀與人格特質。

在李清擔任諫官時，便敢於對自己不同意的事情直陳所想；面對挑戰王權的人，更是直言相抗，斥其失誤。他的同僚左懋第曾在文章中提到李清的人格特質：

> 見無禮於君者，不擊不疾不稱職。心水正自盡其職，而人以此知心
> 水之論人不爽，可與言史學也。〔註11〕

> 好惡一出於正，遇奸雄事，奮筆作氣，斷斷然有請劍請亨之思。一
> 善挂頰，若惟恐其不聲施後者。〔註12〕

從這兩條記述中，顯現的是一嫉惡如仇之人。對於王權，李清能夠不假思索的起身捍衛，面對善惡之事，則會致力於撻伐或發揚。左懋第認定，像李清這樣的人，胸中必定已有一忠奸定見，故能夠秉公評論歷史，不會因為自身的陰暗或懦弱而不敢說出真話；而這也是李清之所以善善惡惡最根本的的源由。

其後，於明朝覆亡之際，諸臣有些如牆頭草、有些則忘卻了明朝給予的恩惠，直接投效了滿清；這類的人似乎也刺激了李清的價值觀，使得他對於「忠」有更強烈的執念，也因此使得「忠君」在他對人事的判斷上起了很大的影響。而南朝正是一個不斷動盪的朝代，這一類的事情層出不窮。或因如此，他將自己本身的處境、環境，投射到了過去，不由得也對南朝的人有更

〔註11〕 左懋第《蘿石山房文鈔·史論序》卷三。收於《四庫未收書輯刊》第陸輯（北京市：北京出版社出版，新華書店經銷，2000），第 26 冊，頁 590。
〔註12〕 同註 11，頁 590。。

高的要求。如他對於從東晉末，後入南朝宋的徐廣就做了「惜哉！其多一中散大夫也，否則改入〈節義〉矣！〔註13〕」的感嘆，而《南史》對徐廣的記述謂：「初，桓玄篡位，安帝出宮，廣陪列悲慟，哀動左右。及武帝受禪，恭帝遜位，廣又哀感，涕泗交流。〔註14〕」這樣敢於陪伴舊主，並且不畏懼新政權而為之哭泣者，完全是節義典範。然就因為徐廣接受了宋武帝給的官職，前面所為就一筆勾銷。這樣的想法，與他在第二十七卷所言「或死之，不然亦不仕〔註15〕」也相符合。顯見李清雖然不對「貳臣」加以討論，但仍然不敢苟同。類似的情節也在本置於〈孝義〉的庾持身上出現：李清將他改置於雜傳，並說明「然持僅云居喪過禮耳。其他所為皆奸，故改雜傳〔註16〕」。事實上就李清已把〈孝行〉、〈節義〉二傳分立的情形來看，就算把庾持仍置〈孝行〉一傳，也沒有什麼不適合的；然李清卻因為庾持其他無關於「孝順與否」之行為，而逕行改置。諸如此類的情形，都顯示李清對於忠孝節義的定義，比《南史》嚴格許多。又如第十卷〈陳本紀〉中一段，李清特意加註同一段時間的梁朝年代對照〔註17〕，並強調目的為「以明梁之有君，忠王琳而愧陳霸先也〔註18〕」，也針對忠臣或取而代之者以鮮明的對比與不斷的強調表達自己的意念。

李清作為作為一個敢直言進諫的人，本身所持立場理當鮮明，而面對國變卻無力挽回頹勢，他自然也受到了不小的打擊。也因為如此，他對於「值得褒讚者」的定義更為嚴苛，也使他的作品不斷聚焦在忠奸之間的焦點及辨析上。

但是，除了明顯分判善惡以外，在李清所處理的許多例子中，仍可見得他對於善惡判斷的模糊地帶。而這類型的模糊判準，並不存在於「是否良善」上，而在「是否奸惡」上。對於所謂賊臣，他的判斷也與《南史》略有不同，多了一些轉圜的餘地，也給予人少許「做錯事」的空間。除了最明顯的熊曇朗例證以外，第七十六卷中，也顯示了他對於「改正錯誤」能夠有所體諒。在

〔註13〕 《南北史合注・卷三十三》編號859（原本缺，從另一本補入），頁41。
〔註14〕 《南史・卷三十三》第二冊，頁859。
〔註15〕 《南北史合注・卷二十七》第二冊，頁82。
〔註16〕 《南北史合注・卷六十八》第三冊，頁173。
〔註17〕 《南北史合注・卷十》第一冊：「丙戌，加北江州刺史熊曇朗平西將軍、開府儀同三司。」李清注：「是歲梁主莊天啟元年。」、「以明梁之有君，忠王琳而愧陳霸先也，《北史》內則不書。」，頁221。
〔註18〕 《南北史合注・卷十》第一冊，頁221。

《南史》中，記述北朝人洪軌因在南朝頗有治理的政績，受到所轄州人愛戴，並美稱其爲「虜父使君」〔註19〕，李清則加上《史糾》與自己的意見處理：

> 《史糾》曰：洪軌起家，初政以貪墨致敗，後即改弦，遂稱良吏。史官實甚，譬如失節之婦，悔其心蕩，徒勤晚蓋，遂許爲十年不字，吾未見其可。愚按：此史官與人爲善，不遠而復之義，故不改。〔註20〕

於此處的引用上，可以發現《史糾》反而比李清的標準還要嚴苛，並沒有給予改過者轉圜、通融的餘地。李清在這裡的言論，雖然貌似通達，但若李清當眞不以洪軌過去的錯誤爲忤，何必又特意引用《史糾》言論。或說這樣的引用的確可以補強洪軌過去的所作所爲，基本上李清仍是認爲《史糾》所言有可取之處，而洪軌也有應被責備的必要；但是在最後的結論上，他還是將「改過」作爲一要點，同意了原本史書上稱美其名的作爲，以發揚善美爲要。

或許就是因爲對於善惡標準較爲嚴苛，相對的，李清在對人「定名」的時候也更爲小心。無論是有汙點的孝子，或者是曾行貪汙的廉吏，他都會細心的加以考證，而不妄加論斷。在《南史》第六十八卷中，曾經有劉師知「弑主」的記載〔註21〕，李清就曾對這段記載加以考證：

> 《陳書》無師知弑敬帝事，《通鑑》亦不採，獨見《南史》。雖他年忠於陳文，爲廢帝死，而不得上比到仲舉、下廁陳子高，附名忠義以此。雖然，陳武弑敬帝在篡位次年，胡至此方云受命！又沈恪傳內載陳武將篡，命恪勒兵衛敬帝如別宮，何云在內殿？語多不合，未知師知弑敬帝事確否。不列賊臣，存疑云爾。〔註22〕

在《南史》中，將劉師知殺梁敬帝的事描寫得相當清楚，敬帝一番悲涼言語更令人鼻酸。若此事爲眞，則劉師知定得入〈賊臣〉一傳。然而奇怪的是，「弑主」這樣嚴重的行爲，竟在《陳書》、《通鑑》中都沒有相關記載，因此李清就針對幾個前後不一的疑點加以討論，認爲雖然《南史》如此記述，但並沒

〔註19〕 《南北史合注・卷七十六》第三冊：「洪軌既北人而有清正名，州人呼爲『虜父使君』，言之咸落淚。」，頁313。

〔註20〕 《南北史合注・卷七十六》第三冊，頁313。

〔註21〕 《南史・卷六十八》第三冊：「梁敬帝在內殿，師知常侍左右。及將加害，師知詐帝令出，帝覺，遶床走曰：「師知賣我。陳霸先反，我本不須作天子，何意見殺。」師知執帝衣，行事者加刃焉。」，頁1667。

〔註22〕 《南北史合注・卷六十八》第三冊，頁174。

有足夠的證據可以爲劉師知定罪，因此只以「存疑」的形式保存，而不直接論斷他不忠不義。這顯然以一種較爲嚴謹的態度加以檢視。

李清對人物的評判，由於他執持較嚴格的標準，因此往往與《南史》結論有所不同。但是從諸多例證中，可以得知李清最執著的標準還是「忠」，也就是認定人在沒有特殊理由的情況下，必須從一而終。

南朝戰亂頻繁，一人可能便歷經數個朝代。在這樣的朝代更迭之下，如何選擇立身處世之道便是重要課題。而除了該如何安身立命，以及對於忠奸的論辯以外，時代的不幸也影響李清對於天道、超自然力量的期待與想像，期許在人力體制之外，能有一超脫的力量執行大道、維繫社會價值。所幸，雖然他有這樣的期待，卻也不致流於迷信而有所節制，因此在某些特殊筆觸之外，他仍能注意史書體例，不致造成滿紙怪力亂神。這類的希冀，只能說是他本身在時代變革之下的情感投射，也是在無可奈何之下的信仰寄託。但也因爲關注時代變革下的選擇，因此他對一般所言的正、逆、忠、奸有略爲不同的分判，而能對曾經犯過貪汙、反叛之人給予一些諒解與轉圜空間。

（二）堅持正統

雖然李清同意「後周、北齊、南齊、南陳皆短祚，其臣不二天者無幾，恐正傳虛無人〔註 23〕」的事實，算是體諒了在迅速轉換的大環境下，身爲臣子往往有太多無奈。然而，雖然他定當時爲無統之世、對於政權爭奪抱持了較爲開闊的態度，不以當權者爲唯一正朔，能夠對於失敗者寄予同情，同時也選擇不批評貳臣，但是在諸多「例外」之上，仍可見他擁有相當強烈的正統、血統觀念。這類的想法，從他對史書的諸般改動中便可見得。如他將後梁於本紀中另置爲一紀的行爲，就已在〈註南北史凡例〉中作出解釋：

> 後梁本梁武嫡派，且宣帝戕元帝，爲父兄復仇，未可以戕叔重罪也。
> 故後人有陳不當繼梁、隋不當繼陳之說。附梁，不宜附魏周目錄內。
> 今正之。〔註 24〕

這番解釋，將重點放在「嫡派」上，爲後梁的扶正作解釋。蕭詧與蕭綱之間的關係，本來就因殺父殺兄而不共戴天，因此不必視作叛逆。同樣作爲蕭衍子孫，蕭詧具有足夠的正統性。因此李清雖然知道後梁之所以能存續，是因

〔註 23〕 出自〔明〕李清原著，徐靜波等整理《南北史合注》〈注南北史凡例〉（北京：
全國圖書館文獻縮微複製中心，1993 年），頁 20。
〔註 24〕 〈注南北史凡例〉，頁 19。

為附庸於魏、周、隋三朝，但也並不僅僅以「附庸」待之而附後梁於魏周之下，反而選擇將之獨立置於梁本紀之後，顯示出的是：即使並非政治正統，他仍對於血脈、正統延續有所肯定。但是，為了顯示出後梁作為附庸的情形，他雖補出一本紀，仍會在其中不斷提到魏、周、陳等諸朝的存續、並對照彼此的時間：

> 二月，晉安王方智稱梁王。是歲，魏恭帝元年。李清注：既臣魏，故即位初元必紀其年，後仿此。〔註25〕

> 是歲，周愍帝元年，又明帝元年。李清注：陳主霸先永定元年。陳公，梁為臣子，故書名。〔註26〕

前者點明在整個後梁本紀中不斷與北方諸朝作時間對照的原因：後梁實臣屬於北方。然而在標記魏、周、齊之外，他仍另外標注了南朝各個時間的對照，提供了南朝實有兩個政治系統同時存續的標記。第二條中標注了陳霸先篡梁稱王的時間點，也直接以陳霸先曾是梁朝臣子，因此在後梁本紀中仍直書其名，再次顯示了對後梁正統的肯定。

　　對於正統性的肯定，主要仍來自於血脈相連。在《南史》之中，對於血脈相關的人物記錄本就已經相當多，而在帝王之家，血脈更是受到重視。因此李清雖然已盡可能將家傳的情形消除，卻也不免仍著眼於帝王血脈延續上，並加以完整紀錄。因此，即使是連主述後梁事件的《後梁春秋》也不收錄的蕭銑事蹟，李清仍選擇補入。這種超出一般認知的補入，自然引起他人疑寶，因此有了以下討論：

> 或曰：「子附銑於後梁三帝後，何居？」曰：「銑興于隋末，故應附。」
> 「然並及唐初事何居？」曰：「後梁滅而銑復起矣，銑滅而梁始亡矣。」
> 既而曰：「銑其可與言大禮乎？」「乃追帝正統之伯而僅王，本生之父祖。」通計梁、後梁與隋末、唐初之梁，幾百年矣。〔註27〕

從討論的脈絡中顯示出的是李清似乎是將「具有蕭梁血統」作為基本要求，只要是具有血統條件的人，打著梁的旗號，便算是具備正統性了。因此即使蕭銑與梁朝的關係已經相當遠，僅僅是蕭詧曾孫，也被算在梁的宗室範圍裡，甚至因為他的「起義」，便視作蕭梁仍然存續的證明，而將蕭梁歷時總算為幾

〔註25〕　《南北史合注・卷九》第一冊，頁192。
〔註26〕　《南北史合注・卷九》第一冊，頁193。
〔註27〕　《南北史合注・卷九》第一冊，頁206。

百年之久。在此，蕭銑本身的能力、特質，或者是成功與否完全不被考量在內，只因爲血統，只因爲以梁爲名，就視爲梁的正統、嫡系。可以看出「血緣」與「正統」之間的連結，也顯現出李清對於政治的另一種價值觀。

除了後梁的例子以外，李清對於王室諸子的認定、改動的位置也同樣顯示出了一樣的概念。如前面曾提過蕭綜的身分歸屬，究竟他屬梁武帝子或者齊東昏侯蕭寶卷子，便與《南史》認定不同。雖然他歷史上的身分是屬梁武之子，但是如就血緣言則爲蕭寶卷子，因此《南北史合注》仍將他歸於齊宗室之卷。不過，除此以外，清面對蕭綜的身分歸屬，除了個人判斷以外，也由於尊重蕭綜自己的選擇而有所改動。比如對於他的封號、稱謂，以丹陽王而非豫章王稱之，就曾解釋道：「《南史》作豫章王，梁封也。今改作魏封，以從綜志。〔註28〕」由此，將自我認知爲蕭寶卷子的蕭綜擺回東昏侯之下，似也是理所當然。而對陳武帝子昌，《南史》擺置的地位在陳宗室諸王中南康愍王曇朗與宜黃侯慧紀之間，李清則爲了「昌乃武帝子，宜另立傳，冠於文宣諸子首。不宜混入陳宗室傳內。〔註29〕」的理由，而將陳昌的位置與曇朗的位子交換，使得諸帝子孫能夠以較爲自然的方式編排。在這個部分，同樣也是李清對血統、關係重視的表現。

對於血統、正統的重視，對上了國族認同以及時代所造成的心理拉扯，使得李清在經驗當下以及面對歷史時產生矛盾。首先，他繼承了儒家社會一直以來的忠孝觀念，認定政權的正統當屬必然，而身爲臣子也應該終身捍衛國族的正統與唯一；但同時，他所處的時代卻又正逢明與清交替，有動亂飢荒與太平盛世之間的差異。如果要捍衛明代，勢不可行；而清初的統治策略雖然高壓，卻又能一洗晚明政治流弊，並且使民間能夠安定。如此，曾爲明臣的李清到底是該爲這樣的新社會慶賀，抑或想辦法反清復明？在不選擇以身殉國的情形下，似乎只能選擇從歷史中找到慰藉，尤其是南四朝百年間一再遞嬗的情形，更能夠讓人對這樣的問題進行反思：若是一旦朝代更迭，或者王室之間行篡，「忠臣義士」就要集體自殺或起義一次，那麼國家焉有寧日？若視新的繼位者本身及手下臣民，皆爲奸人，那麼歷史的存續又該如何繼續書寫？如此種種的矛盾，已是歷史發展下的必然，而這些糾結，既然本於封建制度與儒家治世思想，那麼原本定義的忠奸概念必得有所改變，才能夠合

〔註28〕《南北史合注・卷四十五》第二冊，頁263。
〔註29〕《南北史合注・卷六十七》第三冊，頁110。

理一切的發展。或因如此，李清對於忠奸之人的嚴格定義，以及要求大節、要求末節的情形，便是對於這種矛盾的一種解答與妥協。更進一步說，對於歷史上的諸人，正因為他自己也體會了朝代交迭下選擇的兩難，而能給予較多的體諒與同情。因此，歷史書寫中雖然要求定於一的客觀，以及盡可能包羅各種事件的完整，卻也能在這些基礎條件之下給予較多的空間與體恤。

在李清的《南北史合注》中，因為眾多的改動，而顯現出了他對於「史書」必須能夠同時忠實表現歷史、具有文學美感，同時兼有易讀特性的期待。同時顯現了他對於人性不止於一面的理解，也因此他致力於將人物、事件的各個面向藉由各種補入表達出來。而從他的改動與批注中，也呈現出時代動盪下，由於太多身不由己所培養出的包容與體諒，但同時又由於固有的儒家忠君、封建制度概念，而造成了內心的拉扯與糾結。在這樣的情形下，李清對於忠、孝之人，有更高的期待與評價，對於所謂的亂臣賊子，卻也多抱持了一份同情。於是，《南北史合注》在一本相對中立的史書之外，也因為李清的價值觀，藉由批注與改動，表現了對歷史人物溫柔的情感。

三、《南北史合注》的問題、價值與定位

《南北史合注》本身由於補入的資料甚多，而李清所處年代又比李延壽晚得多，所補入的資料類型又可以更加豐富。因此，《南北史合注》在保存史料上的價值不可忽視。然而，由於李清對史料往往有所改動、簡省，因此所收的史料又不能作為可靠的參考來源；而他對於南北二史的改動，正如〈四庫提要〉所言，使得二書不再純粹屬於李延壽著作，卻也非李清獨立完成，從而形成了此書歸屬性的問題，進而使本書在定位上，有值得討論的空間。

（一）擅改與考證失誤

李清對於南北二史的許多增補，使得許多具有價值的史料得以保存下來。但由於李清並不僅僅是保留史料，而是有意識、有目的地揀擇史料，加之以他對於歷史寫作的要求包括了文學性、目的性，要求在寫作中不僅僅是寫作歷史，還要能夠突出焦點，因此對於所補入的資料，甚至於《南史》本身，他都會加以改易。改易的優點以及目的，已經在第三章討論過，此處主要就改易所造成的問題作討論。

《南北史合注》的問題，大致可以分作兩個部分討論。首先是在李清的補入中，時有依憑己意改動的現象，因此徵引資料雖多，卻也不見得全都可

信。因此在閱讀時，讀者也不能夠僅憑李清所言，就全信所徵引資料。如第二十四卷就曾引《宋書》史臣的評述，謂：

> 彼群公義雖往結，恩實今疏，居上六窮爻，當來寵要轍，顛覆所基，非待他釁，況於廢殺之重，其隙易乘乎！〔註30〕

而事實上，《宋書》原文為：

> 彼群公義雖往結，恩實今疏，而任即彙權，意非昔主，居上六之窮爻，當來寵之要轍，顛覆所基，非待他釁，況於廢殺之重，其隙易乘乎！〔註31〕

從兩者的差異中，可以發現「而任即彙權，意非昔主，」被李清直接刪除了。但是在他的引述之中，並沒有說明這部分的改動或者改動原因。或許，可以將這樣的情形草草歸結於有所疏漏，然而恰好在「意非昔主」這樣敏感的詞語中發生，就難以讓人完全相信──畢竟李清從不吝於在改動中表現自己對事情的判斷。而如果將這歸之為刻意的改動，那麼就不免有了誤導之嫌。比起清楚表達改動緣由的例子，這樣直接改易而不加標注的手法，還是會形成個人價值觀涉入、導致偏頗的問題。如此看來，對於李清所補入的資料，或可以做為參照，卻未可全信。

李清對《南史》本文的改動亦多。第三章中已述及李清的改動手法與目的，且針對《南史》本文的改動，多數是因為結構、寫作目標以及立場不同而牽連影響。李清對《南史》的結構改動，包括了從特殊傳記改置雜傳、雜傳改到特殊傳、因為血緣及歷史觀點不同改動諸王傳記，以及因為價值判斷，而將原本被判為義士或賊臣者改立別傳。這種類型的改動，能夠清楚呈現李清的價值判斷，多數的改動也都在改動前後得到批註與解釋。因此，這類型的改易，比起文字、段落的改動而言較不具有問題。

文章和字句的改動，雖然單體而言較小，而且往往能使文章更能聚焦，但仍然有造成讀者混淆、不能掌握原文的問題存在。如第二十七卷中的一段文字，《南史》本作：

> 琳敗，眾皆散，唯泌輕舟送達於北境，屬莊于御史中丞劉仲威，然後拜辭歸陳請罪。文帝深義之。〔註32〕

〔註30〕 《南北史合注・卷二十四》，頁33。
〔註31〕 《宋書・卷六十三》第三冊，頁1687～1688。
〔註32〕 《南史・卷二十六》第二冊，頁721～722。

李清將中間幾句改爲：

> 琳敗，眾皆散，唯泌獨乘輕舟送莊達北境，屬莊于御史中丞劉仲威，
> 令共入齊，然後拜辭歸陳請罪。文帝深義之。〔註33〕

這樣的改動，明確了首句的受詞，也使得整段文章更清晰、更完全，但是在
這些改動之中，李清卻毫不作提醒，致使文章多出來的句子究竟來自他本身
抑或其他史料終究未能辨明。若此以往，則讀者以爲自己正在讀的是《南史》，
最終卻並不是眞正的《南史》，則以《南北史合注》爲本另作引用或者討論，
終未免造成爭議。《南北史合注》作爲一歷史書籍或參考書，且又掛了南北二
史之名，則理當能夠呈現南北二史的實際文句。若要有所改動，也應該於所
易處加註。然而李清體例不一，在部分地方加註、部分又直接改動，也不另
作解釋，多少使得這部書作爲「史」卻失去了最應有的「信」，而摻雜了個人
的文學性、意向性改動。而當讀者因爲有所覺知，閱讀這樣一份資料時，即
必須時時懷疑其正確性，懷疑所讀到的內容是否可以信賴或加以引用，那麼
這份資料的價值就會因爲可信度的降低而大打折扣。如此，即使李清的改動
再具有文學性或者儘可能呈現資料的豐富，也難以受到推崇。而《四庫提要》
與姚瑩所一致批評的「妄以本書法失當，輒憑己見，刪改原文〔註34〕」事實
上也的確有他們合理之處。

　　第二種問題的類型則是在於考證的失誤上。由於李清注《南北史》時，
往往傾向於再次辯證，確認歷史是否足夠客觀，史家寫作是否會造成誤導，
同時也經常將李延壽因襲南四史的錯誤部分加以改正，使得辯證歷史事件成
爲《南北史合注》的重要特徵。也因爲如此，當原書有明顯錯誤而李清卻未
能加以改正時，就成了一種缺憾。

　　如面對梁武帝信佛之事，李清爲了強調梁武帝的宗教傾向與言論荒唐，
補入了一段資料：

> 《高僧傳》曰：天監三年四月，武帝與俗二萬人發菩提心於重雲殿
> 閣上。至十一月，下敕曰：「大經中說九十六種道，惟佛道是正，餘
> 九十五種皆邪道。朕舍邪外以事正內。若公卿能入此誓，各可發菩
> 提心。老子周公孔子。雖如來弟子而化跡既邪。止世間之善，不能

〔註33〕　《南北史合注・卷二十七》第二冊，頁85。
〔註34〕　姚瑩《東溟文集・文外集・與董石塘論著南北史書》卷一，收於《續修四庫
　　　　　全書》第 1513 冊（上海：上海古籍出版社，2002），頁 623。

隔凡成聖。公卿侯王百官宜捨邪入正」云云。〔註35〕
李清對於這份資料，加以批評：「梁武謗儒推佛，此其立言尤謬者，故錄以示戒〔註36〕。」顯見對於資料的真實性與否毫無懷疑，而且意欲以此為梁武的的人格作背書。然而就資料引用出處而言，今日的《高僧傳》中並沒有這段資料，僅從《廣弘明集》中找到大致相同的詔書〔註37〕。而從事情本身來看，就《南史》其他紀錄中中所載，天監一年冬紀錄「梵學始入〔註38〕」，到了天監三年皇帝就崇佛如此，似無可能；而且在天監六年、七年的時候，梁武仍然有「請祝史祈禱〔註39〕」、「詔皇太子、宗室王侯始就學受業。車駕親奠先師先聖，勞以束帛。〔註40〕」等事，分別是屬於道教系統以及崇敬儒家系統的表現。如果在那之前就已經有了強烈否定老、周、孔三者的行為的話，那麼梁武帝的言行就顯得太過前後不一了。

　　至少，從前面這兩條資料可以推斷，梁武帝在天監三年的時候應該還不可能頒布這樣的詔書。而他表現出佛教信仰的傾向，也要到天監十六年才較為明顯，《南史》記載：「冬十月，宗廟薦羞，始用蔬果。〔註41〕」可說是信仰出現的端倪，然而在梁武帝之前，宗廟祭祀使用蔬果也已有先例，並非梁武首開；到了天監十八年，梁武帝始受佛戒，確立了佛教徒的身分〔註42〕。此時的宗教傾向已經確定，如果到了這個時候，梁武帝頒布「謗儒推佛」的詔書，才算是較為合理的。因此，從《南史》所記的脈絡看來，梁武帝的「謗

〔註35〕　《南北史合注・卷六》第一冊，頁140～141。
〔註36〕　《南北史合注・卷六》第一冊，頁141。
〔註37〕　〔唐〕道宣《廣弘明集・卷四》：「道有九十六種。惟佛一道是於正道。其餘九十五種名為邪道。朕捨邪外道以事正內。諸佛如來若有公卿能入此誓者。各可發菩提心。老子周公孔子等。雖是如來弟子而化迹既邪。止是世間之善。不能革凡成聖。其公卿百官侯王宗族。宜反偽就真捨邪入正。故經教成實論云。若事外道心重佛法心輕。即是邪見。若心一等。是無記性不當善惡。若事佛心強老子心弱者。乃是清信。言清信者。清是表裏俱淨。垢穢惑累皆盡。信是信正不信邪。故言清信佛弟子。其餘諸信皆是邪見。不得稱清信也。門下速施行。」，收於《四部叢刊初編》第110冊（上海：商務印書館，民25年），頁42～43。
〔註38〕　《南北史合注・卷六》第一冊：「是歲，林邑千陀利國遣使朝貢」李清注：「黃洪憲《紀政綱目》曰：『是年，天竺梵學入中國，中國切字自此始。』」，頁140。
〔註39〕　《南北史合注・卷六》第一冊，頁143。
〔註40〕　《南北史合注・卷六》第一冊，頁144。
〔註41〕　《南北史合注・卷六》第一冊，頁147。
〔註42〕　《南北史合注・卷六》第一冊，頁147。

儒」應該至少是在天監十八年前後出現。因此，李清所徵引關於此事的佛教史料，大有誇張、誇飾的嫌疑。

以李清的歷史洞察能力來看，實在不得不懷疑，一個可以清楚看破政治手腕、史官飾詞的人，竟然對這樣明顯的矛盾毫不質疑，甚至加以徵引。或許可以說，李清在這件事上僅僅是犯了失誤；但是，從李清所注意、洞察與辯證的事件多是與政治、戰爭有關的情形來看，或許也可以說，畢竟這並不是牽涉到重要政治事件的補入。或許在無關政治的事情上，李清並不會都用如此批判的角度去剖析。但是，畢竟他「善於辯證」的形象已然成立，一旦有所差錯，多少也會造成不必要的批評。

《南北史合注》最常受到的批評在於其擅改，其次則言其疏陋。然就李清以南北二史為底本，並多所補入資料的情形而言，若批評此書資料的收錄仍顯疏陋，恐怕在批評的原點上，批評者與李清所期待的史書樣貌便有所不同；而若說是考證粗疏，又可見《南北史合注》中已盡詳考、討論與辯證之能事。擅改之批評，或仍有其道理在，但仍須注意，李清對於史料的處理目的，與單純得保存目的本質上就有所不同。

（二）史料保存及導讀之功

《南北史合注》中，對於史料蒐羅甚廣。光是針對《南史》一書，就引用了七十一種不同來源的文史資料〔註43〕作補注。這些文史資料，包括了一些如今已然見不得的歷史文獻，可以說李清在保存資料上頗有功勞。因此，這也成了《南北史合注》重要的價值之一。若保守而言，光是資料的保存便已是此書的一大價值，然《南北史合注》的價值更不僅止於此。由於李清作為一通於史學的專家，對於歷史有精準的目光與判斷，使得他的辯證也具有相當的參考價值。

雖然李清在文獻的運用上，出現了部分失誤；也因為他在資料使用上往往希望能同時表達自己的意見，因此造成原始資料遭到改動；然而，就李清對於資料的擇取與改動來看，《南北史合注》仍是相當具有價值的。在第一章中，曾就《十七史商榷》與《廿二史箚記》兩本同樣由與李清時代接近的史學家所寫的史評，對《南史》作討論。前者所提出的批評類型包含了「以北為正統」、「以家為限斷，彷彿家傳」、「增刪內容不當」、「改動稱謂以及用語

〔註43〕 見末附表一。

卻不能統一，且以北為正」、「存在錯誤」、「合傳、附傳不恰當及作論問題」
等六類；《廿二史劄記》所提出的問題則包含了「為傳若家傳」、「增刪南四史，
有利有弊。並有互歧之處」、「南史誤處」、「南史不詳載交兵之事」幾個重點。
李清在〈註南北史凡例〉中所表達的意見，大致與此二者相符合，也同樣點
出了部分問題，並在《南北史合注》中作出改正。唯對於合傳、附傳，以及
增刪南四史內容的意見上，與此二者仍是有所歧出的。畢竟世上並無史書收
錄、編排的標準，且史書只要不僅是流水帳般的紀錄，便一定有憑藉價值觀
選擇、安排的必要。各史家皆因其生活背景、時代而有不同的價值觀，很難
說怎麼樣才是「唯一正確」的。因此，或者可以說，史書的編排本來就是作
者意志的體現，因此評史者對於收揀內容的差異自然可以有所批判，但卻沒
有絕對的對錯。

　　況且，比較起李清、趙翼、王鳴盛三人的做法，必定也是李清得要遭受
比較多責難的。原因在於後兩者所做的，是針對南北二史找特殊處作批評。
僅僅依常態與慣例作比較、批評，而並非對每一字、每一句都得做出改動。
李清相對於二人，則是屬於對南北二史進行實際的操作，面對的是不可迴避
的、全面的、完整的存在。在這樣的情況之下，一旦出現些微的疏漏，或者
心中對於「改正」的準線一略有偏差、失誤之處，便昭然若揭。比起逐字逐
句的爬梳、改動，並得時時注意準線是否一致的處理方式，顯然擇例批評是
較不易遭到再次批判的。既然兩類的處理方是根本不同，加之以李清強烈改
善南北二史的欲望，必然有有所刪略、改動，也不免就造成諸人對於他「恣
意改動」的批評。

　　但是，如果要實際編排一部便於閱讀的史書，僅如趙翼或王鳴盛等人的
批評，雖然能夠使得原書的問題被明確顯現，卻無法對於閱讀者有較實際的
貢獻。如李清般實際的改動，雖然吃力不討好，卻不嘗不是一種有益於原資料
的改革以及重編。

　　《南北史合注》的問題與價值，或許可以說是一體兩面。固然，作為一
本「合注」，它的確收錄許多如今不存的資料，也增補了一些李延壽當時未能
見得的史料；但同時也因為李清的改動手法，以及偶爾並沒有經過確認來源
或內容的引用，使得這些史料的可信度有所減損。雖然可惜，但也算是李清
注史手法中的特色。然於此之外，李清對於史料的編排、改動及偏文學性的
處理手法，甚至進一步對歷史紀錄在政治影響下的質疑與討論，也在純粹的

歷史書及與史料保存外，給與《南北史合注》另一重地位與價值。

（三）《南北史合注》的定位

在前述的問題及價值討論中，已論及《南北史合注》的價值以及問題。它保存了眾多史料，或可以一注本視之；但在保存史料之外，也出現了許多包括文句以及結構上的改動，使得原本《南史》的樣貌與之大相逕庭；除此，李清又往往在原本的史料之外，加入批評、論辯的內容，比較史料的真偽、討論史臣的誓詞與政治觀點，甚至加入自己的感嘆，以及與友人論事的內容。處在這樣的情況下，似又不能單單以一注本看待此書。

在這樣的情況下，不先解決《南北史合注》的定位問題，就難以判斷前人批評的妥適與否。若以「合注」稱之，則李清以一注者之姿，本不應對文本作任何的改動。然而實際上李清對於文字、用語、內容從主文改到注文，甚至傳略、結構等等都已經有所改動。若以此言其擅改，則毫無問題，但在「擅改」之外，李清此作中也包含了許多他個人的意見、討論，甚至是如札記般提醒讀者要對歷史的某些傳記交互參看、省思，個人的色彩遠遠超出於一般的「史書」。

因此，或許不能夠再以一單純注本或注者作為對李清或《南北史合注》的期待更可以說《南北史合注》是建築在南北二史的基礎上，加以完善的一本「合抄」作品。李清，也不能說僅是一注者，而應該說是對許多文學、歷史資料的再次創造者。

《南北史合注》築基在南北二史上，因時代之便，以較寬廣的眼界進行改動與補注。它的價值可以分作兩個部分，其一是對歷史的貢獻，另一個則是作為研究李清個人特質的重要資料。

就歷史的貢獻而言，較保守來說，《南北史合注》由於徵引史料甚多，因此有意無意的保留了許多稀有的資料；而更重要的是，李清將這些資料放置到了一本史書體系內的相應位置。在這樣的擺置之下，資料已經超出了「留存」的功能，更讓這些史料能夠發揮出應有的價值。同時，也使得讀者在閱讀時，能夠得到更多的指引。畢竟，少有人能如李清般博通諸史，並細加比較；往往僅能注意一人一書，難以同時交互參考。李清的批注與指引，則能助讀者省去另行查找資料的時間；相當於參考書目指引的諸多引用、互見，也提供了閱讀歷史實更寬廣的視角。

縱使《南北史合注》在清朝諸多史家眼中，具有「疏漏」與「擅改」兩

個問題，但也恰好是這兩種批語，反面的呈現了《南北史合注》的特質：疏漏是由於多加剪裁，而擅改則顯示了新的歷史觀點。李清在歷史事件的觀察與敘述上，相當有自己的看法，而且也不吝於直接在史書中幫助後人理解他自己的想法。正因為李清面對史書所寫的內容不輕易相信，且不斷想要將史料的內容更清晰、聚焦化呈現，因此在面對史料時，他會一再思考、辯駁，而不受已存資料的囿限，所以反而能夠跳出原本資料的框架，進一步省思、探討與改動。究成果而言，固然他的書具有以上兩個問題，但無論是比較起其餘清人對於《南史》的批判，或由今日的角度來看，李清的意見都應該是相當具有價值的。因此，在已知上述兩問題的情況下，以存疑與隨時相校正的態度來看待《南史》與李清著作，便可從中了解李清的觀點與歷史中值得質疑之處。

除了單純作為一歷史資料外，《南北史合注》也可以作為李清個人價值觀的注腳。畢竟在這本作品中，李清大量的補入了自己的意見及想法，也因此表現出其個人特質。在各類批注中，李清對於善惡、天道的想法，對於歷史變化、政局轉折的意見，甚至對於歷史紀錄的質疑、感嘆與批判，都能從中得知一二。

由此，《南北史合注》可說身兼歷史書與個人手札的兩種特質，並不可單純以「注本」或「資料集成」作定位，而應視作李清經過反芻，添上自己對歷史的意見與批判後的嶄新作品。

表一：《南北史合注》南史補入部分所引書目及存佚情形

編號	作者	書目	存佚與其他
1	沈約	宋書	存
2	司馬光	資治通鑑	存
3	徐爰	宋書	僅餘殘篇
4	任昉	述異記	存
5	王禕	大明紀續編	應為《大事記續編》，存
6	李亢	獨異志	存
7	王欽若、楊億等	冊府元龜	存
8	裴子野	宋略	佚
9	鄭常	洽聞記	存
10		佛藏	存

11	魏徵	隋書	存
12	慧皎	高僧傳	存
13	江淹	江淹集	存
14	龐元英	談藪	存
15	顏之推	顏氏家訓	存
16	姚思廉	梁書	存
17	黃洪憲	紀政綱目	查無資料
18		高祖逸事	查無資料
19	費長房	三寶記	存
20	蕭衍	梁武帝集	存
21	張敦頤	六朝事跡	存（全名《六朝事跡編類》）
22	朱敬則	梁武帝論	存
23	何之元	梁典	存
24	張鷟	朝野僉載	存
25	姚勖	後梁略	查無資料
26	蕭繹	梁元帝集	存
27	蕭繹	金樓子	存
28	李昉	太平廣記	存
29	孫光憲	北夢瑣言	今存二十卷
30	蕭韶	太清紀	存
31	姚士粦	後梁春秋	存
32	令狐德棻	周書	存
33	蔡尹恭	後梁春秋	查無資料
34	姚思廉	陳書	存
35	徐陵	徐陵集	存
36	魏收	魏書	存
37	孟棨	本事詩	存
38	司馬光	資治通鑑考異	存
39	朱明鎬	史糾	存
40	佚名	續異記	存
41	劉敬叔	異苑	存
42		詩源指抉	查無資料

43	余知古	渚宮故事	存，又名《渚宮舊事》
44	祁承㸁	瑯琊過眼錄	查無資料
45	王瑞國	讀史質疑	查無資料
46	蕭統	昭明太子集	存
47	李延壽	北史	存
48	李肇	唐國史補	存，又名《國史補》
49	賈嵩	弘景內傳	存，又名《華陽陶隱居內傳》
50	王守成	嵩志	存
51	沈約	齊紀	存
52	吳均	齊春秋	查無資料
53	蕭綱	梁簡文集	佚
54	歐陽修、宋祁	新唐書	存
55	顏之推	還冤記	存
56		梁小史	查無資料
57	劉昫	舊唐書	存
58		劉峻集	查無資料
59	蔣一葵	遺事	存，應爲《堯山堂外紀》內容
60	蔡傳	歷代吟譜	存
61	劉餗	隋唐佳話	存
62	劉義慶	世說新語	存
63	習鑿齒	襄陽記	存
64	楊衒之	洛陽伽藍記	存
65	丘悅	三國典略	佚，《南北史合注》中所引多來自《通鑑考異》
66	李昉	太平御覽	存
67	張彥遠	法書要錄	存
68	房玄齡等	晉書	存
69	張彥遠	名畫記	存
70	佚名	廣古今五行記	存

參考書目

一、傳統文獻

1. 〔唐〕李延壽著，楊家駱主編《新校本北史》（臺北市，鼎文書局，民88）。

2. 〔唐〕李延壽著，楊家駱主編《新校本南史》全三冊（臺北：鼎文書局，民65年11月）。

3. 〔唐〕道宣《廣弘明集・卷四》，收錄於《四部叢刊初編》第110冊（上海：商務印書館，民25）。

4. 〔晉〕劉昫《新校本舊唐書附索引三》（臺北市：鼎文書局，民89）。

5. 〔宋〕歐陽脩等《新校本新唐書附索引五》（臺北市：鼎文書局，民87）。

6. 〔宋〕劉元高編《三劉家集》，收錄於《四庫全書珍本十二集》第一九七冊（臺北：臺灣商務印書館，民71）。

7. 〔宋〕黎靖德編《朱子語類》（上海：上海世紀出版集團，2014）。

8. 〔宋〕吳稽《常談》，收錄於《四庫全書珍本別輯》第543冊（臺北：臺灣商務印書館，民64）。

9. 〔宋〕曾慥《類說・卷四十七》，收錄於《景印文淵閣四庫全書》第873冊（臺北：臺灣商務印書館，民75）。

10. 〔宋〕趙與時《賓退錄・卷九》，收錄於《全宋筆記》第六編，第十冊（鄭州市：大象出版社，2003）。

11. 〔宋〕祝穆《事文類聚》，收錄於《文淵閣四庫全書》第 931 冊（北京：商務印書館，2006）。

12. 〔元〕脫脫等撰《宋史》（北京：中華書局，1977）。

13. 〔明〕李清原著《南北史合注》（收錄於故宮博物院編《故宮珍本叢刊》，海南出版社出版發行，2000 年 6 月，第一版）。

14. 〔明〕李清原著，徐靜波等整理《南北史合注》（北京：全國圖書館文獻縮微複製中心，1993 年）。

15. 〔明〕黃宗羲《弘光實錄鈔》（臺北：臺灣銀行經濟研究室編，中華書局出版，民 57 年 3 月）。

16. 〔明〕計六奇《明季北略》，收錄於《續修四庫全書》第 440 冊（上海：古籍出版社，1955）。

17. 〔明〕陳瑚《確庵文稿》，收錄於《汲古閣叢書》第三冊，共七冊（北京：全國圖書館文獻縮微複製中心，2008）。

18. 〔明〕黃鳳翔《田亭草》，收錄於《續修四庫全書》第 1356 冊（上海市：上海古籍，2003）。

19. 〔明〕賀復徵編《文章辨體彙選・卷三百七十三》，劉恕〈書資政通鑑外紀後〉，收錄於《景印文淵閣四庫全書》第 1406 冊（臺北市：臺灣商務印書館，民 75）。

20. 〔明〕朱明鎬《史糾》，收錄於《四庫全書珍本十一集》第 411 冊（臺北：臺灣商務，民 70）。

21. 〔清〕張廷玉等《明史》（臺北：中華書局，民 55）。

22. 〔清〕趙翼《廿二史劄記》（臺北：史學出版社，民 63）。

23. 〔清〕王鳴盛《十七史商榷》（上海：上海書店出版社，2005）。

24. 〔清〕徐旭旦《世經堂初集》，收錄於《清代詩文集彙編》第 197 冊（上海：上海古籍出版社，2010）。

25. 〔清〕姚瑩《東溟文集》，收錄於《續修四庫全書》第 1513 冊（上海：上海古籍出版社，2002）。

26. 〔清〕陳康祺《郎潛紀聞初筆》，收錄於《筆記小說大觀》四十一編（上海：上海古籍出版社，2007）。

27. 〔清〕江藩《漢學師承記》（上海：上海古籍出版社，2006）。

28. 〔清〕徐元文《含經堂集》，收錄於《續修四庫全書》第 1413 冊（上海：古籍出版社，1955）。

29. 〔清〕溫睿臨《南疆逸史》（上海：中華書局，1959）。

30. 〔清〕鄭之僑、趙彥俞纂，梁園棣修《咸豐重修興化縣志》（南京市：鳳凰出版社，2008 年）。

31. 〔清〕顧汧《鳳池園集‧鳳池園詩集》，收錄於《近代中國史料叢刊》第 457 冊（臺北縣永和市：文海出版社，民 77）。

32. 《域外所見中國古史研究資料彙編‧朝鮮漢籍篇‧皇明遺民傳》（重慶市：西南師範大學出版社、北京市：人民出版社，2013）。

33. 〔清〕徐乾學《憺園文集》（臺北：漢華出版，民 60 年 8 月）。

34. 〔清〕《乾隆帝起居注》（桂林：廣西師範大學出版社，2002）。

35. 〔民〕趙爾巽等《清史稿》（北京市：中華書局，1998）。

二、近人論著

1. 〔民〕張舜徽《中國歷史要籍介紹》（武漢：湖北人民出版社，1955）。

2. 〔民〕徐浩《廿五史述要》（臺北：世界書局，2009 年 9 月）。

3. 〔民〕錢穆著《中國史學發微‧中國史學之精神》（臺北市：聯經出版社，民 84）。

4. 〔民〕瞿林東《南史和北史》（北京：人民出版社，1987）。

三、單篇論文

1. 〔民〕王重民〈李清著述考〉，《圖書館學季刊》第二卷第三期（1928 年）。

2. 〔民〕張曉芝〈李清著述補考〉，《西南交通大學學報》第十一卷第四期（2008 年）。